TEEN TEEN POWER IN JESUS

청소년 핵심공과

틴틴파워 인지저스 4권

구약 인물주제 12과 / 신약 인물주제 12과 / 신앙 핵심주제 12과/
생활 핵심주제 12과 / 이스라엘의 풍습과 전통주제 4과

지도자 가이드북

요단

교사들에게

하나님의 말씀인 성경은 정보를 다루는 책이 아니라 하나님이 만드신 사람의 영혼을 위해 기록된 책입니다. 사람은 하나님의 말씀(성경)을 통해 하나님과의 통로가 생기고, 만남이 열리게 됩니다. 무엇보다 어릴 적부터 하나님 말씀인 성경을 읽고 가까이 하는 것은 한 세대를 살아가는 사람이 삶의 참다운 의미와 목표를 발견하기 위해 해야만 하는 중대한 노력입니다.

하지만 요즘 성경교육은 교회에서는 물론 믿음의 가정에서 조차 쉽지 않습니다. 그 이유는 여러 가지가 있을 수 있으나 급변하는 시대 흐름과 혼돈 속의, 가치관 그리고 구체적인 미래를 알 수 없는 현실이 큰 벽이 되고 있습니다. 또한, 세상 문명의 새로운 가치들이 물밀듯 쏟아지면서 절대 진리가 흔들리고 있기 때문입니다. 물론 우리나라 교육의 문제점인 사교육으로 인한 바쁜 현실도 한 가지 이유가 될 수 있습니다

본서에서는 이러한 현실을 감안하여 우리 크리스천 청소년에게 필요한 새로운 교과과정을 생각해 보았습니다. 바로 청소년이 꼭 알아야 하고 실천해야 할 핵심과제가 무엇인가 하는 것입니다. 이러한 관점에서 청소년이 교회 안에서 믿음을 가지고 성장하기 위해서는 청소년기에 꼭 필요한 핵심 내용을 가르쳐야 함을 발견했습니다.

실제로 청소년기에 교회를 6년간 출석하지만 명확한 성경의 지식을 습득하기는 어렵습니다. 그리고 그것을 가르치기 위해 구조화 된 교재도 찾아보기 어렵습니다. 더구나 매년 사역자들이 교체 되는 교회 안의 현실은 성경교육의 목표가 자주 바뀌는 결과를 낳습니다. 이런 현실을 감안할 때 청소년의 신앙생활을 돕기 위해서 짧은 기간이지만 구체적이고 꼭 필요한 성경 지식과 신앙 지침, 나아가 세상에서 살아갈 때 필요한 삶의 가치를 정확히 전달할 수 있는 교재가 있어야 했습니다.

본 교재는 바로 이러한 이유로 우리 청소년에게 필요한 핵심내용들을 뽑아 6년 동안 가르칠 수 있도록 기획 했습니다. 이 교재를 통한 학습의 특징은 신약성경과 구약성경의 중요 핵심내용을 배우게 되는 것입니다. 동시에 급속히 변화된 청소년의 생활과 문화를 함께 배우게 됩니다. 이를 통해 그들이 처한 공간과 가치관 속에 하나님의 말씀인 성경의 진리에서 그들의 신앙관이 올바르게 발견되고 형성될 수 있도록 만들 것입니다. 청소년을 위한 학습 소재의 선택과 구성에도 세심한 배려를 하였습니다. 또한 모든 학습이 학생 중심의 능동 · 효율적 학습이 될 수 있도록 구성과 전개에 힘을 기울였습니다.

이번 틴틴 파워 인 지저스 핵심공과를 통해 성경교육의 새로운 진면목을 발견하고 청소년이 하나님의 말씀을 깊이 새길 수 있는 기회가 되기를 간절히 소망합니다.

틴틴 파워 인 지저스 기획 및 집필위원회

틴틴파워 인지저스 4권

구약편

1단원 인류의 출발

2단원 하나님의 세우심

3단원 하나님의 이끄심

4단원 지도자와 섬기는 자

신약편

1단원 부르심

2단원 사랑하심

3단원 이끄심

4단원 지키심

i ♥ jesus

신앙편

생활편

풍습과 전통편

공과소개

1 기획의도

틴틴 파워 인 지저스 핵심공과는 청소년기에 알아야 할 성경의 주제와 청소년기에 삶의 현장에서 부딪히는 실질적인 문제를 뽑아 공부할 수 있도록 만든 성경공부 교재입니다. 이를 통해 청소년의 생활 변화를 기대하며 기획되었습니다.

2 교과 과정의 특징

이번에 새로 만들어진 틴틴 파워 인 지저스 핵심공과의 청소년 교과 과정은 청소년기에 배워야 할 가장 중요한 핵심을 다루고 있다는 데 특징이 있습니다. 성경의 주제를 사건, 인물, 성격, 내용을 중심으로 청소년기에 필요한 핵심내용을 가지고 공과를 진행하도록 했습니다.

앞서 나온 1, 2, 3권의 교과과정 이후 이번 4, 5, 6권의 시리즈 내용으로는 구약주제 36과, 신약주제 36과, 신앙주제 36과, 청소년생활주제 36과, 이스라엘의 풍습과 전통주제 12과를 다룹니다. 이것을 3권으로 나누어 각 156과로 구성하여, 한 권에 52개 주제를 가지고 1년 동안 가르칠 수 있는 분량으로 구성하였습니다.

그리고 이번 4권의 내용은 구약의 인물, 신약의 인물, 청소년의 신앙, 청소년의 생활로 4가지 대주제입니다. 그리고 이스라엘의 풍습과 전통에 관한 주제로 다루게 됩니다.

	구약인물	신약인물	신앙	생활	풍습과 전통	합계
4권	12	12	12	12	4	52
5권	12	12	12	12	4	52
6권	12	12	12	12	4	52
합계	36	36	36	36	12	156

3

3년 교과 과정

틴틴 파워 인 지저스 핵심공과 두 번째 시리즈인 4, 5, 6권의 3년 교과과정 내용입니다.

4권 주제

구분	주 제	단원	내용
구 약 편	모세 5경의 인물	1단원	인류의 출발
		2단원	하나님의 세우심
		3단원	하나님의 이끄심
		4단원	지도자와 섬기는 자
신 약 편	예수님의 12제자	1단원	부르심
		2단원	사랑하심
		3단원	이끄심
		4단원	지키심
신 앙 편	믿음의 출발선에서	1단원	기도
		2단원	큐티(Q.T)
		3단원	성경
생 활 편	나의 공간(I)	1단원	내면의 공간(나)
		2단원	가정의 공간(가정)
		3단원	생활의 공간(학교)
		4단원	미래의 공간(직업)
풍습과 전통편	예수시대의 생활풍습		성인식, 자녀교육, 식생활, 결혼식

공과소개

5권 주제

구분	주 제	단원	내용
구 약 편	역사서의 인물	1단원	약속의 땅
		2단원	성취의 과정
		3단원	준비된 나라
		4단원	왕의 이야기
신 약 편	예수님과 만난 사람들	1단원	약속의 사람들
		2단원	그들만의 세상
		3단원	이적의 중심에서
		4단원	반대편에서
신 앙 편	그리스도를 본받아	1단원	그리스도인이 됨
		2단원	그리스도인의 성장
		3단원	그리스도를 본받아
		4단원	그리스도인의 삶
생 활 편	나의 공간(II)	1단원	내면의 공간(나)
		2단원	가정의 공간(가정)
		3단원	생활의 공간(학교)
		4단원	미래의 공간(직업)
풍습과 전통편	예수시대의 전통풍습		왕, 지도자, 학교, 교사

6권 주제

구분	주 제	단원	내용
구 약 편	선지서의 인물	1단원	심판의 때
		2단원	포로기의 인도
		3단원	하나님의 사랑
		4단원	약속의 기다림
신 약 편	복음의 증거자들	1단원	복음의 중심에서
		2단원	복음을 외치다
		3단원	그들 속에도
		4단원	성장의 기쁨
신 앙 편	성령의 능력으로 살기	1단원	성령은 누구인가?
		2단원	성령의 능력
		3단원	성령의 사역
		4단원	성령의 은사
생 활 편	나의 공간(III)	1단원	내면의 공간(나)
		2단원	가정의 공간(가정)
		3단원	생활의 공간(학교)
		4단원	미래의 공간(직업)
풍습과 전통편	예수시대의 숫자들		도량형, 시간계산, 돈, 달력

4 저자

틴틴 파워 인 지저스는 각 분야에서 활동 중인 전문가에 의해서 집필되었습니다. 신구약 성경의 핵심과정은 청소년이 꼭 알아야 할 성경내용을 청소년 시각에서 이해할 수 있도록 신약과 구약 전공자가 집필했으며, 생활과 문화 부분은 일선 중 · 고등학교와 그 분야에서 활동 중인 전문가가 집필했습니다.

5 각 과의 진행구성

구약 · 신약편 교과진행 구조

1. 제목
   각 과의 제목을 청소년의 수준에서 그들의 언어에 적합하도록 만들었습니다.
   각 단원과 연계하여 각 과의 주제를 먼저 파악하도록 합니다.

2. Question About It
   처음 각 과에는 각 과 주제에 준비된 질문이 나옵니다. 이 질문은 과가 시작되기 전에 무엇을 배우게 될지에 대한 생각을 유도합니다. 질문을 통해 과의 목표를 발견하도록 도와 줍니다.

3. View of Bible
   성경공부의 전체적인 내용을 한 번에 알 수 있도록 도와줍니다. 다음에 이어질 내용에 대한 서론에 해당합니다.

4. Learn of Bible
   각 과의 내용을 공부하는 과정입니다. 성경을 공부하는 것이니 만큼 말씀을 직접 찾고 적을 수 있도록 했습니다. 성경의 흐름을 이해하고 꼭 알아야 할 핵심내용을 배우게 됩니다.

5. Application of Bible
   각 과에서 배운 내용을 점검하고 적용하도록 돕습니다.

6. Tip of Bible
   성경공부에서 알 수 없는 내용 중 청소년이 알아야 할 재미있는 부분을 추가했습니다.

공과소개

신앙 · 생활편 교과진행 구조

1. 제목

청소년의 현장성을 높이기 위해 그들의 생활과 문화 가까이에서 접할 수 있는 내용을 중심으로 제목을 정하였습니다.

2. Story of Life

각 과의 주제를 쉽게 보여주는 실제적인 생활 이야기로 청소년의 관심을 불러일으킬 수 있는 이야기를 구성했습니다. 그리고 그들의 이야기를 통해 자신과 연관지어 생각할 수 있게 합니다.

3. Talk Talk About Life

각 과의 주제와 관련된 몇 가지 질문으로 구성되며, 청소년 자신의 생활과 문화에 관해 서로 나누며 함께 참여하는 시간이 되도록 합니다.

4. Standard of Life

각 과의 주제에 관련된 성경의 본문을 살핌으로써 청소년 자신이 가지는 생활과 문화의 바른 기준을 세우게 합니다.

5. Change of Life

청소년의 생활과 문화를 바라보는 시각 그리고 삶의 모습을 새롭게 변화할 수 있도록 성경의 기준을 붙들게 합니다.

6. Decision of Life

청소년에게 변화된 생활로의 결단을 촉구합니다.

T E E N   T E E N   P O W E R   I N   J E S U S

청·소·년·핵·심·공·과

틴틴파워 인지저스 4권

구약편

1단원 인류의 출발	제1과 아담과 하와 | 제2과 에녹 | 제3과 노아
2단원 하나님의 세우심	제4과 아브라함(1) | 제5과 아브라함(2) | 제6과 롯
3단원 하나님의 이끄심	제7과 이삭 | 제8과 야곱 | 제9과 요셉
4단원 지도자와 섬기는 자	제10과 모세(1) | 제11과 모세(2) | 제12과 훌

Introduce

단원주제	하나님이 창조하신 사람
단원해설	세상을 창조하시고 사람을 만드신 하나님의 뜻을 살펴보고 하나님께 순종하는 의인의 삶이 어떤 삶인지를 이해합니다.
중심구절	"하나님이 이르시되 우리의 형상을 따라 우리의 모양대로 우리가 사람을 만들고 그들로 바다의 물고기와 하늘의 새와 가축과 온 땅과 땅에 기는 모든 것을 다스리게 하자 하시고"(창 1:26)
단원학습목표	하나님이 사람을 창조하신 목적을 알아보고 그 목적대로 살아야 함을 이해한다.
단원핵심정리	의인과 악인

구약편_ 1단원

인류의 출발

단원소개

하나님은 자신의 형상대로 사람을 창조하시고 하나님이 창조하신 세상을 사람에게 맡기셨습니다. 그러므로 사람들은 하나님의 선하신 뜻에 따라 세상을 잘 관리해야 하는 책임이 생겼습니다. 그 사람들 가운데 하나님께 순종하여 의인의 삶을 산 사람도 있고, 불순종하여 악인의 삶을 산 사람도 있습니다. 구약 인물편에서는 그들의 삶을 살펴보고 교훈을 얻고자 합니다.

1과에서는 하나님에 의해 창조된 아담과 하와가 하나님의 창조물 중 가장 뛰어난 걸작품임에도 불구하고 범죄하여 타락하게 된 이유를 살펴봅니다. 2과에서는 하나님과 동행하는 삶으로 인해 죽음을 보지 않고 하나님 나라로 들어간 에녹의 믿음을 살펴보고 하나님과 동행하는 삶이 무엇인지 이해합니다. 3과에서는 하나님께 인정받는 의인으로서의 일생을 산 노아의 순종적인 삶을 살펴봅니다.

제1과 아담과 하와 최고의 걸작품

학습목표 : 하나님에 의해 최고의 걸작품으로 창조된 사람을 이해하고 그럼에도 불구하고 범죄하여 타락한 사람을 이해한다.

중심진리 : 하나님의 창조의 절정인 사람과 범죄한 사람

본문말씀 : 창세기 1:26-27

Memory Verse

"하나님이 자기 형상 곧 하나님의 형상대로 사람을 창조하시되 남자와 여자를 창조하시고"(창 1:27).

» Question About It

1. '아담' 은 누구입니까?

① 아담은 '흙', '붉다' 의 의미입니다.
② 최초로 창조된 사람으로 인류의 조상이 됩니다.
③ 하나님의 형상대로 창조되었지만 선악과를 따먹은 이후 원죄의 조상이 됩니다.
④ 세 아들을 낳은 후 930세에 죽음을 맞이합니다.

2. '하와' 는 누구입니까?

① '생명을 주는 모든 산 자의 어미' 라는 의미로 타락 후에 주어진 이름입니다(창 3:20).
② 아담의 갈빗대로 창조되었습니다.
③ 최초의 여인이자 최초의 아내이고 최초의 어머니가 됩니다.

» View of Bible

하나님은 첫 번째 날 어둠 가운데 빛을, 두 번째 날 물을 한 곳으로 모으고 공간(하늘)을, 세 번째 날 바다 가운데 육지를, 네 번째 날 해와 달과 별을, 다섯 번째 날 물고기와 새, 그리고 여섯 번째 날에 짐승과 사람을 창조하셨습니다. 그리고 마지막 날 일곱 번째 날에 안식하셨습니다.

(공간을 창조)		(공간에 들어갈 것을 창조)	
첫째 날	빛과 어두움	넷째 날	해, 달, 별
둘째 날	하늘과 바다	다섯째 날	물고기, 새
셋째 날	육지	여섯째 날	짐승, 사람
일곱째 날	안식하심		

먼저 공간을 창조하시고 그 공간에 들어갈 창조물들을 차례로 창조하셨습니다. 빛과 어두움을 먼저 창조하시고 그곳에 들어갈 해와 달과 별을 만드신 것입니다. 마찬가지로 하늘과 바다에 들어갈 물고기와 새, 육지에 들어갈 짐승과 사람을 창조하신 것입니다. 이것은 하나님의 창조사역이 질서 있고 과학적이었음을 보여줍니다.

» Learn of Bible

1. 창조의 절정, 사람

(1) 하나님이 마지막으로 창조한 것은 무엇입니까?(창 1:26-27)

"남자와 여자"

물론 하나님이 만드신 것 중에 중요하지 않은 것은 하나도 없습니다. 그러나 그 중에서도 마지막에 만든 사람, 즉 남자와 여자는 하나님이 가장 정성을 기울여서 만든 존재입니다. 마지막 순서로 만들어지는 것이 가장 가치 있고 귀중한 존재이기 때문입니다. 바로 그들이 아담과 하와입니다.

(2) 그렇다면 왜 사람이 가장 귀중한 창조물입니까?(창 1:27)

"하나님의 형상대로 창조"

마지막에 창조된 사람이 가장 귀중한 창조물인 이유는 바로 하나님의 형상대로 창조되었기 때문입니다. 다른 창조물들 특히 물고기, 새, 짐승들은 하나님의 형상대로 창조되지 않았습니다. 그래서 그것들은 하나님과 소통할 수 없고, 오직 하나님의 형상을 따라 하나님의 모양대로 만들어진 사람만이 하나님과 교제할 수 있고 기도할 수 있는 것입니다. 곧 하나님의 말씀을 듣고 그 말씀에 응답하는 자로서 책임 있는 주체로 창조되었습니다. 창조의 절정, 하나님이 가장 잘 만드신 걸작품이 바로 사람입니다.

그래서 우리는 "하나님을 따라 의와 진리의 거룩함으로 지으심을 받은 새사람"(엡 4:24)이 되어야 합니다. 바로 그들이 아담과 하와입니다.

(3) 사람이 받은 축복은 무엇입니까?(창 1:28)

"…복을 주시며… 생육하고 번성하여 땅에 충만하라… 정복하라… 모든 생물을 다스리라"

하나님은 사람을 창조하시고 하나님이 창조하신 세상에서 생육하고 번성하라고 축복해 주셨습니다. 그리고 남자와 여자에게 모든 피조물들을 정복하고 다스리게 하셨습니다. 물론 땅을 정복하고 모든 생물을 다스리라는 것은 짓밟으라는 의미가 아니라 잘 관리하라는 뜻입니다. 하나님의 대리자로서 인정해 주시고 책임을 맡겨 주신 것입니다.

그리고 에덴동산을 창설하시고 그곳에 사람을 두시고 그들과 함께 교제하시고 동행하셨습니다. 하나님의 사역에 사람을 동참시켜 주신 것입니다. 바로 그들이 아담과 하와입니다.

2. 아담과 하와의 범죄

하나님의 걸작품으로 창조된 아담과 하와는 곧 하나님의 말씀을 의심하고 교만한 마음과 불만을 갖게 되었습니다. 그래서 하나님같이 되고 싶다는 유혹을 뿌리치지 못하고 죄를 범하게 됩니다.

(1) 하와가 지은 죄는 무엇입니까?(창 3:3-5)

"하나님의 말씀을 의심하고 교만한 죄"

하나님은 분명히 선악을 알게 하는 나무의 열매를 먹으면 반드시 죽는다고 말씀하셨는데(창 2:17), 하와는 결코 죽지 않고(창 3:4), 하나님과 같이 된다는(창 3:6) 뱀의 유혹에 넘어 갔습니다. 이것은 하와가 하나님의 말씀을 의심했고, 교만한 생각을 가지고 있었음을 의미합니다.

하나님이 주신 에덴동산에서 아담과 함께 살고 있었던 하와는 선악을 알게 하는 나무의 열매를 먹지 말라는 단 하나의 금지 명령을 어긴 것입니다. 이것은 하나님께 만족하지 못하고 항상 불만을 가지고 살고 있었음을 의미합니다. 죄를 지을 준비가 되어 있었기 때문에 단번에 뱀의 유혹에 넘어간 것입니다.

(2) 아담이 지은 죄는 무엇입니까?(창 3:6, 12)

"하와를 말리지 못하고 죄를 하와의 탓으로 돌린 것"

아담은 하와가 선악을 알게 하는 열매를 주자 망설이지도 않고 바로 먹습니다. 아담도 분명히 먹으면 안 된다는 하나님의 말씀을 알고 있었습니다. 그럼에도 불구하고 적극적으로 하와를 말리지 않고 그 범죄 행위에 동참한 것은 큰 잘못입니다.

또한 아담은 하나님이 하와를 주셨을 때 "내 뼈 중의 뼈요 살 중의 살"(창 2:23)이라고 고백할 정도로 사랑했던 하와였는데, 범죄한 이후 하나님이 아담을 찾자, "하나님이 주셔서 나와 함께 있게 하신 여자 그가 그 나무 열매를 내게 주므로 내가 먹었나이다"(창 3:12)라고 책임을 하와에게 돌립니다. 자기는 죄가 없다고 변명한 것입니다.

(3) 아담과 하와의 범죄 결과는 무엇입니까?(창 3:16-17)

"하와는 임신하는 고통이 크게 더하고 아담은 노동의 고통이 생김"

하와는 임신의 고통과 자식을 낳을 때도 수고하여야 하며, 남편의 다스림을 받게 됩니다. 아담은 땀을 흘려야 먹을 수 있게 됩니다. 그리고 에덴동산에서도 쫓겨나게 됩니다.

하나님이 아담과 하와를 창조하셨을 때 다른 창조물의 관리자로 임명하셨습니다. 그렇기 때문에 이들이 범죄하자 다른 모든 피조물들에게도 영향을 미치게 되었습니다. 뱀은 배로 다니며 살아 있는 동안 흙을 먹게 되었고, 땅은 가시덤불과 엉겅퀴를 내게 되었습니다.

» Application of Bible

1. 우리는 하나님 앞에서 어떤 존재입니까?

우리는 하나님이 만드신 것 중에서 가장 뛰어난 존재입니다. 바로 하나님의 형상대로, 하나님의 모양대로 창조되었기 때문입니다. 그래서 하나님과 다른 모든 사람들 앞에서 소중한 존재입니다. 하루하루를 살면서 우리는 하나님의 형상대로 지음 받았다는 사실을 기억하며 살아가야 합니다. 또한 우리 주위의 다른 사람들도 똑같이 하나님의 형상대로 지음 받았기 때문에 섬기며 살아가야 합니다. 어른들을 존경하고 친구들과 사이좋게 지내야 합니다.

우리가 이 땅에 태어난 것은 우연한 것이 아니라 하나님이 특별한 사역을 맡기시려고 태어나게 하신 것입니다. 우리 개개인을 향한 하나님의 특별한 계획이 있습니다. 그 하나님의 특별한 계획이 무엇인지 기도해 봅시다.

2. 우리는 죄 앞에서 어떤 존재입니까?

우리는 하나님의 특별한 존재임에도 불구하고 죄의 유혹에 쉽게 빠질 수 있는 존재입니다. 그러므로 항상 기도하고 깨어 있어야 합니다. 하나님의 말씀을 기억하고 교만하지 말아야 합니다. 특히 하나님이 가장 싫어하시는 것이 교만입니다.

3. 하나님은 우리를 사랑하십니까?

아담과 하와가 범죄한 후 하나님이 찾아오셨을 때 책망하기 위해 찾아오신 것이 아닙니다. 그들이 바로 죄를 고백했다면 하나님이 용서해 주셨을 것입니다. 하지만 아담과 하와는 남에게 책임을 돌리고 자신들의 잘못을 고백하지 않았습니다. 자신의 죄를 고백하지 않는 것은 죄를 짓는 것보다 더 큰 잘못입니다. 자신들이 벗었음을 알고 부끄러워했을 때 하나님은 가죽옷을 지어 입혀주셨습니다. 이것은 하나님의 사랑을 나타냅니다.

» Tip of Bible

아담과 예수 그리스도의 비교

	첫 번째 아담	두 번째 아담인 예수
롬 5:17	한 사람의 범죄로 말미암아 사망이 그 한 사람을 통하여 왕 노릇하였다.	은혜와 의의 선물을 넘치게 받은 자들은 한 분 예수 그리스도를 통하여 생명 안에서 왕 노릇한다.
롬 5:18	한 범죄로 많은 사람이 정죄에 이름.	한 의로운 행위로 많은 사람이 의롭다 하심을 받아 생명에 이름.
롬 5:19	한 사람이 순종치 않음으로 많은 사람이 죄인이 됨.	한 사람이 순종하심으로 많은 사람이 의인이 됨.
고전 15:45	생령이 됨.	살려주는 영이 됨.

구약편

제2과 에녹 하나님과 동행한 사람

학습목표 : 하나님과 동행하는 삶으로 인해 죽음을 보지 않고 하나님 나라로 들어간 에녹의 믿음을 살펴보고 하나님과 동행하는 삶이 무엇인지 이해한다.

중심진리 : 하나님과 동행하는 삶

본문말씀 : 창세기 5:18-24

Memory Verse

"믿음으로 에녹은 죽음을 보지 않고 옮겨졌으니 하나님이 그를 옮기심으로 다시 보이지 아니하였느니라 그는 옮겨지기 전에 하나님을 기쁘시게 하는 자라 하는 증거를 받았느니라"(히 11:5).

» Question About It

'에녹' 은 누구입니까?

① 에녹은 '좁히다', '봉헌하다' 의 의미입니다.

② 아담의 7대손으로 야렛의 아들이며, 최장수자인 므두셀라(969세)의 아버지입니다(창 5:18).

③ 300년간 하나님과 동행하는 삶을 살았습니다(창 5:22-23).

④ 365세에 죽음을 보지 않고 하늘로 올라간 사람입니다.

» View of Bible

이 세상에서 죽음을 당하지 않고 하나님 나라에 갔다는 것은 놀라운 일입니다. 여러분도 그렇게 되고 싶지 않나요? 그 비결은 에녹이 하나님께 인정받는 믿음의 사람이었기 때문입니다. 여기에서 우리는 믿음이 무엇보다 중요하다는 사실을 깨달을 수 있습니다. 에녹이 하나님과 동행할 수 있었던 것은 하나님이 그의 믿음을 인정하셨고, 그런 믿음을 소유한 사람은 경건하고 성결한 삶을 살게 됩니다.

» Learn of Bible

1. 하나님께 인정받은 에녹

신앙생활에 있어서 가장 중요한 일은 '하나님과 동행'하는 생활입니다. 부모, 형제자매, 그리고 마음에 맞는 친구들과 친한 관계를 유지하듯 하나님과 영적으로 친밀한 관계를 유지하는 것이 중요합니다. 이 세상에서 하나님과 동행한 에녹은 어떤 믿음의 소유자였는지 살펴봅시다.

(1) 에녹은 하늘로 옮겨지기 전에 어떤 증거를 받았습니까?(히 11:5)

"하나님을 기쁘시게 함"

"믿음으로 에녹은 죽음을 보지 않고 옮겨졌으니 하나님이 그를 옮기심으로 다시 보이지 아니하였느니라 그는 옮겨지기 전에 하나님을 기쁘시게 하는 자라 하는 증거를 받았느니라"(히 11:5).

에녹은 하나님을 기쁘게 섬긴 사람이었습니다. 우리의 모든 행동이 하나님을 기쁘시게 하면 하나님께서 인정하십니다.

(2) 에녹은 어떤 믿음을 소유한 사람입니까?(히 11:6)

① 하나님이 계신 것을 믿는 믿음
② 하나님이 자기를 찾는 자들에게 상 주시는 이심을 믿는 믿음

"믿음이 없이는 하나님을 기쁘시게 하지 못하나니 하나님께 나아가는 자는 반드시 그가 계신 것과 또한 그가 자기를 찾는 자들에게 상 주시는 이심을 믿어야 할지니라"(히 11:6).

하나님이 살아 계시다는 것, 살아계신 하나님이 나를 창조하셨다는 것, 나를 창조한 하나님이 내 삶의 주인이 되신다는 것, 내 삶의 주인이신 하나님이 나의 구원의 문제를 해결해 주신 분이라는 것을 믿어야 합니다. 그리고 우리가 이 믿음을 굳게 지키고 모든 일에 하나님을 찾을 때 그 하나님은 우리에게 상 주시는 분이심을 믿어야 합니다.

2. 하나님께 쓰임 받은 에녹

에녹은 하나님과 동행했기 때문에 미래를 예언할 수 있었고, 예수 그리스도의 사역을 소개할 수 있었습니다. 하나님의 귀한 사역인 예언에 동참한 것입니다. 이러한 예언을 할 수 있도록 하기 위해 에녹을 죽음을 보지 않고 하늘에 이르도록 한 것입니다. 그럼 구체적으로 에녹의 예언 사역을 살펴보겠습니다.

(1) 에녹의 예언 두 가지는 무엇입니까?(유 14-15)

① 예수님이 수만의 거룩한 자와 함께 임하심
② 경건하지 않은 행위와 말을 하는 사람들을 예수님이 심판하심

"아담의 칠대 손 에녹이 이 사람들에 대하여도 예언하여 이르되 보라 주께서 그 수만의 거룩한 자와 함께 임하셨나니 이는 뭇 사람을 심판하사 모든 경건하지 않은 자가 경건하지 않게 행한 모든 경건하지 않은 일과 또 경건하지 않은 죄인들이 주를 거슬러한 모든 완악한 말로 말미암아 그들을 정죄하려 하심이라 하였느니라"(유 14-15).

에녹은 당대에 하나님으로부터 말씀을 받아 사람들에게 전달하는 예언자의 사역을 감당하였습니다. 그는 마지막 날에 예수께서 임하셔서 심판하심을 미리 알았습니다. 여기에서 심판을 받을 대상자는 경건하지 않은 행위와 말을 하는 사람들이라고 말합니다.

(2) 하나님과 동행하는 삶 뒤에 찾아온 하나님의 축복은 무엇입니까?(창 5:24)

"죽음을 보지 않고 하늘로 올라감"

"에녹이 하나님과 동행하더니 하나님이 그를 데려가시므로 세상에 있지 아니하였더라"(창 5:24).

하나님과 동행한다는 말은 하나님과 친밀한 관계를 유지하며 인격적인 교제를 나누는 것을 의미합니다. 죄가 많은 세상에서 오직 하나님만 바라보며 하나님의 뜻을 따라 산 사람으로 노아가 있는데, 그 역시 '하나님과 동행한 자' 라는 칭함을 받았습니다(창 6:9).

» Application of Bible

하나님과 동행하는 삶은 구체적으로 무엇입니까?

"오직 너희를 부르신 거룩한 이처럼 너희도 모든 행실에 거룩한 자가 되라 기록되었으되 내가 거룩하니 너희도 거룩할지어다 하셨느니라"(벧전 1:15-16).

"또 주께서 우리가 너희를 사랑함과 같이 너희도 피차간과 모든 사람에 대한 사랑이 더욱 많아 넘치게 하사"(살전 3:12).

"너희가 진리를 순종함으로 너희 영혼을 깨끗하게 하여 거짓이 없이 형제를 사랑하기에 이르렀으니 마음으로 뜨겁게 서로 사랑하라"(벧전 1:22).

거룩한 하나님은 자신이 거룩한 것처럼 먼저 우리가 모든 행동에서 거룩할 것을 요구하십니다. '거룩'이란 세상과 분리됨을 의미합니다. 세상의 모든 악한 것들로부터 자신을 지키는 것이 거룩입니다. 그렇다고 에녹이 세상과 완전히 단절한 채 은둔 생활로 자신의 경건을 지킨 것이 아닙니다. 세상 속에서 다른 사람들과 마찬가지로 평범한 일상생활을 해나가는 가운데 하나님과 동행한 것입니다. 그리고 한 걸음 더 나아가서 거짓 없이 형제들을 진심으로 사랑하라고 말씀하십니다. 이렇게 사랑하는 삶이 바로 하나님과 동행하는 삶입니다.

이렇게 하나님과 동행하는 삶을 살 때 하나님은 우리에게 위대한 사명을 맡겨주십니다.

» Tip of Bible

에녹(창 5:3-32)과 보아스(룻 4:18-22)의 족보 비교

1	아담	베레스
2	셋	헤스론
3	에노스	람
4	게난	암미나답
5	마할랄렐	나손
6	야렛	살몬
7	에녹	보아스
8	므두셀라	오벳
9	라멕	이새
10	노아	다윗

에녹(창 5:3-32)과 보아스(룻 4:18-22)의 족보를 비교하면 흥미로운 사실을 발견할 수 있습니다. 에녹과 보아스는 7대 손, 노아와 다윗은 10대 손으로 각각 나타납니다. 죽음을 보지 않고 하늘로 올라간 에녹과 룻을 거두어들임으로 나오미의 집안을 살린 보아스는 모두 의인으로 나타납니다. 그리고 하나님의 홍수 심판에서 유일하게 살아남은 노아와 구약성서에서 가장 존경받는 다윗은 완전한 사람으로 나타납니다. 곧 에녹과 같은 보아스, 노아와 같은 다윗이라는 뜻입니다. 이렇게 이스라엘 사람들은 7과 10을 좋은 숫자로 생각하여 큰 의미를 부여하는 것을 알 수 있습니다.

제3과 노아 하나님께 순종한 의인

구약편

학습목표 : 하나님께 인정받는 의인으로서의 삶과 하나님께 순종하는 삶이 무엇인지 이해한다.

중심진리 : 하나님께 순종하는 삶

본문말씀 : 창세기 6:5-22

Memory Verse

"노아가 그와 같이 하여 하나님이 자기에게 명하신 대로 다 준행하였더라"(창 6:22).

» Question About It

'노아' 는 누구입니까?

① 노아는 '안식', '위로' 라는 의미로 노아의 아버지인 라멕은 이 이름의 뜻이 "여호와께서 땅을 저주하시므로 수고롭게 일하는 우리를 이 아들이 안위하리라"고 했습니다(창 5:29).

② 아담의 10대 손으로 세 아들, 셈, 함, 야벳을 두었습니다.

View of Bible

하나님이 처음 세상을 창조하셨을 때 보시기에 좋았다고 말씀하셨습니다. 이것은 하나님이 선하게 창조하셨음을 의미합니다. 그러나 아담과 하와의 타락과, 가인의 살인 후 이 세상은 악해지기 시작했고 노아 시대에 이르러서는 더 이상 처음 창조 시대의 모습을 찾아볼 수 없게 됩니다. 그래서 하나님은 세상을 진멸하시려고 작정하셨습니다. 그러나 그런 악한 상황 가운데서도 하나님 앞에서 의로움을 지킨 노아와 그의 가족들은 방주를 만들어 피하라는 하나님의 말씀을 듣게 됩니다.

이 말씀에 순종한 노아는 120년 동안 방주를 만들고 하나님의 홍수의 심판이 임할 때 방주로 피신함으로 하나님의 심판을 피하였습니다. 40일 동안 비가 내려 지상의 모든 산들이 잠기게 되고 방주 밖에 있는 모든 생물들은 죽게 됩니다. 그 후 물이 점차 줄어들기 시작해서 약 일 년 후에 방주 밖으로 나오게 된 노아는 홍수 뒤에 350년을 더 살다가 950세에 세상을 떠납니다.

Learn of Bible

1. 의인인 노아

(1) 성경은 노아를 어떤 사람으로 소개합니까?(창 6:9)

"의인, 완전한 자, 하나님과 동행한 자"

"노아는 의인이요 당대에 완전한 자라 그는 하나님과 동행하였으며"(창 6:9).

노아가 살던 때는 온 땅이 하나님 앞에 부패하여 포악함이 가득한 시대였습니다. 그러나 그렇게 악한 시대에도 하나님을 굳게 의지하고 악에서 떠나 믿음을 지킨 사람이 있었습니다. 그가 바로 노아와 그의 가족들입니다. 노아는 신앙적인 면에서 '의인'이며, 인격에 있어서는 '완전한 자'였고, 그의 생애는 '하나님과 동행'한 자로서 그 시대에 유일하게 하나님을 기쁘시게 해드릴 수 있는 사람이었습니다.

우리가 하나님과 친구들로부터 "너는 의인이고 흠이 없고 하나님과 항상 함께하는 사람이다"라는 말을 듣는다면 얼마나 좋을까요? 노아는 당시에 그런 칭호와 인정을 받은 사람이었습니다.

세상 사람들이 서로를 거짓으로 대하고 하나님의 마음을 아프게 하는 일들을 행하고 무질서한 삶을 살아도 하나님의 자녀들인 우리는 하나님 앞에서나 사람들 앞에서 솔직하고 진실한 삶을 살아야 합니다. 그러면 하나님이 우리를 극진히 사랑하시고, 이 죄악 된 세상을 보면서 우리를 통해 위로를 얻으실 것입니다.

(2) 노아가 악한 시대에 의인으로 살 수 있었던 힘은 무엇입니까?(창 6:8)

"여호와께 은혜를 입었기 때문"

"그러나 노아는 여호와께 은혜를 입었더라"(창 6:8).

노아가 의롭게 된 것은 하나님의 은혜를 입었기 때문입니다. 여기에서 '은혜'(헨, chen)란 단어는 '편애하다', '사모하다', '누구에게 마음이 기울다'라는 뜻입니다. 그러므로 창세기 6:8절을 보다 좋게 해석하면 '그래서 하나님이 노아를 사모하고, 노아에게 마음이 기울고 노아를 극진히 사랑하셨다'로 풀이됩니다. 오직 하나님의 은혜를 입은 자만이 의인이 될 수 있습니다. 악한 시대를 견딜 수 있는 힘은 오직 믿음뿐입니다.

성경의 역사는 하나님이 주도하시는 역사이지만 그 하나님은 인간과 함께 일하기를 기뻐하시는 분이심을 잊지 말아야 합니다. 그런 점에서 하나님의 은혜를 입은 사람들에게 '믿음', '순종', '헌신'이 요구되는 것입니다. 노아는 바로 이런 면에서 하나님을 기쁘시게 해드렸던 것입니다.

2. 순종한 노아

(1) 노아는 방주를 만들라는 하나님의 명령을 듣고 어떻게 행동했습니까?(창 6:22; 7:5)

"하나님이 명하신 대로 다 지켜 행함"

"노아가 그와 같이 하여 하나님이 자기에게 명하신 대로 다 준행하였더라"(창 6:22).

맑은 날이 계속되는 가운데 홍수가 날 것을 대비해 큰 배를 짓고 있는 노아와 그 가족들을 보고 사람들은 어떻게 생각했을까요? 분명히 조롱하고 비웃었을 것입니다. 당시의 사람들은 먹고 마시고 시집가고 장가가는 일에만 몰두하고 있었습니다(마 24:38). 더구나 그 기간이 120년이나 되었고(창 6:3), 마침내 방주가 완성된 후 그 안에 들어가서도 7일을 다시 기다립니다(창 7:9-10). 언제나 참고 기다릴 줄 알았던 노아는 하나님께 철저히 순종한 사람이었습니다. 영혼 없는 몸이 죽은 것 같이 행함이 없는 믿음은 죽은 믿음입니다.

120년 동안 방주를 지었다는 것은 하나님께서 인류를 당장 멸하시지 않고 120년 동안 참고 기다리시며 회개할 기회를 주셨다는 것을 의미합니다.

(2) 노아가 방주에서 나와 제일 먼저 한 일은 무엇입니까?(창 8:20-21)

"하나님께 예배를 드림"

"노아가 여호와께 제단을 쌓고 모든 정결한 짐승과 모든 정결한 새 중에서 제물을 취하여 번제로 제단에 드렸더니 여호와께서 그 향기를 받으시고…"(창 8:20-21).

노아는 하나님을 경외하는 사람이었습니다. 하나님은 사람들을 대하듯이 함부로 대할 수 있는 분이 아니고, 최고의 존경심으로 모셔야 하는 분입니다. 바로 이러한 경외심이 있었기에 노아는 하나님의 말씀에 순종할 수 있었습니다.

» Application of Bible

하나님이 홍수를 일으키시기 전에 한탄하시고 근심하신 이유에 대해 말해 봅시다(창 6:6).

창세기 6:6절을 보면 하나님이 자신이 행하신 일에 대해 후회하시고 분노하시는 모습을 보여줍니다. 실수가 없으시고 완전하신 하나님이 한탄하시고 마음에 근심하셨습니다. 여기서 '한탄하다'는 단어는 '스스로 불쌍히 여기고 위로하다'란 의미로 전력질주를 해서 달려온 말이 고통 중에 헐떡거리면서 숨을 쉬는 장면을 의미합니다. '근심하다'는 '상처받다', '고통을 느끼다', '화가 나다'란 뜻을 가지고 있습니다. 홍수를 일으키시기 전에 하나님은 사람을 창조하신 것을 후회하시고 그로 인해 스스로 화가 나서 고통스러워하며 비탄에 빠지셨습니다.

그렇다면 무엇 때문에 하나님이 그렇게 고통스러워 하셨을까요? 그 답은 창세기 6:5절에 나와 있습니다. 하나님이 자신의 형상대로 만든 사람들이 모두 악한 생각을 하고, 악을 행하고 있었기 때문입니다.

이 모든 것은 하나님을 실망시키는 생각들과 행동들이었습니다. 선하게 창조된 사람들이 하나님의 뜻에 벗어난 행동들을 하는 것을 보시면서 사람들을 만든 것을 후회하고 숨이 헐떡거릴 정도로 속상하고 화가 나신 것입니다.

결국 하나님은 참다못해 이 세상 역사를 다시 시작하기를 원하셨습니다. 악인들을 멸하시고 의인들을 중심으로 새로운 세상을 이끌어 가시고자 작정하셔서 홍수를 일으켜 노아와 그 가족들을 제외한 모든 것을 이 세상에서 멸하신 것입니다. 우리도 악한 생각과 죄악 된 행동, 하나님의 뜻을 벗어난 행동을 하지 말아야 합니다.

» Tip of Bible

홍수 기간

날 짜		일수	사 건	관련구절
	2월 10일	7일을 기다림	방주에 들어감	창 7:4, 10
150일 동안 물이 창일함 (창 7:24)	2월 17일	40일간 계속됨	비가 내리기 시작	창 7:4-6,11,12
	3월 26일	40일이 끝남	비가 멈춤	창 7:4, 11
	7월 17일	150일이 끝남	방주가 아라랏 산에 머뭄	창 7:24; 8:4
150일 동안 물이 줄어듦 (창 8:3)	10월 1일	40일간 기다림	산의 봉우리가 보임	창 8:5-6
	11월 10일	1일을 기다림	까마귀를 내어 보냄	창 8:7
	11월 11일	7일을 기다림	비둘기를 내어 보냄(돌아옴)	창 8:8-9
	11월 19일	7일을 기다림	비둘기를 내어 보냄 (감람나무 잎사귀를 물고 돌아옴)	창 8:10-11
	11월 27일		비둘기를 내어 보냄(돌아오지 않음)	창 8:12
	12월 17일	150일이 끝남	물이 완전히 감함	창 8:3
땅이 마름	1월 1일		방주 뚜껑을 제침	창 8:13
	2월 27일		땅이 마름 (방주에서 나옴)	창 8:14-19
통계표	방주에서 보낸 전체 일수: 1년 17일 = 365 + 17 = 377일 7일을 기다림 + 150일간 + 150일간 +70일간 = 377일 (물이 창일함)(물이 감함)(땅이 마름)			

Introduce

단원주제	하나님이 세우신 사람
단원해설	아브라함의 생애를 살펴봄으로 그의 순종과 믿음을 배우고 그렇지 못한 삶을 산 롯의 생애를 통해 하나님이 미워하시는 삶의 모습을 이해합니다.
중심구절	"내가 너로 큰 민족을 이루고 네게 복을 주어 네 이름을 창대하게 하리니 너는 복이 될지라"(창 12:2).
단원학습목표	아브라함이 순종과 믿음의 결단을 통해 복의 근원이 되고 창대하게 되는 모습을 찾아봅니다.
단원핵심정리	믿음과 순종

구약편_ 2단원

하나님의 세우심

단원소개

본 단원에서는 믿음의 조상이라 일컬어지는 삶을 산 아브라함의 생애와 그렇지 못한 삶을 산 롯의 생애를 비교하여 하나님이 원하시는 삶이 무엇인지를 살펴보려고 합니다. 하나님이 우리에게 원하시는 것은 순종과 믿음이고, 하나님이 싫어하시는 것은 교만과 악한 일을 행하는 것입니다.

4과에서는 하나님의 말씀을 철저히 의지한 아브라함이 그의 믿음으로 말미암아 하나님께 의롭다함을 받은 것을 살펴봅니다. 5과에서는 하나님께 의롭다함을 받은 것이 그의 절대적인 순종과 믿음의 결단이었음을 이해하고, 6과에서는 아브라함과 반대로 세상의 관점에서만 살아온 롯에게 닥친 상황과 하나님의 심판을 피할 수 없었던 소돔 백성들의 죄악들을 살펴보고자 합니다.

구약편

제4과 아브라함(1) 믿음으로 의롭다함을 얻다

학습목표 : 하나님의 말씀에 의지한 아브라함이 믿음으로 말미암아 하나님께 의롭다함을 받은 것을 이해한다.

중심진리 : 하나님을 믿음으로 의롭다 함을 얻은 자

본문말씀 : 창세기 15:1-6

Memory Verse

"아브람이 여호와를 믿으니 여호와께서 이를 그의 의로 여기시고"(창 15:6).

» Question About It

'아브라함' 은 누구입니까?

① 노아의 12대 자손인 아브라함은 데라의 아들로 동생 나홀과 하란이 있습니다(창 11:26).

② 75세 때 하란에서 하나님의 소명을 받고 하나님이 지시하신 땅으로 떠납니다(창 12:4).

③ 가나안 땅에 도착하자 먼저 예배를 드립니다(창 12:7, 8).

④ 하나님은 아브라함과 언약을 맺으시고 그 이름을 아브람(큰 아버지)에서 아브라함(열국의 아버지)으로 고쳐주십니다(창 17:2-5).

⑤ 100세 때 하나님이 약속하신 아들 이삭을 얻게 됩니다(창 21:1-7).

⑥ 아브라함은 그의 아내 사라가 죽은 후에 175세까지 살다가 막벨라 굴에 사라와 함께 묻힙니다(창 25:7-10).

View of Bible

두 번째 창조라고 볼 수 있는 홍수 심판 이후에도 사람들은 변한 것이 없었습니다. 악한 생각과 죄악된 행동들이 똑같이 되풀이 되었습니다. 나중에는 높은 탑을 쌓아 하늘에 이르려고 했습니다. 이것은 하나님과 같이 되려고 선악과를 따먹은 아담과 하와처럼 당시의 사람들도 극도로 교만했음을 보여주는 것입니다. 하나님은 후회하셨고 분노하셨지만 다시는 물로 심판하지 않으시겠다는 무지개 언약을 세우신 까닭에 방법을 바꾸어 하나님의 뜻을 나타내 보이십니다. 즉 모든 인류를 직접 대하시지 않고 많은 민족들 중에 한 민족을 선택하여 하나님의 뜻을 실현시키고자 하십니다. 그것은 바로 한 사람을 택해서 나라를 이루시고 그들을 통해 모든 민족과 열방을 구원하시려는 계획입니다. 이렇게 해서 선택된 사람이 바로 아브라함입니다.

Learn of Bible

1. 즉각적으로 응답한 아브라함

(1) 아브라함이 하나님의 명령을 받고 하나님이 지시하신 땅으로 떠난 나이는 몇 세입니까?(창 12:4)

"75세"

"이에 아브람이 여호와의 말씀을 따라갔고 롯도 그와 함께 갔으며 아브람이 하란을 떠날 때에 칠십오 세였더라"(창 12:4).

당시 아브라함의 나이는 75세나 되었습니다. 이 나이가 되면 몸도 아프고, 기억력도 사라지고, 손과 발이 떨려서 오래 걸을 수도 없는 나이인데, 먼 길을 걸어서 이사를 하라는 하나님의 명령은 아브라함에게 쉬운 결정이 아니었습니다.

더구나 아브라함은 이미 하란에서 자리를 잡았고, 많은 것을 소유한 부자로 잘 살고 있었습니다. 또한 하나님은 지시하는 땅으로 가라고만 하셨지 정확한 지명을 가르쳐주시지도 않았습니다. 날씨는 따뜻한 곳인지, 물은 풍부한지, 사나운 짐승이나 위험한 곳이 아닌 안전한 곳인지 전혀 알려주시지 않고 그냥 가라고만 하신 것입니다.

(2) 아브라함은 무엇에 의지해서 가나안 땅으로 떠났습니까?(창 12:4)

"여호와의 말씀"

이러한 상황에서 아브라함은 오직 하나님의 말씀만 의지해서 미지의 세계로 떠났습니다. 아브라함은 하나님의 함께하심과 하나님의 명령을 확신하고, 하나님이 주실 약속을 굳게 믿고 순종하는 마음으로 떠난 것입니다.

아브라함은 하나님을 의지하는 믿음을 소유한 사람이었습니다. 하나님을 의지하는 믿음이란 우리가 살아가는 동안 시시때때로 주어지는 하나님의 부르심과 약속에 확신으로 나아가는 행동입니다. 나의 환경이나 나의 미래를 이 모양, 저 모양으로 따져보거나, 재어보는 것이 아니라, 하나님이 주신 소명과 명령을 간직한 채 앞으로 내 앞길을 하나님이 선하시게 인도하실 것을 믿고 기대하면서 살아가는 것이 믿음입니다.

안타깝게도 오늘날 우리는 하나님의 부르심에 너무 우리 주변과 환경을 재어보고 판단하려는 경우가 많이 있습니다. 주님께 쓰임 받고, 그로 말미암아 복 받기를 원한다고 하면서도 우리는 너무 변명이 많습니다.

나이가 많아도, 건강하지 않아도, 지식이 뛰어나지 않아도, 가진 것이 많지 않아도, 하나님이 원하시는 길이라면 한 번 도전해 보겠다는 마음 자세로 발길을 내딛는 것이 믿음입니다. 그러므로 믿음은 하나님의 말씀을 의지하고 인생의 새로운 도전을 시도하는 생활입니다.

2. 믿음의 조상 아브라함

(1) 아브라함과 언약을 세우시는 하나님이 그에게 보여준 것은 무엇입니까?(창 15:5)

"하늘의 별"

"그를 이끌고 밖으로 나가 이르시되 하늘을 우러러 뭇별을 셀 수 있나 보라 또 그에게 이르시되 네 자손이 이와 같으리라"(창 15:5).

하나님은 아브라함을 처음 부르실 때 아브라함이 큰 민족을 이루고 그의 이름이 창대하게 될 것이라고 말씀하셨습니다(창 12:2). 그러나 아직까지도 자식이 없었던 아브라함은 하나님이 씨를 주지 않아서 자신의 집에 있던 종이 상속자가 될 것이라고 생각했습니다(창 15:2). 그러자 하나님은 아브라함을 데리고 밖으로 나가 하늘의 수많은 별을 보여 주시면서 그의 자손이 별처럼 셀 수 없이 많을 것이라고 말씀해 주셨습니다.

(2) 이 말씀을 들은 아브라함은 어떤 반응을 보였습니까?(창 15:6)

"여호와를 믿음"

"아브람이 여호와를 믿으니 여호와께서 이를 그의 의로 여기시고"(창 15:6).

(3) 하나님은 자신을 믿은 아브라함을 어떻게 여기셨습니까?(창 15:6)

"의로 여김"

성경 이 부분에서 처음으로 여호와를 믿었다는 말씀이 나옵니다. 아브라함의 이 믿음은 순간적인 감정에 의해 충동적으로 생긴 것이 아니라 어떠한 충격에도 흔들림 없이 지속되는 믿음을 말합니다. 즉 매일의 삶 속에서 하나님의 선한 약속을 믿고 하나님의 말씀 위에 굳게 서 있는 것을 의미합니다. 그것을 하나님이 의로 여기신 것입니다.

이렇게 아브라함이 의롭다 인정함을 받은 것은 오직 하나님의 은혜 때문입니다(엡 2:8). 이와 같이 인간이 의롭게 되는 유일한 방법은 '믿음'이며, 그 믿음을 가능케 하신 분은 하나님이십니다. 하나님의 은혜에 의해서만 믿음이 의롭다 함을 받을 수 있습니다.

» Application of Bible

하나님이 우리를 부르실 때 우리는 어떻게 행동해야 할지 말해 봅시다.

하나님이 주신 귀한 생을 살아가는 우리에겐 아직 많은 시간이 남아 있습니다. 그만큼 선택해야 할 기회도 많이 주어집니다. 시시때때로 하나님이 우리의 현실을 뒤흔들면서 이리 저리 가라 하실 것입니다. 당장 우리의 눈에는 힘들고 어려운 고난의 길로 보일지 모르지만 하나님은 축복된 미래를 약속하시면서 하나님을 한 번 믿고 새로운 사명을 위해 도전해보라고 하실 것입니다. 그때마다 하나님의 선하신 약속을 굳게 믿고 하나님의 말씀을 좇아가는 우리가 되어야겠습니다.

» Tip of Bible

족장들의 계보

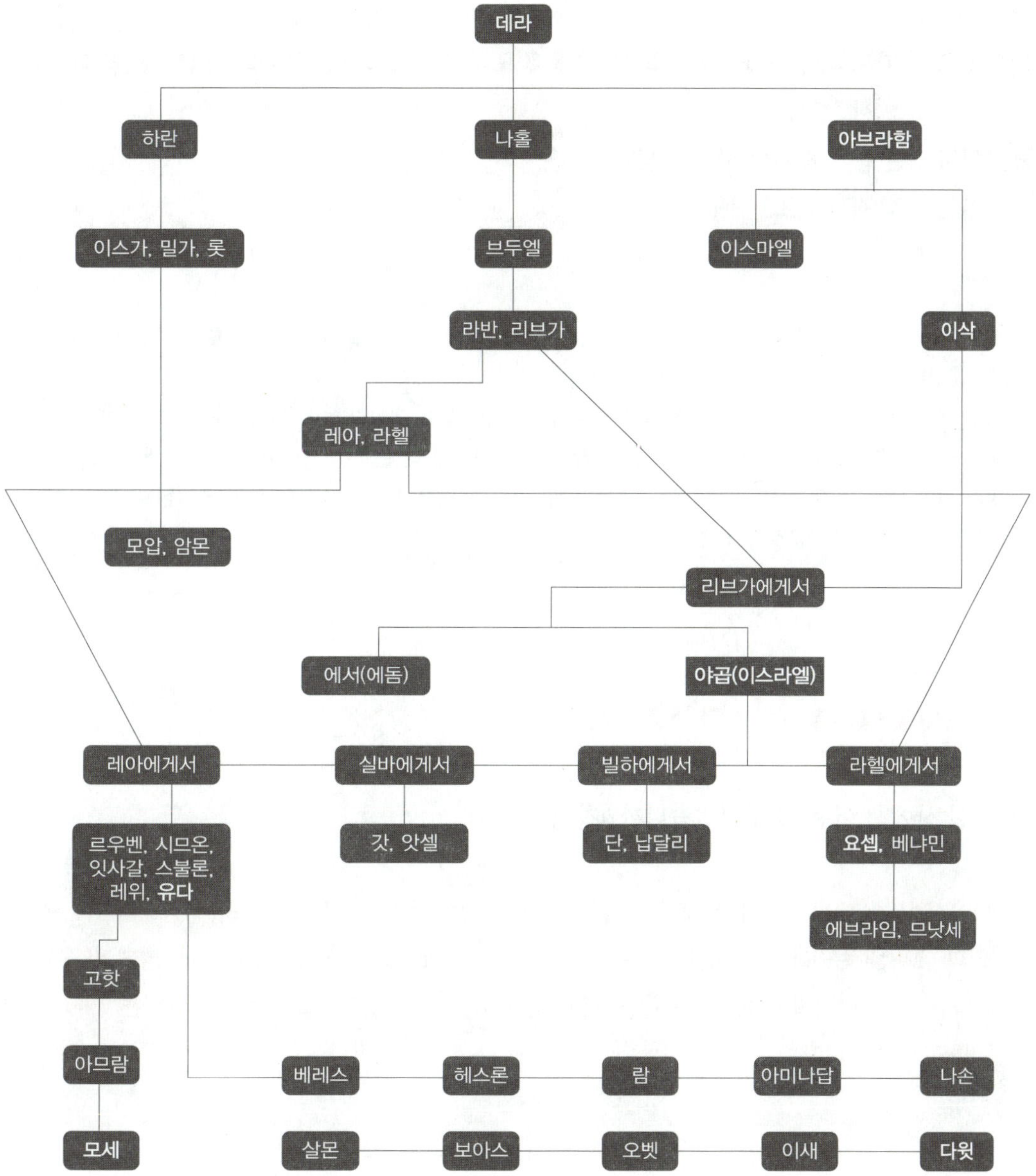

구약편

제5과 아브라함(2) 절대적인 순종

학습목표 : 하나님께 대한 절대적인 순종으로 크게 축복받은 아브라함의 믿음의 결단을 이해한다.

중심진리 : 순종으로 나타나는 믿음의 결단

본문말씀 : 창세기 22:1-14

Memory Verse

"여호와의 사자가 하늘에서부터 그를 불러 이르시되 아브라함아 아브라함아 하시는지라 아브라함이 이르되 내가 여기 있나이다 하매 사자가 이르시되 그 아이에게 네 손을 대지 말라 그에게 아무 일도 하지 말라 네가 네 아들 네 독자까지도 내게 아끼지 아니하였으니 내가 이제야 네가 하나님을 경외하는 줄을 아노라"(창 22:11-12).

» Question About It

모리아 산에선 어떤 일이 있었습니까?(창 22:1-14)

창세기 22:1-14절의 모리아 산에서 있었던 사건은 아브라함의 일생을 소개하는 창세기 11:26절부터 25:18절까지의 내용 중에서 절정을 이루는 사건입니다. 자기 아들 이삭을 번제로 하나님께 바치라는 명령입니다. 이런 하나님의 이해하기 힘든 명령에 아브라함은 순종했고, 결국 하나님은 다른 제물인 수양을 준비하고 계셨습니다.

» View of Bible

여러분이 오랫동안 가지고 싶었던 선물을 부모님께 받았지만, 그것을 사용해 보지도 못하고 다음날 부모님이 다시 가져간다면 어떤 기분이 들겠습니까? 창세기 22:1-14절에는 이런 선물과는 감히 비교도 할 수 없는 상황이 벌어지고 있습니다. 하나님이 선물로 주신, 물건과는 비교도 할 수 없는 외아들 이삭을 다시 데려 가시겠다는 말씀입니다. 또한 그 외아들을 아버지 아브라함이 직접 죽여 제물로 바치라는 명령입니다. 더욱 이해할 수 없는 것은 이런 말도 안 되는 명령을 하신 분이 평소에 아브라함에게 악하게 대했던 분이 아니라 일평생 믿고 의지해 왔던 하나님이시라는 점입니다. 그래서 이 사건은 아브라함의 일생 중에 가장 심적으로 고통스러웠던 일이었을 것이며, 하나님과의 관계를 가장 근본적으로 점검해 보는 사건이었을 것입니다.

» Learn of Bible

1. 순종하는 아브라함

(1) 하나님은 아브라함에게 무엇을 명령하셨습니까?(창 22:2)

"아브라함의 사랑하는 독자 이삭을 번제로 드리라"

"여호와께서 이르시되 네 아들 네 사랑하는 독자 이삭을 데리고 모리아 땅으로 가서 내가 네게 일러 준 한 산 거기서 그를 번제로 드리라"(창 22:2).

이삭은 하나님이 약속하신 아들로 아브라함이 100세 때 얻은 아들입니다. 아브라함에겐 이 세상 무엇과도 바꿀 수 없는 가장 소중한 존재였습니다. 그런데 어느 날 하나님이 그 아들 이삭을 죽여서 하나님께 바치라고 명령하셨습니다.

(2) 처음 이 명령을 받은 아브라함의 마음은 어떠했겠습니까?(창 12:3)

"너무나 슬프고 이해할 수 없었을 것"

"아브라함이 아침에 일찍이 일어나…… 하나님이 자기에게 일러 주신 곳으로 가더니"(창 22:3).

아마도 아브라함은 이런 하나님의 명령을 듣자 곧 하나님 앞에 울부짖고 절규했을 것입니다. 어떤 이는 성경에 그런 말이 없다고 하지만, 성경에서 사용하는 중요한 문학 수사법 중 하나가 생략법입니다. 감당하기 어려운 너무나 큰 슬픔 앞에서는 눈물이 마르고 말문이 막히는 법입니다. 창세기 저자는 아브라함의 슬픔이나 고통을 하나하나 열거하기 보다는 차라리 침묵하는 것이 더 큰 고통을 대변한다고 생각했을 것입니다.

이삭을 제물로 바치라는 명령을 들은 아브라함은 밤새도록 하나님과 씨름했을 것입니다. 모리아 산을 향하여 사흘 길을 가면서도 줄곧 하나님께 다른 길은 없냐고 외쳤을 것입니다. 하나님의 명령을 거역하고 이삭의 사랑하는 아버지로 남아야 하는가 아니면 하나님의 이러한 명령조차 순종하는 믿음의 사람으로 남아야 하는가로 내내 고민하고 갈등했을 것입니다. 그래서 아브라함은 아침에 일찍 일어나 그의 아내 사라에게 아무 말도 하지 않고 떠납니다.

(3) 결국 아브라함이 취한 행동은 무엇입니까?(창 12:10)

"하나님의 명령에 순종"

"손을 내밀어 칼을 집고 그 아들을 잡으려 하니"(창 22:10).

아브라함은 치열한 갈등과 처절한 기도 속에서 하나님이 주시는 지혜와 결단, 그리고 용기를 갖게 되었습니다. '아들을 가질 수 없는 내게 기적적으로 아들을 주신 하나님, 처음부터 내게 선물로 주신 것이라면, 이삭은 내 것이 아니라 하나님의 것이다. 그러니 하나님이 다시 달라고 요구하시면 당연히 드려야 하지 않겠는가?' 마침내 아브라함은 믿음의 결단을 한 것입니다.

2. 축복받는 아브라함

아브라함에게 주신 하나님의 축복 세 가지를 살펴봅시다.

(1) 아브라함을 통해 큰 민족을 이루고, 이름을 창대케 하고, 복의 근원이 되게 하신 것(창 12:2)

"내가 너로 큰 민족을 이루고 네게 복을 주어 네 이름을 창대하게 하리니 너는 복이 될지라"(창 12:2).

(2) 가나안 땅을 기업으로 주시겠다는 약속(창 15:18)

"그 날에 여호와께서 아브람과 더불어 언약을 세워 이르시되 내가 이 땅을 애굽 강에서부터 그 큰 강 유브라데까지 네 자손에게 주노니"(창 15:18).

(3) 아브라함의 후손에 이르기까지 하나님이 동행하며 능력의 하나님이 되어 주시겠다는 약속 (창 17:7)

"내가 내 언약을 나와 너 및 네 대대 후손 사이에 세워서 영원한 언약을 삼고 너와 네 후손의 하나님이 됨이라" (창 17:7).

이렇게 하나님의 명령에 순종하는 삶을 살 때 하나님은 우리의 이름을 크게 해 주셔서 복의 근원이 되게 해 주시고, 많은 것들을 채워주시고(땅을 기업으로 주심), 우리의 미래, 더 나아가 후손에 이르기까지도 동행해 주시고 능력의 하나님이 되어 주신다고 말씀하십니다. 하나님은 자신의 명령에 순종한 사람들에게 좋은 것을 준비해 놓으시는 분입니다. 먼저 그의 나라와 그의 의를 구하는 사람에게 모든 좋은 것으로 채워 주시는 부요한 분이십니다. 그래서 일용할 양식뿐만 아니라 영적인 축복과 삶의 보람까지 주시는 분입니다.

» Application of Bible

1. 하나님은 어떤 사람을 사용하십니까?

아브라함이 모리아 산에서 사랑하는 아들 이삭을 제물로 바치는 사건은 하나님이 우리에게 원하시는 참 믿음이 무엇인지를 가장 극단적으로 가르치고 있습니다. 그것은 하나님의 뜻을 이루어나가는 믿음 생활은 때때로 우리가 가장 소중하게 생각하는 것까지도 하나님이 원하신다면 제물로 드릴 수 있는 결단을 요구한다는 점입니다. 내가 가장 사랑하는 사람들, 내가 가장 아끼는 물건들, 내 시간, 내 생명까지라도 하나님이 원하신다면 드리겠다는 최종적인 결정을 해야 하는 것이 하나님이 원하시는 믿음의 자세입니다. 하나님은 이렇게 극단적인 결단까지도 하나님을 위해 할 수 있는 자들을 사용하십니다.

2. 하나님은 믿음의 결단을 한 사람들에게 무엇을 준비해 놓으십니까?

하나님 앞에서 참 믿음을 보이는 어려운 결단을 내릴 때, 하나님은 그들의 믿음을 인정하시고 그들에게 보다 선한 길을 열어 주십니다. 오랜 방황과 처절한 갈등 끝에 결국 외아들 이삭을 드리기로 결단한 아브라함에게 하나님은 수양을 준비해 주셨습니다. 바로 '여호와 이레'의 하나님이십니다. 그 이후로 계속해서 좋은 미래를 예비해 주십니다. 그러므로 하나님의 백성들을 위해 수양을 준비해 주시는 여호와 이레의 하나님을 경험하려면 우리도 하나님을 위해 어려운 결단을 내리는 참 믿음의 사람이 되어야 합니다.

하나님은 오늘도 아브라함과 같이 믿음의 결단을 내릴 수 있는 당신의 사람들을 찾고 계십니다. 세상이 제공하는 넓고 편안한 길로 갈 것인가 아니면 하나님의 명령을 지키기 위해 자신의 가장 소중한 것을 드리는 힘든 길로 갈 것인가를 놓고 결국 하나님이 원하시는 길을 택하는 자들을 하나님은 원하십니다. 그리고 그들을 위해 가장 좋은 것을 예비하시고 복 주시며 위대하게 사용하십니다.

» Tip of Bible

아브라함의 인생 여정

① 하나님의 소명을 받고 갈대아 우르를 떠나 하란에 도착한 후, 아버지 데라가 죽자 가나안 땅을 향해 출발하여 세겜에 도착한다(창 12:4-9). 그러나 그 땅에 기근이 일어나자

② 애굽으로 내려간다(창 12:10-20). 애굽에 도착했을 때 그의 부인 사라를 누이라 속인다. 다시 가나안 땅으로 돌아온 아브라함은

③ 롯과 다른 길을 간다(창 13:1-18). 아브라함과 롯은 많은 가축으로 인하여 충분한 목장을 찾기 어려워서 롯은 도시와 목축이 성행하였던 요단강 지역을 선택하고, 아브라함은 비교적 외부 영향에서 벗어난 고산 지역에 남았다.

④ 롯의 구출(창 14장) – 아브라함은 그의 종 318명과 함께 적들을 쫓아가 단에서 물리쳤으며 포로들을 석방하고 많은 재물을 되찾아 왔다.

⑤ 약속된 아기를 기다림(창 16:1-18:15) – 아브라함이 큰 후손을 갖게 될 것이라는 하나님의 약속을 아브라함이 100세, 사라가 90세 때 받았다.

⑥ 아비멜렉과 이삭의 탄생(창 20-21장) – 아브라함은 부인에 대해 그랄 왕 아비멜렉에게 또 거짓말을 한다. 그 후 하나님이 약속하신 이삭이 태어났다.

⑦ 이삭의 번제 명령(창 22장) – 아들을 바치라는 하나님의 명령을 받은 아브라함은 갈등과 번뇌 끝에 사랑하는 이삭을 내어드리는 순종을 하고, 그 순종에 하나님이 축복하신다. 믿음의 결단은 하나님을 사랑하기 때문에 그 이외의 사랑을 버리는 것이다.

⑧ 사라의 죽음과 장례(창 23장) – 사라는 127세에 죽었다(당시 이삭은 37세. 아브라함은 이후로 38년을 더 삶). 매장 장소로 아브라함은 막벨라 굴을 샀다.

⑨ 이삭의 신부(창 24:1-25:11) – 아브라함은 자신의 종 엘리에셀을 먼 여행길을 보내 며느리를 구하게 하였다. 그는 성 밖 우물가에서 물을 길러 나온 나홀의 손녀 리브가를 만나 이삭의 아내로 데리고 온다. 아브라함은 175세에 죽었으며, 이삭과 이스마엘은 그를 막벨라 굴에 장사하였다.

구약편

제6과 롯 세상을 사랑한 자

학습목표 : 세상의 관점에서만 살아온 롯의 상황과 하나님의 심판을 피할 수 없었던 소돔 백성들의 죄악들을 이해한다.

중심진리 : 세상에 가치를 두는 삶에 대한 결과

본문말씀 : 창세기 19:1-38

Memory Verse

"여호와께서 하늘 곧 여호와께로부터 유황과 불을 소돔과 고모라에 비같이 내리사 그 성들과 온 들과 성에 거주하는 모든 백성과 땅에 난 것을 다 엎어 멸하셨더라"(창 19:24-25).

» Question About It

'롯' 은 누구입니까?

① '휘장', '덮개' 라는 뜻으로 아브라함의 동생 하란의 아들입니다(창 11:27).

② 아브라함을 따라 갈대아 우르에서 하란을 지나 가나안 땅까지 따라옵니다.

③ 그 후 아브라함의 곁을 떠나 요단 지역으로 떠납니다(창 13:10, 11).

④ 죄악 된 도시인 소돔에 머물 때 하나님의 천사를 만나 그와 그의 가족은 구원을 받게 됩니다(창 19:1-29).

⑤ 그의 딸들과의 근친상간으로 모압과 암몬의 조상이 됩니다(창 19:30-38).

» View of Bible

롯은 그의 아버지 하란이 갈대아 우르에서 일찍 죽은 후, 삼촌이었던 아브라함을 따라 하나님의 약속의 땅인 가나안까지 동행하게 됩니다. 시간이 지남에 따라 많은 재물을 소유하게 된 아브라함과 롯은 자신들의 목자들이 서로 다투는 것으로 인해 헤어지게 됩니다. 이때 롯은 아브라함의 양보로 인해 물이 풍부한 최적의 조건과 환경을 갖춘 곳을 선택하게 됩니다. 그러나 그곳은 죄악이 가득한 곳이었습니다.

세상의 눈으로만 바라보고 결정한 롯의 행동이 어떤 결과를 가져왔는지 살펴보고자 합니다.

» Learn of Bible

1. 세상의 눈으로만 바라보는 롯

(1) 애굽 왕으로부터 많은 재물을 받고 다시 가나안 땅으로 돌아온 아브라함과 롯에게 무슨 일이 일어났습니까?(창 13:6, 7)

"물과 목초지의 부족으로 아브라함과 롯의 목자들이 서로 다툼"

"그 땅이 그들이 동거하기에 넉넉하지 못하였으니 이는 그들의 소유가 많아서 동거할 수 없었음이니라 그러므로 아브람의 가축의 목자와 롯의 가축의 목자가 서로 다투고 또 가나안 사람과 브리스 사람도 그 땅에 거주하였는지라"(창 13:6, 7).

애굽 왕으로부터 많은 소유를 얻어서 다시 가나안 땅으로 돌아온 아브라함과 롯은 가축과 은금이 풍부해졌습니다. 그러자 좋은 목초지와 샘의 근원을 확보하여 가축 사육에 지장이 없도록 임무를 맡은 양가의 목자들의 다툼이 일어났습니다. 두 집안 간의 평화스러웠던 관계가 소유의 많아짐으로 인해 불편하게 된 것입니다.

그러자 아브라함은 서로 헤어질 것을 요구하고 롯에게 먼저 땅을 선택할 수 있는 기회를 양보합니다.

(2) 이때 롯이 선택한 장소는 어느 곳이었습니까?(창 12:3)

"요단 동쪽 땅"

"그러므로 롯이 요단 온 지역을 택하고 동으로 옮기니 그들이 서로 떠난지라"(창 13:11).

롯은 아브라함의 조카로 하란을 떠난 후 줄곧 아브라함의 아들처럼 대우받고 있었기 때문에 그의 영향력 아래 있었습니다. 그러나 롯은 막상 선택권을 행사할 때가 이르자 아브라함에게 양보할 줄 몰랐고, 세상적인 이해관계로만 판단하여 이기적인 선택을 하게 됩니다.

세상적인 부와 향락에 끌려 동으로 점점 이동한 롯은 죄악의 도성인 소돔에까지 이르게 됩니다(창 14:12).

2. 심판받는 롯

(1) 소돔에 거주하고 있었던 롯에게 무슨 일이 일어납니까?(창 14:12)

"그 땅에 일어난 전쟁으로 포로로 잡혀가게 됨"

"소돔에 거주하는 아브람의 조카 롯도 사로잡고 그 재물까지 노략하여 갔더라"(창 14:12).

그때 가나안 땅의 도시 국가들 간의 전쟁으로 소돔에 거하고 있었던 롯도 모든 재물을 빼앗기고 포로로 잡혀가게 됩니다. 사실 롯은 그 전쟁과는 직접적인 관련이 없다는 점에서 피해자라고 볼 수 있지만 하나님은 세상의 부귀만을 추구하던 롯에게 전쟁을 겪게 하심으로 재물의 허무함을 보여주시고자 하신 것입니다. 이처럼 세상적인 관점과 풍요는 그것을 추구하는 자에게 참 기쁨과 안전을 제공하지 못하며 도리어 분쟁과 불안과 멸망의 요인이 되기도 합니다.

이 비극적인 소식을 들은 아브라함은 곧바로 318명의 훈련된 무리를 이끌고 적을 추격하여 물리치고 롯과 포로들과 재물들을 구출해냅니다. 이때 롯은 하나님의 뜻을 깨닫고 소돔에서 빠져나와야 했으나 계속해서 그곳에 머무르게 됩니다.

(2) 계속 소돔에 있었던 롯에게 임한 하나님의 경고는 무엇입니까?(창 19:24-25)

"유황과 불의 심판"

"여호와께서 하늘 곧 여호와께로부터 유황과 불을 소돔과 고모라에 비같이 내리사 그 성들과 온 들과 성에 거주하는 모든 백성과 땅에 난 것을 다 엎어 멸하셨더라"(창 19:24-25).

롯은 아브라함과 헤어진 후 처음엔 소돔 근방에 거처를 정했다가(창 13:12), 곧 소돔 성내로 들어갑니다(창 14:12). 최근 전쟁의 어려움을 경험했음에도 불구하고 계속 그곳에 안주함으로써 점점 더 죄악에 물든 생활을 하게 되었습니다. 드디어 유황과 불을 동반한 하나님의 철저하고도 완전한 심판이 나타납니다.

(3) 이 사건 이후 롯과 그의 가족들은 어떻게 되었습니까?

"롯의 아내는 소금 기둥이 되고 두 딸은 모압과 암몬의 조상이 됨"

"롯의 아내는 뒤를 돌아보았으므로 소금 기둥이 되었더라" (창 19:26).
"롯의 두 딸이 아버지로 말미암아 임신하고 큰 딸은 아들을 낳아 이름을 모압이라 하였으니 오늘날 모압의 조상이요, 작은 딸도 아들을 낳아 이름을 벤암미라 하였으니 오늘날 암몬 자손의 조상이었더라"(창 19:36-39).

다행히 롯과 그의 가족들은 멸망의 순간에 구출 받게 되는데 이것은 아브라함의 중보기도(창 18:16-33)와 하나님의 은혜 때문이었습니다. 그러나 롯의 아내는 세상에 대한 미련을 떨쳐버리지 못하고 뒤를 돌아봄으로 소금 기둥이 되었고, 남은 두 딸과 롯은 근친상간으로 인해 대대로 이스라엘과 원수가 되는 모압과 암몬의 조상이 되었습니다.

» Application of Bible

소돔의 멸망 원인에 대해 말해 봅시다.

'소돔'의 뜻은 '소도미(sodomy)'에서 온 말로 '남색, 수간'을 의미하는 단어로 동성애를 가리킵니다. 두 천사가 롯의 집에 들어갔을 때 "…우리가 그들을 상관하리라"(창 19:5)에서 '상관하다'란 단어는 '경험을 통하여 상대방을 아는 것(yada)'으로 성교 즉 동성애를 뜻하는 단어입니다. 성경은 하나님의 창조 질서와 인간의 본성에 어긋나는 동성애를 엄격히 금지하고 있으며(롬 1:26, 27; 고전 6:9), 모세의 율법(레 20:13)을 통해 이 죄를 엄격하게 다루고 있습니다. 하나님은 남자와 여자와의 성적 교제만을 허락하셨습니다. 동성애는 부패한 인간의 마음을 나타내는 것으로 하나님의 뜻을 정면으로 거스르는 일입니다.

당시 소돔은 이렇게 성적으로 부패되어 있었고 하나님의 심판을 초래할 수밖에 없는 상황이었습니다. 롯의 두 딸이 자연스럽게 아버지와 동침한 것도 소돔에 살면서 받은 영향 때문이었습니다. 근친상간도 하나님이 세우신 창조 질서와 가정의 질서를 파괴하는 아주 나쁜 죄입니다. 우리도 하나님 앞에서나 다른 사람들 앞에서 성적으로, 윤리적으로 정결하고 깨끗한 삶을 살아야 합니다.

» Tip of Bible

모압과 암몬 족속

한 민족의 기원에 관한 이야기는 대부분 아름답고 신비스럽기 마련입니다. 그러나 모압과 암몬족은 근친상간이라는 비도덕적이고 수치스러운 역사적 기원을 가지고 있습니다. 모세의 율법에 의하면 근친상간을 사형에 해당하는 큰 죄로 규정하고 있습니다(레 18:6; 20:11–17). 이들은 이후 수백 년에 걸쳐서 이스라엘을 괴롭히는 원수국가로 나타납니다.

	모압	암몬
이름의 뜻	'아버지에게서'	'나의 아버지의 아들'
거주 지역	요단강 동쪽 얍복강 근처	모압 바로 아래 거주
섬기는 신	그모스(Chemosh)	몰록(Moloch)

Introduce

단원주제	인생의 주인이신 하나님
단원해설	하나님과 동행한 삶을 산 이삭, 인격과 품성이 변화된 야곱, 하나님이 주신 꿈을 간직하고 산 요셉의 생애를 공부합니다.
중심구절	"그(요셉)의 주인이 여호와께서 그와 함께 하심을 보며 또 여호와께서 그의 범사에 형통하게 하심을 보았더라"(창 39:3).
단원학습목표	믿음의 사람들이 살아가야 할 인생의 모습이 어떤 것인지 이해합니다.
단원핵심정리	믿는 자의 올바른 삶의 모습

구약편_ 3단원

하나님의 이끄심

단원소개

3단원에서는 이삭, 야곱, 요셉의 생애를 차례로 공부하고자 합니다. 이들은 거칠고 위험한 주변 환경 속에서 때론 고난을 겪기도 했지만 하나님에 대한 믿음과 약속을 굳게 지킴으로써 마침내 그들의 인생을 승리로 이끈 믿음의 조상들입니다. 하나님은 자기 백성들을 사랑하시고 그들을 선한 길로 인도하셔서 좋은 것들을 주시기 원하시는 분이십니다.

7과에서는 평범한 삶 속에서도 항상 하나님과 함께 동행하는 삶을 살았던 이삭의 인생과 믿음을 살펴보고, 8과에서는 자신의 능력을 믿고 인간적인 수단과 방법으로 인생을 살던 야곱이 하나님을 만난 이후 그의 인격과 성품이 어떻게 변화되는지를 이해하고, 9과에서는 하나님이 주신 꿈을 간직하며 살아간 요셉이 자신에게 닥친 어려움과 고난을 이겨내고 결국 하나님이 주셨던 꿈을 실현해 나가는 것을 공부하게 됩니다.

제7과 이삭 평범한 삶을 산 사람

구약편

학습목표 : 비록 극적인 삶을 살지는 않았지만 평범한 삶 속에서 항상 하나님과 동행하는 삶을 살았던 이삭의 인생과 믿음을 이해한다.

중심진리 : 평범한 삶 속에 함께하시는 하나님

본문말씀 : 창세기 26:1-25

Memory Verse

"이삭이 그곳에 제단을 쌓고 여호와의 이름을 부르며 거기 장막을 쳤더니 이삭의 종들이 거기서도 우물을 팠더라"(창 26:25).

» Question About It

'이삭' 은 누구입니까?

① '웃음' 이라는 뜻으로 아브라함이 100세에 얻은 아들입니다(창 21:3).

② 이삭은 40세에 리브가를 아내로 맞이합니다(창 24:67).

③ 이삭은 60세에 쌍둥이 아들인 에서와 야곱을 낳습니다(창 25:20-26).

④ 이삭은 180세에 헤브론에서 죽음을 맞이하고 아브라함과 사라가 묻힌 막벨라 굴에 안장됩니다(창 28:1-4).

» View of Bible

성경에는 파란만장하고 극적인 삶을 산 사람들이 많이 등장합니다. 아브라함, 모세, 사무엘, 다윗처럼 특별한 부르심을 받아 하나님의 사역에 동참한 사람들이 많이 있습니다. 또한 삼손, 다윗, 솔로몬처럼 하나님이 주신 특별한 재능으로 뛰어난 업적을 남긴 사람들도 나옵니다. 그들은 평범하지 않은 삶을 통해 하나님의 기대에 어긋나지 않은 인생을 살았고, 하나님께 영광 돌리는 삶을 살았습니다.

그러나 오늘 등장하는 이삭은 그렇게 중요하지 않은 사람으로 보입니다. 아브라함, 야곱, 요셉의 삶과 비교해 볼 때 그리 특별하지 않은 사람으로 묘사됩니다. 그럼에도 불구하고 이삭은 이스라엘 백성들이 하나님을 소개할 때 항상 아브라함과 이삭과 야곱의 하나님으로 고백되어지는 인물입니다.

우리는 이삭을 사용하신 하나님에 관해 생각해보면서 이삭과 비슷한 삶의 모습을 간직하고 살아가는 사람들이 지닐 수 있는 믿음에 대해 살펴보려고 합니다.

» Learn of Bible

1. 평범한 삶을 산 이삭

이삭은 아내 리브가를 어떻게 얻게 됩니까?(창 24:4)

"아버지 아브라함이 선택해 줌"

"내 고향 내 족속에게로 가서 내 아들 이삭을 위하여 아내를 택하라"(창 24:4).
"이삭이 리브가를 인도하여 그의 어머니 사라의 장막으로 들이고 그를 맞이하여 아내로 삼고 사랑하였으니 이삭이 그의 어머니를 장례한 후에 위로를 얻었더라"(창 24:67).

이삭은 살아가면서 자신의 힘으로 무엇을 이룩하기보다는 아버지가 준비해 준 것들만을 그대로 수용하는 모습을 보입니다. 야곱이나 모세처럼 자신이 첫눈에 반한 사람과 결혼하지 않고 아버지가 먼 곳으로 종을 보내어 찾아온 여인을 아무런 반대 없이 아내로 받아들입니다. 자신의 인생을 수동적으로, 소극적으로 살아가는 사람으로 보입니다.

이런 이삭을 보면 바로 우리의 모습을 보는 것 같습니다. 살면서 극적인 신앙의 사건들을 많이 경험하지 못하고 매일 반복되는 단조로운 삶을 사는 모습이 바로 우리입니다.

2. 양보하는 삶을 산 이삭

그랄 땅에서 하나님의 축복으로 거부가 된 이삭은 우물 때문에 문제가 발생했을 때 어떤 태도를 취합니까?(창 26:16-25)

"계속해서 우물을 양보하고 다른 곳에 가서 새로운 우물을 팜"

"아비멜렉이 이삭에게 이르되 네가 우리보다 크게 강성한즉 우리를 떠나라 이삭이 그곳을 떠나 그랄 골짜기에 장막을 치고 거기 거류하며"(창 26:16-17).

이삭이 그랄 땅에서 열심히 농사를 지어 백배의 수확을 얻고 부자가 되자 그랄 왕 아비멜렉이 이삭에게 떠날 것을 명령하자 이삭은 대항하지 않고 그곳을 떠납니다. 그리고 그랄 골짜기로 이동하여 그곳에서 새로운 우물을 팝니다. 그러자 그랄 사람들이 찾아와서 자신의 우물이라고 요구하자, 이삭은 또다시 자기 우물이라고 주장하지 않고 그 우물을 그들에게 주어 버리고 다른 우물을 팝니다.

이삭의 이러한 모습은 다투기를 싫어하고, 자신의 것을 쉽게 포기하면서까지 주위 사람들과 문제를 일으키지 않으려는 소극적인 인생을 살아가는 평범한 사람임을 알 수 있습니다. 자신의 뜻과 의지를 내세우며 그것을 이루기 위해 목숨을 거는 적극적인 모습은 찾아보기 어렵습니다.

3. 기도하는 삶을 산 이삭

이삭의 아내 리브가가 잉태하지 못했을 때 이삭이 취한 행동은 무엇입니까?(창 25:21)

"하나님께 간구함"

"이삭이 그의 아내가 임신하지 못하므로 그를 위하여 여호와께 간구하매 여호와께서 그의 간구를 들으셨으므로 그의 아내 리브가가 임신하였더니"(창 25:21).

이삭은 그의 아내 리브가가 잉태하지 못하자 여호와께 간구했고 하나님이 그 기도를 들으시고 쌍둥이 아들을 주셨습니다.

4. 예배하는 삶을 산 이삭

하나님께 은혜를 받은 이삭이 취한 행동은 무엇입니까?(창 26:25)

"하나님께 예배드림"

"이삭이 그곳에 제단을 쌓고 여호와의 이름을 부르며 거기 장막을 쳤더니 이삭의 종들이 거기서도 우물을 팠더라"(창 26:25).

이 모든 것이 하나님의 은혜라고 생각한 이삭은 하나님이 주신 복을 인정하고 여호와 하나님 앞에 단을 쌓고 여호와의 이름을 불렀습니다. 그리고 하나님이 번성시켜 주셔서 자신의 삶이 풍족해진 것을 인정하고 겸손한 자세로 살았습니다(창 26:22).

이렇게 볼 때 이삭은 위대한 지도자들처럼 인생의 방향을 결정짓는 극적인 사건들을 많이 경험하지 않았지만 부모가 살았던 삶의 방식에 따라 살았고, 부모가 제공하는 것을 최선의 것으로 믿고, 다른 사람들과 다툼을 일으키지 않기 위해 양보할 것은 빨리 양보하며 살았습니다. 그러나 그 가운데서도 그는 항상 최선을 다하면서 인생을 산 사람이었습니다.

또한 하나님은 이삭의 삶에 직접 관여하셔서 이삭이 간구하는 기도에 응답하셨습니다. 뿐만 아니라 이삭이 그랄 땅에서 농사를 지었을 때 여호와께서 복을 주셔서 그가 부자가 되게 하셨습니다. 비록 이삭이 하나님께 위대한 소명을 받아 그것을 이루는 삶을 살진 않았지만 그의 기도를 들어 주시고, 열심히 수고한 것에 백 배의 결실을 얻게 하셔서 결국에는 거부가 되게 하신 분이 바로 하나님이셨습니다. 이러한 하나님의 은혜에 이삭은 여호와 이름을 부르고 예배드림으로써 모든 영광을 하나님께 돌렸습니다.

» Application of Bible

이삭에게 나타나신 하나님에 대해 말해 봅시다.

오늘날 대부분의 사람들은 이삭과 같은 비슷한 삶의 모습으로 살아가고 있습니다. 인생에서 극적인 사건을 많이 경험하지 못하고 그저 평범하게 하루하루를 살아가면서 하나님을 섬기고 있을 것입니다. 그런 가운데 삶의 단조로움에 빠지거나 기쁨이 사라질 때 하나님의 성실하심에 의심을 품는 경우도 있을 것입니다.

그런데 이러한 이삭의 삶에 세밀한 관심을 기울이신 분이 바로 하나님이십니다. 노아나 아브라함, 모세나 다윗과 같이 하나님의 위대한 사명을 감당하며 많은 업적을 남긴 사람들뿐만 아니라 평범한 인생을 살았던 이삭에게도 하나님은 관심을 집중하고 계십니다. 그리고 이삭의 삶을 축복하시고 궁극적으로는 이삭을 통해 이스라엘 백성들을 구원하시는 일을 이루어나가신 것입니다.

이삭과 함께하셨던 하나님을 기억합시다. 나라와 민족을 위해 큰 업적을 남기지도 못하고, 온 인류를 구원하시는 하나님의 부르심에 대한 확신 없이 그저 평범하게만, 조용하게만, 소극적이게만 살아가는 우리에게 하나님은 단 한 번도 실망하시거나 분을 품으시거나 미워하시지 않으시며 우리의 간구에 응답하시고 복을 주시는 분이십니다.

우리가 생활하는 가정과 학교, 그리고 교회에서 하나님이 주신 은사에 따라 섬김을 다하지만 뛰어난 업적을 남기지 못하는 우리에게도 함께하시는 하나님을 믿읍시다. 그리고 이삭처럼 평범하게 사는 자들이나 소극적인 삶의 모습을 지니고 사는 자들에게 은혜를 베푸시는 하나님께 감사하며 살아갑시다. 하나님은 신앙의 영웅들만의 하나님이 아니시고 우리와 같이 평범한 사람들의 하나님도 되십니다.

» Tip of Bible

가나안 땅에서의 우물

6개월 동안 비가 오지 않은 가나안 땅에서 물을 구하기란 무척 어려운 일이었습니다. 그래서 우물을 파서 물 문제를 해결해야 했습니다. 그런데 이 우물을 파는 작업은 엄청난 경비와 인력이 동원되어야 하는 큰 작업이었습니다. 이 우물들은 사람들과 가축들의 식수 공급원이 되었기 때문에 우물의 소유권을 두고 각 부족 간에 치열한 싸움이 자주 일어났습니다.

한편 우물은 전쟁 시 귀중한 가치를 가지고 있었습니다. 고대인들은 주로 봄과 여름에 전쟁을 했는데 그 이유는 이 시기가 추수를 끝낼 무렵으로 이때 적군의 식량을 빼앗아야만 생존할 수 있었기 때문입니다. 그런데 이 시기는 물이 귀한 건기이므로 적군이 침입해 온다 하더라도 우물을 매립해버리면 식수 없는 적군들이 곧 퇴각할 수밖에 없었습니다(왕하 3:25).

이처럼 우물은 생명과 재산 및 각 종족의 힘의 상징으로 여겨질 만큼 중요했으므로 이스라엘 사람들은 우물을 자신들을 지켜 주시는 하나님과 깊은 연관을 두었으며(창 16:14; 민 21:17), 이름을 붙이기까지 했습니다(창 26:20-22). 이렇게 중요한 우물을 이삭은 7번이나 양보한 것입니다.

구약편

제8과 야곱 하나님을 만남으로 변화된 삶

학습목표 : 인간적인 수단과 방법을 가지고 인생을 살던 야곱이 하나님을 만남으로 그의 인격과 성품이 변화됨을 이해한다.

중심진리 : 인격과 성품을 변화시키시는 하나님

본문말씀 : 창세기 32-33장

Memory Verse

"그가 이르되 네 이름을 다시는 야곱이라 부를 것이 아니요 이스라엘이라 부를 것이니 이는 네가 하나님과 및 사람들과 겨루어 이겼음이니라"(창 32:28).

» Question About It

'야곱' 은 누구입니까?

① '발뒤꿈치를 잡음' 이라는 뜻으로 형 에서와 쌍둥이로 태어났습니다(창 25:24-26).

② 야곱은 여성적인 성격으로 리브가의 사랑을 받습니다.

③ 형에게 쫓기어 외삼촌 라반의 집으로 피신하고 그곳에서 아내와 자식들을 얻게 됩니다.

④ 후에 집으로 돌아온 야곱은 형 에서와 화해하고 147세에 막벨라 굴에 안장됩니다.

» View of Bible

우리가 하나님을 믿고 신앙생활을 열심히 하면 우리의 인격과 성품이 바뀌게 될까요? 그에 대한 대답으로 아무리 오랫동안 하나님을 믿고 예수님의 말씀대로 살아도 죄성이 가득한 성품은 절대로 바뀌지 않는다고 말하는 사람들이 있습니다. 하지만 그와 반대로 하나님의 강력한 역사와 성령의 감동 속에 인격이 변하여 새 사람으로 살 수 있다고 주장하는 사람들도 있습니다.

창세기 25-50장에 소개되는 야곱은 후자에 속한 경우입니다. 가장 인간적인 모습과 자기중심적인 모습으로 살던 야곱이 하나님의 임재와 주권을 경험하고 난 후에 가치관과 인품이 바뀐 것입니다.

» Learn of Bible

1. 인간적인 방법으로 살았던 야곱

(1) 야곱은 어떤 자세로 세상에 태어납니까?(창 25:26)

"형 에서의 발꿈치를 잡음"

"후에 나온 아우는 손으로 에서의 발꿈치를 잡았으므로 그 이름을 야곱이라 하였으며 리브가가 그들을 낳을 때에 이삭이 육십 세였더라"(창 25:26).

(2) 장성하여 사냥꾼이 된 형 에서가 배가 고파서 야곱에게 팥죽 한 그릇을 달라고 부탁하자 야곱은 에서에게 그 조건으로 무엇을 요구했습니까?(창 25:28-34)

"장자의 명분"

"야곱이 이르되 형의 장자의 명분을 오늘 내게 팔라"(창 25:31).

(3) 노년이 된 아버지 이삭을 속여 얻고자 한 것이 무엇입니까?(창 27장)

"장자의 축복"

"야곱이 아버지에게 대답하되 나는 아버지의 맏아들 에서로소이다 아버지께서 내게 명하신 대로 내가 하였사오니 원하건대 일어나 앉아서 내가 사냥한 고기를 잡수시고 아버지 마음껏 내게 축복하소서"(창 27:19).

(4) 야곱이 외삼촌 라반의 집에서 사랑하는 라헬을 아내로 맞이하는데 모두 몇 년이 걸렸습니까?(창 29:20, 30)

"14년"

"야곱이 라헬을 위하여 칠 년 동안 라반을 섬겼으나 그를 사랑하는 까닭에 칠 년을 며칠 같이 여겼더라"(창 29:20).
"야곱이 또한 라헬에게로 들어갔고 그가 레아보다 라헬을 더 사랑하여 다시 칠 년 동안 라반을 섬겼더라"(창 29:30).

야곱은 어머니 리브가의 뱃속에서 나올 때부터 쌍둥이 형인 에서와 먼저 나오려고 싸우다가 결국 져서 둘째로 나왔습니다. 그래서 '발꿈치를 잡은 자'라는 뜻의 이름인 야곱이 되었습니다. 그리고 후에 장성하여 사냥꾼이 된 형 에서가 배가 고파서 야곱에게 팥죽 한 그릇을 달라고 부탁하자 야곱은 에서에게 그 조건으로 장자의 명분을 달라고 했습니다. 그리고 노년의 아버지 이삭이 눈이 멀자 어머니와 짜고 아버지를 속여 장자의 축복을 가로채고 이 일로 형 에서의 두려움을 피하여 도망자 신세가 되었습니다. 또 외삼촌 라반의 집에서 일할 때에 라헬을 사랑하게 되자 그녀를 얻기 위하여 14년 동안 열심히 일했습니다.

이렇게 볼 때 야곱은 인간적인 수완을 발휘해서 이기적인 삶을 산 사람이었습니다. 자신에게 있는 재능과 꾀를 이용해서 얻고자 하는 것을 반드시 취하고야 마는 사람이었습니다. 자신의 이익을 위해서는 남을 속이는 것도 충분히 가능하다고 생각하는 사람이었습니다.

(5) 외삼촌 라반의 집을 떠나 고향으로 돌아올 때 형 에서가 400명의 사람들을 거느리고 오고 있다는 소식을 들은 야곱이 세운 계획은 무엇이었습니까?(창 32:13-23)

"일행의 제일 뒤에 있는 것"

"……밤에 일어나 두 아내와 두 여종과 열한 아들을 인도하여 얍복 나루를 건널새… 야곱은 홀로 남았더니…"(창 32:13-23).

20년의 타향살이가 끝나고 고향으로 돌아가게 되었을 때, 야곱은 먼저 형 에서의 마음을 누그러뜨리려는 계획을 세우게 됩니다(창 32:1-6). 그런데 에서가 400명의 사람들을 거느리고 그에게 오고 있다는 소식을 들은 야곱은 종들과 양, 소, 약대를 두 떼로 나누어 한 떼를 방패삼아 에서가 종과 가축들을 쳐 죽이면 자신은 나머지 한 떼를 데리고 도망하기로 한 것입니다. 그리고 가축 맨 뒤에는 레아와 그녀가 낳은 자녀들을 세우고, 그 뒤에는 사랑하는 아내 라헬과 그녀가 낳은 요셉을 두었습니다. 물론 자기는 가장 뒤에 서 있다가 에서의 분노가 풀리지 않은 것을 보면 뒤에서 가장 먼저 도망칠 계획이었습니다. 이렇게 아주 급박한 상황 가운데서도 자기 목숨을 가장 중요하게 여기고 계획을 주도면밀하게 세우는 인물이 바로 야곱이었습니다.

2. 변화된 야곱

(1) 그날 밤 얍복 강가에서 맨 뒤에 남은 야곱이 취한 행동은 무엇이었습니까?(창 32:24)

"하나님의 사자를 붙잡고 기도한 것"

"야곱은 홀로 남았더니 어떤 사람이 날이 새도록 야곱과 씨름하다가"(창 32:24).

그러나 야곱의 이러한 인간적인 수완이 그의 마음을 결코 평안하게 하지는 못했습니다. 그래서 내일이면 복수심에 불타 있는 에서에게 잡혀 죽을지도 모르는 절박한 상황에서 야곱은 얍복 강가에서 하나님 앞에 무릎을 꿇고 밤이 새도록 기도했습니다. 아마도 에서의 마음을 변화시켜주셔서 자기를 용서하게 해달라는 기도였을 것입니다.

(2) 이때 하나님의 사자가 한 질문과 야곱의 대답은 무엇입니까?(창 32:27)

"네 이름이 무엇이냐? 야곱입니다"

"그 사람이 그에게 이르되 네 이름이 무엇이냐 그가 이르되 야곱이니이다"(창 32:27).

하나님의 사자는 야곱의 이름을 몰라서 던진 질문이 아닙니다. 야곱으로 하여금 지금까지 자신이 어떤 사람으로, 어떤 인격으로 살아왔는지를 되돌아보게 하는 아주 심오한 질문이었습니다. "너는 어떤 관점으로 세상을 바라보고 어떤 방식으로 사람들을 대하며 살았느냐?"는 질문입니다.

이 질문에 야곱은 "야곱이니이다"라고 말할 수밖에 없었습니다. 다시 말하면 어머니의 뱃속에서부터 형의 발꿈치를 붙들고 남보다 먼저 되려고 노력하며 살았던 과거를 고백하게 된 것입니다. 자신이 얻고자 하는 것은 수단과 방법을 가리지 않고 얻고야 마는 사람이었다는 고백입니다.

(3) 하나님의 사자는 야곱의 이름을 무엇으로 바꾸어 주십니까?(창 32:28)

"이스라엘"

"그가 이르되 네 이름을 다시는 야곱이라 부를 것이 아니요 이스라엘이라 부를 것이니 이는 네가 하나님과 및 사람들과 겨루어 이겼음이니라"(창 32:28).

이에 하나님의 사자는 야곱의 이름을 '이스라엘'로 고쳐 주십니다. 여기서 '이스라엘'의 이름의 뜻은 '하나님과 겨루어 이김'이란 의미보다 '하나님이 나대신 싸우게 하라'고 번역하는 것이 가장 정확한 번역입니다(Brown-Driver-Briggs의 히브리어 사전, p.975). 즉 야곱은 그의 삶을 사는 가운데 자신의 온갖 재능과 꾀를 발휘하고, 수단과 방법을 강구하고, 때로는 남을 속이면서 철저하고 치열하게, 그리고 피곤하게 살아왔는데, 이제 부터는 모든 것을 하나님이 대신 해 주시고, 하나님이 대신 싸워 주신다는 의미입니다. 하나님은 야곱이 기도한 차원을 넘어서 자신의 노력만을 의지하고 사는 삶의 자세에서 하나님이 싸워 주심을 믿고 의지하는 자세로 바뀌게 만들어 주신 것입니다. 이제 야곱은 더 이상 좋고 나쁜 일에, 크고 작은 일에 조급해 하거나 인간적으로 대하려 하지 않는 성품을 지니게 되었습니다.

(4) 이 일 후에 에서를 만나러 갈 때 야곱은 어떤 행동을 취합니까?(창 33:3)

"맨 앞에 나가 맞이함"

"자기는 그들 앞에서 나아가되 몸을 일곱 번 땅에 굽히며 그의 형 에서에게 가까이 가니"(창 33:3).

변화된 야곱은 에서를 만나러 갈 때 종들이나 아내, 자식들보다 앞서 가장 먼저 에서를 만나게 됩니다. 이것은 자신의 과거에 대해 책임지는 모습을 보여주는 것입니다.

» Application of Bible

야곱의 삶이 변하게 된 원인에 대해 말해 봅시다.

야곱의 삶이 변하게 된 원인은 얍복 강가에서 하나님의 사자와 치열하게 씨름하며 한 기도 덕분이었습니다. 참된 기도는 하나님께 이것저것 해달라고 말하기 전에 먼저 우리의 삶을 되돌아보는 기회를 갖게 합니다. 우리가 하나님과 사람 앞에서 어떤 이름으로, 또 어떤 성품으로 살아왔는지를 돌아보는 기회가 되어야 합니다. 야곱은 자신의 삶을 되돌아보는 참된 기도를 통해 그의 인격과 성품이 변화되는 기적을 얻게 된 것입니다. 이렇게 하나님의 기도는 인격의 변화까지도 포함합니다.

지난날의 삶이 육신과 정욕을 따라 자기중심적인 삶을 추구하며 살던 사람이라 할지라도 하나님의 크신 은혜를 경험하고 하나님이 우리를 위해 대신 싸워 주시는 분이심을 믿으며 살아가는 자는 삶의 가치관이 바뀌고, 삶의 자세가 바뀌므로 그의 삶의 결과가 달라집니다. 모든 그리스도인들은 이러한 변화를 체험하며 살아야 합니다.

» Tip of Bible

야곱의 가계

어머니	아들	이름의 의미	출생의 언급	축복의 상징	축복의 언급
레아	르우벤	아들을 보라	창 29:32	분별없음	창 49:3–4
레아	시므온	들음	창 29:33	폭력	창 49:5–7
레아	레위	연합	창 29:34	폭력	창 49:5–7
레아	유다	찬양	창 29:35	사자	창 49:8–12
빌하	단	심판	창 30: 6	뱀	창 49:16–18
빌하	납달리	씨름	창 30: 8	암사슴	창 49:21
실바	갓	행운	창 30:11	침략자	창 49:19
실바	아셀	행복	창 30:13	풍부한 식물	창 49:20
레아	잇사갈	보상	창 30:18	나귀	창 49:14–15
레아	스불론	거처	창 30:20	배	창 49:13
라헬	요셉	그를 더하리라	창 30:24	열매가 많다	창 49:22–26
라헬	베냐민	오른손의 아들	창 35:18	이리	

구약편

제9과 요셉 꿈꾸는 자

학습목표 : 하나님이 주신 꿈을 간직하며 살아갈 때 어떤 어려움이 닥치더라도 이겨낼 수 있고 결국 그 꿈이 이루어짐을 이해한다.

중심진리 : 꿈꾸는 요셉

본문말씀 : 창세기 37-50장

Memory Verse

"요셉이 다시 꿈을 꾸고 그의 형들에게 말하여 이르되 내가 또 꿈을 꾼즉 해와 달과 열한 별이 내게 절하더이다 하니라"(창 37:9).

» Question About It

'요셉' 은 누구입니까?

① 야곱의 열한 번째 아들로 라헬의 소생입니다(창 30:23-24).

② 야곱의 편애로 형들로부터 질투와 시기를 받습니다.

③ 형들에게 미움을 받은 요셉은 미디안 상인의 손을 거쳐서 애굽의 시위대장 보디발에게 팔리게 됩니다(창 39:1).

④ 보디발의 집에서 가정 총무로 일하던 요셉은 그의 아내의 육체적인 유혹을 뿌리치게 되지만 오히려 누명을 쓰고 감옥에 들어가게 됩니다(창 39장).

⑤ 요셉은 감옥에서 바로의 꿈을 해석해 줌으로 풀려나고 애굽의 국무총리가 됩니다.

⑥ 후에 야곱과 형제들을 만나 애굽으로 이들을 인도하고 110세에 죽음을 맞이합니다.

» View of Bible

창세기 37장에서 50장에 등장하는 요셉은 어릴 때부터 아버지 야곱의 특별한 사랑과 편애를 받고 자라면서 배다른 다른 형제들로부터 시기와 미움을 받았습니다. 야곱이 특별히 요셉을 사랑했던 이유도 그가 가장 사랑했던 아내 라헬이 낳은 아들이었기 때문이었습니다. 그런데 하나님은 다른 형제들에게 따돌림을 당하던 요셉에게 신비로운 꿈을 꾸게 하시고 또 남의 꿈을 해석하는 능력도 주셨습니다. 이 꿈으로 인해 요셉이 형들의 미움을 더 많이 받게 되지만 그 꿈은 하나님의 요셉을 향한 특별한 뜻이 있었습니다.

우리도 우리의 미래에 대한 꿈과 비전(vision)을 가지고 있습니다. 그 꿈과 비전이 하나님이 주신 것이라면, 우리 개개인을 향한 하나님의 특별한 계획하심이라면, 우리도 그 꿈을 소중히 간직하고 나아갈 때 우리의 소망이 이루어질 수 있습니다.

하나님이 요셉에게 어떤 꿈을 주시고 그 꿈을 이루기 위해 어떤 길로 인도하셨는지, 그에 대해 요셉이 하나님께 어떻게 순종했는지 살펴보도록 하겠습니다.

» Learn of Bible

1. 꿈꾸는 요셉

요셉의 꿈은 무엇이었습니까?(창 37:7, 9)

"요셉 볏단 앞에 형들의 볏단이 둘러서 절한다는 꿈과 해와 달과 열한 별이 요셉에게 절한다는 꿈"

"우리가 밭에서 곡식 단을 묶더니 내 단은 일어서고 당신들의 단은 내 단을 둘러서서 절하더이다"(창 37:7).
"요셉이 다시 꿈을 꾸고 그의 형들에게 말하여 이르되 내가 또 꿈을 꾼즉 해와 달과 열한 별이 내게 절하더이다 하니라"(창 37:9).

이 꿈은 아버지와 형들이 오해하기에 충분했고 그로 인해 형들이 요셉을 더욱 미워하는 계기가 되었습니다. 형들은 "네가 참으로 우리의 왕이 되겠느냐? 참으로 우리를 다스리는 자가 되겠느냐?"며 불만을 품고 화를 내기도 했습니다. 또한 요셉을 가장 사랑했던 야곱이 요셉에게만 채색 옷을 입히고 다른 형들과는 달리 일도 시키지 않자 요셉은 더욱더 따돌림을 당하게 되었습니다.

2. 고난 받는 요셉

(1) 형들의 질투와 시기를 받은 요셉은 어떻게 되었습니까?(창 38:28)

"애굽으로 팔려감"

"그때에 미디안 사람 상인들이 지나가고 있는지라 형들이 요셉을 구덩이에서 끌어올리고 은 이십에 그를 이스마엘 사람들에게 팔매 그 상인들이 요셉을 데리고 애굽으로 갔더라"(창 38:28).

형들의 미움을 받은 요셉은 결국 미디안 상인들에 의해 애굽의 보디발의 집으로 팔려가게 됩니다. 이렇게 하나님이 주신 꿈을 간직하고 살아가지만 때때로 주변의 사람들에게 고난을 당할 수가 있습니다. 그러나 결코 실망해서는 안 됩니다. 이 모든 상황은 하나님이 특별히 계획하신 것이었습니다.

요셉은 노예가 된 자신의 처지에 대해 좌절하지 않고 애굽의 시위대장 보디발의 집에서 자신에게 주어진 일을 충실하게 감당합니다. 그러자 곧 인정을 받아 그 집의 모든 살림살이를 맡아보는 가정 총무의 지위에까지 오르게 됩니다. 그러나 곧 또 다른 위험이 닥치게 됩니다. 그것은 보디발의 아내가 성적으로 요셉을 유혹한 것입니다. 그러나 요셉은 그 시험에 넘어가지 않고 당당히 물리칩니다(창 39:9).

(2) 보디발의 아내의 유혹을 물리쳤지만 요셉은 어떤 상황에 처하게 됩니까?(창 39:20)

"오히려 누명을 받고 감옥에 갇히게 됨"

"이에 요셉의 주인이 그를 잡아 옥에 가두니 그 옥은 왕의 죄수를 가두는 곳이었더라 요셉이 옥에 갇혔으나 "(창 39:20).

보디발의 아내의 유혹을 하나님께 죄를 짓는 것이라며(창 39:9), 당당히 물리친 요셉이었지만 오히려 누명을 쓰고 감옥에 갇히게 됩니다. 하나님 앞에서 정직하게 행하고, 다른 사람들 앞에서도 선을 행했지만 그에게 다가온 것은 더 큰 고난이었습니다. 그러나 이렇게 누명을 썼음에도 불구하고 요셉은 계속해서 자신에게 맡겨진 일을 충실하게 해냅니다. 다른 사람들에겐 여자를 범한 파렴치범으로 몰렸지만, 하나님은 요셉의 선한 행동을 기억하시고 그에게 은혜를 베푸셔서 요셉을 항상 형통하게 지켜 주셨습니다(창 39:2, 23).

3. 꿈을 해석하는 요셉

(1) 감옥에 갇힌 요셉은 누구의 꿈을 해석해 줍니까?(창 40:8)

"술 맡은 관원장과 떡 맡은 관원장"

"그들이 그에게 이르되 우리가 꿈을 꾸었으나 이를 해석할 자가 없도다 요셉이 그들에게 이르되 해석은 하나님께 있지 아니하니이까 청하건대 내게 이르소서"(창 40:8).

어느 날 이 감옥에 바로의 술 맡은 자와 떡 맡은 자가 들어오게 되고, 이들이 꿈을 꾸었으나 해석하지 못해서 근심하고 있었을 때 요셉이 그 꿈을 해석해 주고 그대로 이루어집니다. 이때 그 꿈의 해석대로 풀려나게 된 술 맡은 관원장에게 요셉은 자신을 구해줄 것을 부탁합니다. 그러나 그는 곧 요셉을 잊어버리게 됩니다.

(2) 만 2년이 지난 후 요셉은 이번에 누구의 꿈을 해석해 줍니까?(창 41:25-36)

"바로"

"요셉이 바로에게 아뢰되 바로의 꿈은 하나라 하나님이 그가 하실 일을 바로에게 보이심이니이다"(창 41:25).

만 2년이 지난 후 이번에 애굽의 왕인 바로가 꿈을 꾸게 되고 그것을 아무도 해석하지 못해 불안해하고 있을 때 술 맡은 관원장이 요셉을 기억하고 바로에게 소개시킵니다. 요셉은 7년의 큰 풍년이 있고 이어지는 7년의 큰 흉년이 있으므로 풍년이 들었을 때 잘 대비해야 한다고 꿈을 해석해 줍니다. 이 일을 인정받아 요셉은 애굽의 국무총리에 오르게 됩니다. 요셉이 이렇게 꿈을 잘 해석할 수 있었던 것은 하나님이 가르쳐 주셨기 때문입니다. 하나님은 요셉에게 원대한 꿈을 꾸게 하시고, 또한 다른 사람들의 꿈을 통해 나타내시려는 자신의 사역을 해석할 수 있는 지혜도 주신 것입니다.

요셉은 하나님이 주신 꿈과 사명으로 때로는 시기도 당하고 미움도 받고 종의 신분이 되기도 하고, 오해를 받아 감옥에까지 가는 신세가 되었지만 하나님은 그의 인생을 선하게 인도하셨습니다. 하나님이 주신 꿈 해석의 능력으로 애굽의 왕 앞에 서게 되고 그 나라의 큰 중책을 맡아 온 백성을 다스리는 일을 합니다. 결국에는 야곱과 형제들을 기근에서 구하고, 젊은 시절에 꾼 꿈처럼 야곱과 형제들에게 절을 받게 됩니다. 요셉은 자신의 사명을 깨닫고 어떤 어려운 처지에서도 좌절하지 않고 당당히 자신의 사명을 이루어나가는 모습을 보여줍니다.

» Application of Bible

우리에게는 어떤 꿈들이 있는지 서로 나누어 봅시다.

요셉이 젊었을 때 꿈을 통해 하나님이 원하시는 삶의 길을 보여주시고, 그 꿈을 실현하도록 항상 동행하신 하나님은 오늘날 우리에게도 꿈을 주십니다. 우리에게도 살아가면서 이루어야 할 일들을 꿈을 통해, 하나님의 말씀을 통해 깨닫게 하십니다. 그리고 그 꿈이 이루어지는 기쁨을 맛보게 하십니다.

그러므로 우리 삶이 하나님 앞에서 가치 있게 쓰임 받기 위해서는 우리도 거룩한 꿈을 꾸어야 합니다. 하나님이 우리를 통해 이루고자 하시는 일들을 볼 수 있는 영적인 눈과 거룩한 귀가 열려 있어야 합니다. 우리의 일평생 동안 이루어 나가야 할 일들을 믿음의 눈으로 바라볼 수 있어야 합니다.

» Tip of Bible

창세기 40장과 41장에 나타난 꿈들

1. 술 맡은 관원장과 떡 맡은 관원장의 꿈

	꿈	해몽
술 맡은 자	포도나무 세 가지에서 포도를 따서 왕에게 드림.	사흘 뒤에 회복됨.
떡 맡은 자	바로를 위해 만든 흰떡 세 광주리를 새가 먹음.	사흘 후에 죽임 당함.

2. 바로의 꿈

	내용	해몽	대책
첫 번째 꿈	살찌고 아름다운 일곱 암소가 풀을 먹고 있을 때 약하고 흉한 암소가 올라와서 살찐 소를 잡아먹음.	처음 살찐 일곱 암소와 충실한 이삭은 7년의 풍년이고, 그 후 나온 여윈 일곱 암소와 마른 이삭은 극심한 7년의 흉년을 말함.	능력 있는 관리를 임명하여 농업 정책을 수립, 풍년 중 1/5의 곡물을 국고성에 바쳐 흉년을 대비할 것.
두 번째 꿈	무성하고 충실한 일곱 이삭이 나오고 세약하고 동풍에 마른 일곱 이삭이 나오더니 좋은 이삭을 삼킴.		

Introduce

단원주제	이끄는 자와 섬기는 자
단원해설	모세는 앞에서, 훌은 뒤에서 서로 협력하며 이스라엘 백성들을 인도했습니다. 지도자의 자질과 그를 돕는 자의 협력관계가 어떠한지 공부하고자 합니다.
중심구절	"모세의 팔이 피곤하매 그들이 돌을 가져다가 모세의 아래에 놓아 그가 그 위에 앉게 하고 아론과 훌이 한 사람은 이쪽에서, 한 사람은 저쪽에서 모세의 손을 붙들어 올렸더니 그 손이 해가 지도록 내려오지 아니한지라"(출 17:12).
단원학습목표	어떠한 사람이 영적인 지도자인지를 이해합니다.
단원핵심정리	지도자의 모습과 섬기는 자의 모습

구약편_ 4단원

지도자와 섬기는 자

단원소개

4단원에서는 이스라엘 백성들의 뛰어난 영적 지도자, 모세의 삶과 그를 옆에서 도왔던 훌의 모습을 살펴봅니다. 하나님은 오늘도 이 민족과 교회를 이끌 지도자를 찾고 계십니다. 또한 그에 못지않게 그 지도자를 도와 하나님의 사역에 동참할 섬기는 자도 찾고 계십니다.

10과에서는 하나님께 쓰임 받는 지도자가 되기 위해 준비해야 할 것이 무엇이 있는가를 찾아보고, 11과에서는 하나님께 쓰임 받는 지도자는 민족을 사랑하는 사람이고 하나님께 인정받는 사람임을 이해합니다. 12과에서는 훌의 인생을 통해 하나님이 세우신 영적인 지도자를 잘 섬기는 일도 지도자 못지않게 중요한 일임을 공부합니다.

구약편

제10과 모세(1) 준비된 지도자

학습목표 : 하나님께 쓰임 받기 위해서 준비해야 할 것이 무엇이 있는가를 이해한다.
중심진리 : 준비된 지도자 모세
본문말씀 : 출애굽기 1:1-3:4

Memory Verse

"여호와께서 그가 보려고 돌이켜 오는 것을 보신지라 하나님이 떨기나무 가운데서 그를 불러 이르시되 모세야 모세야 하시매 그가 이르되 내가 여기 있나이다"(출 3:4).

» Question About It

'모세' 는 누구입니까?

① 모세는 레위 족속 아므람과 요게벳의 아들로 누이 미리암과 형 아론이 있습니다.
② 태어난 지 석 달 만에 갈대 상자에 넣어 나일 강에 버려지나 애굽 공주에 의해 구원받습니다(출 2:1-10).
③ 바로의 왕궁에서 40년 동안 학문을 배우게 됩니다.
④ 이스라엘 사람을 학대하는 애굽인을 죽이고 미디안 광야로 피신합니다(출 2:11-15).
⑤ 80세 되던 해 호렙 산에서 하나님의 소명을 받습니다(출 3:1-22).

» View of Bible

지금도 이스라엘 사람들은 자신들의 가장 뛰어났던 지도자로 모세를 선택하는 것을 주저하지 않습니다. 애굽에서 고통 받고 있었던 자신들을 구원해 내서 시내 산에서 하나님과 언약을 맺게 하고, 하나님의 선택받은 백성이 되게 하는데 주도적인 역할을 한 것이 모세이기 때문입니다. 더욱이 하나님이 모세를 통해 자신의 명령과 율법을 주셨으므로 율법의 전수자가 되었습니다. 애굽에서 나온 이스라엘 백성들이 비로소 한 국가를 이루는 데 기초를 제공한 사람이 모세였고, 이스라엘이 하나님의 백성이 되도록 광야에서 40년 동안 그들을 이끈 장본인도 바로 모세이기 때문입니다. 그래서 가장 뛰어난 민족의 지도자, 영적인 지도자라 불리는 것입니다.

그렇다면 모세가 어떻게 해서 하나님께 그렇게 귀하게 쓰임 받은 사람이 되었는지, 하나님의 지도자가 되기 위해서 갖추어야 할 것이 무엇인지 살펴보도록 하겠습니다.

» Learn of Bible

1. 세상적인 실력을 준비한 모세

(1) 태어난 지 석 달 만에 버려진 모세를 실제적으로 키운 사람은 누구입니까?(출 2:1-10)

"모세의 어머니 요게벳"

"그의 누이가 바로의 딸에게 이르되 내가 가서 당신을 위하여 히브리 여인 중에서 유모를 불러다가 이 아기에게 젖을 먹이게 하리이까 바로의 딸이 그에게 이르되 가라 하매 그 소녀가 가서 그 아기의 어머니를 불러오니"(출 2:7-8).

당시 이스라엘 사람들의 숫자가 불어남을 보고 위협을 느낀 애굽 사람들은 새로 태어나는 이스라엘 남자 아이들을 죽이려고 합니다. 그런 위험한 상황 가운데서 모세도 출생하게 되고 처음 약 석 달 동안은 집 안에서 숨겨져 양육되지만 결국엔 갈대 상자에 넣어져 나일 강에 버려지게 됩니다.

그런데 바로의 딸이었던 공주의 눈에 띄게 되고, 이 모든 것을 보고 있던 모세의 누이 미리암에 의해 모세의 어머니인 요게벳이 유모가 됩니다. 이 모든 것이 예비하신 하나님의 손길이었습니다. 모세는 자기 어머니의 손에 이끌려 자라게 되었고, 요게벳은 모세에게 하나님에 대한 신앙을 가르쳤습니다.

(2) 40년 동안 모세가 자란 곳은 어디입니까?(출 2:10)

"바로의 왕궁"

"그 아기가 자라매 바로의 딸에게로 데려가니 그가 그의 아들이 되니라 그가 그의 이름을 모세라 하여 이르되 이는 내가 그를 물에서 건져내었음이라 하였더라"(출 2:10).

당시 애굽은 세계에서 가장 뛰어난 문명을 자랑하고 있던 국가였습니다. 이미 오래전부터 피라미드와 신전 같은 건축물이 세워졌고, 나일 강을 이용해서 농사짓는 법을 알았으며, 태양력을 만들고, 날씨를 예측할 수 있는 과학 수준을 갖추고 있었습니다. 뿐만 아니라 전차와 말을 이용한 막강한 군사력을 가지고 있어서 주위의 다른 나라들이 감히 넘볼 수 없는 강력한 국가였습니다.

바로 이곳에서 모세는 공주의 아들로 키워지면서 당대의 학문과 지식, 건축술과 과학, 그리고 군사학까지 충실하게 배울 수 있었습니다. 애굽 왕 바로의 사촌으로, 귀족으로서의 높은 위치를 누리고 있었습니다.

2. 영적인 실력을 준비한 모세

(1) 40세가 된 장성한 모세에게 일어난 사건은 무엇입니까?(출 2:11-15)

"애굽 사람을 죽이고 광야로 피신함"

"바로가 이 일을 듣고 모세를 죽이고자 하여 찾는지라 모세가 바로의 낯을 피하여 미디안 땅에 머물며 하루는 우물 곁에 앉았더라"(출 2:15).

장성한 모세는 애굽의 왕족으로서 남부러울 것이 없이 살고 있었지만 한 가지 참기 힘든 일이 있었습니다. 그것은 자기 동족 이스라엘 사람이 애굽 사람에 의해 고통당하는 것이었습니다. 모세는 자신이 이스라엘 사람이라는 것을 어려서부터 유모 역할을 한 어머니 요게벳에게 듣고 알고 있었기 때문이었습니다.

그러던 어느 날 그들이 고되게 노동하는 것을 보고 마음 아파하고 있을 때 한 애굽 사람이 이스라엘 사람 곧 자기 형제를 치는 것을 보고 분노하여 그 애굽 사람을 쳐 죽여 모래 속에 감추게 됩니다(출 2:11-12). 그러나 곧 이 사실이 발각되어 광야로 몸을 피합니다(출 2:15).

(2) 광야에서 40년이 지난 후 모세는 누구를 만나게 됩니까?(출 3:4)

"여호와 하나님"

"여호와께서 그가 보려고 돌이켜 오는 것을 보신지라 하나님이 떨기나무 가운데서 그를 불러 이르시되 모세야 모세야 하시매 그가 이르되 내가 여기 있나이다"(출 3:4).

광야로 피신한 모세에게 있어서 광야 생활은 헛되이 시간을 보내는 세월이 아니었습니다. 마치 예수님이 그의 공생애 사역을 시작하시기 전 40일 동안 광야에서 사탄에게 시험을 받으셨던 것처럼, 모세도 하나님과 긴밀한 영적 조율에 들어간 시간들이었습니다. 이 광야에서의 경험은 후에 애굽에서 이스라엘 백성들을 이끌고 나와 가나안 땅으로 들어가기 전 40년 동안의 시간을 보내게 될 때 아주 유용하게 사용되었습니다. 그러나 그것보다도 더 중요한 것은 그의 성품과 인격이 하나님의 지도자로서 만들어지는 세월이었습니다.

그래서 드디어 때가 이르렀을 때 하나님이 모세를 부르신 것입니다.

이와 같이 모세는 하나님께 사용되기 위해 바로의 왕궁에서 40년, 광야에서 40년 도합 80년간 준비하는 시간을 갖게 됩니다. 이 준비는 완벽한 것이었습니다. 바로의 왕궁에서는 세상적인 학문과 지식, 지혜 등을 배울 수 있었으며, 광야에서는 광야의 기후와 날씨, 그리고 무엇보다 하나님과 친밀한 관계를 유지할 수 있었습니다.

» Application of Bible

하나님께 사용받기 위해 우리가 준비해야 할 것이 무엇이 있는지 나누어 봅시다.

먼저 학교에서 열심히 공부해서 실력을 쌓는 것입니다. 우리가 많은 것을 배우면 그만큼 하나님의 사역을 할 수 있는 기회가 많이 주어지는 것입니다. 다윗도 들에서 양들을 지킬 때 사자나 곰들의 손아귀에서 물맷돌로 자신의 양들을 지켜내는 실력이 있었기에 그 물맷돌로 골리앗을 물리칠 수 있었던 것입니다.

두 번째로 영적인 준비를 해야 합니다. 교회생활에 충실하고, 예배에 빠짐없이 참석하고, 기도 생활을 꾸준히 한다면 하나님이 우리에게 찾아오셔서 친밀한 대화를 나누어 주실 것입니다.

하나님은 준비된 자를 찾으시고 사용하십니다. 하나님께 귀하게 쓰임 받기 위해 세상적, 영적 준비를 철저히 합시다.

» Tip of Bible

모세의 지팡이

부르심을 받은 모세가 하나님의 소명을 자꾸 피해가려 하자 하나님은 모세가 손에 들고 있었던 지팡이를 뱀으로 만드는 기적을 행하셨습니다(출 4:2-4). 게다가 그 지팡이를 통해 계속해서 기적을 일으키시겠다고 말씀하셨습니다(출 4:17). 그러나 모세가 가지고 있었던 지팡이는 손오공의 여의봉이나 도깨비 방망이가 아닌 그냥 지팡이일 뿐이었습니다.

그러나 그것이 일단 하나님의 손에 잡히면 능력의 통로이자, 하나님의 인도와 통치의 상징물이 됩니다. 그래서 이스라엘 백성들을 이끄는 상징물이 된 것입니다. 이와 같이 단순한 지팡이 하나도 하나님이 사용하시면 기적의 수단이 되는 것처럼, 보잘 것 없는 우리도 하나님의 손에 붙잡히면 얼마든지 큰일을 할 수 있습니다.

제11과 모세(2) 민족을 사랑한 지도자

구약편

학습목표 : 하나님께 쓰임 받는 지도자는 민족을 사랑하고 하나님께 인정받는 사람임을 이해한다.

중심진리 : 하나님과 민족을 사랑한 모세

본문말씀 : 신명기 34:10-12

Memory Verse

"모세가 하나님 앞에 올라가니 여호와께서 산에서 그를 불러 말씀하시되 너는 이같이 야곱의 집에 말하고 이스라엘 자손들에게 말하라"(출 19:3).

» Question About It

'모세'는 누구입니까?

① 호렙 산에서 소명을 받은 모세는 애굽의 바로에게 가서 10가지 재앙을 내립니다.

② 이스라엘 백성들을 이끌고 애굽을 탈출하여 시내 산에 도착합니다(출 19:1).

③ 이스라엘 백성들은 시내 산에서 하나님과 언약을 맺습니다.

④ 40년 동안 광야에서 백성들을 인도하고 하나님께 받은 율법을 가르칩니다.

⑤ 가나안 땅이 보이는 느보아 산에서 120세에 죽음을 맞이합니다(신 34:1-6).

» View of Bible

세상적인 실력과 영적인 지도력을 갖춘 모세를 부르신 하나님은 마침내 모세를 이스라엘의 위대한 지도자로 삼으십니다. 바로 왕과 애굽의 마술사들과의 대결에서 승리한 모세는 백성들을 이끌고 홍해를 건너 바로의 추격을 물리치고 약 한 달 정도의 시간을 소요한 후 드디어 자신이 소명을 받았던 호렙 산, 곧 시내 산에 도착합니다. 시내 산에 도착한 모세와 백성들은 하나님과 언약을 맺게 됩니다. 곧 이스라엘은 여호와 하나님의 백성이 되고, 여호와는 이스라엘의 하나님이 된다는 것입니다. 모세가 이 모든 것을 이끌 수 있었던 것은 자기 민족을 사랑하고 하나님을 사랑했기에 가능한 일이었습니다.

» Learn of Bible

1. 민족을 사랑한 모세

(1) 애굽을 탈출하기 전에 있었던 10가지 재앙은 무엇입니까?(출 7:14-12:36)

① 나일 강물이 피로 변함 ② 개구리 ③ 이(모기) ④ 파리 ⑤ (가축에) 악질
⑥ 독종 ⑦ 우박 ⑧ 메뚜기 ⑨ 흑암 ⑩ 장자의 죽음

이 10가지 재앙에 나타난 것들은 모두 이집트의 신들을 가리킵니다. 그러므로 10가지 재앙이 임했다는 것은 하나님과 각각의 이집트 신 열이 대결을 했다는 것을 의미하고, 그 대결에서 모두 하나님이 승리했음을 말해 줍니다. 이 승리의 결과 이스라엘 백성들과 애굽의 백성들은 이 세상에 참 신은 오직 여호와 하나님 밖에 없음을 고백하게 됩니다.

그 뒤에도 홍해가 갈라지고, 밤에는 불기둥으로, 낮에는 구름 기둥으로 보호해 주시며, 때에 따라 만나와 메추라기를 먹여주시는 하나님의 기적의 손길들이 이어집니다.

(2) 애굽을 탈출한 모세와 이스라엘 백성들이 찾아간 곳은 어디입니까?(출 19:1)

"시내 산"

"이스라엘 자손이 애굽 땅을 떠난 지 삼 개월이 되던 날 그들이 시내 광야에 이르니라"(출 19:1).

출애굽한 이스라엘 백성이 처음에 목표 지점으로 삼은 곳은 시내 산이었습니다. 그곳에서 하나님과 새로운 언약을 맺기 위함이었습니다. 그 언약이란 이스라엘 백성이 하나님의 말씀을 잘 들으면 하나님의 소유, 제사장 나라, 거룩한 백성이 된다는 것입니다(출 19:5, 6).

이스라엘의 지도자로서 모세는 민족을 위해 자기가 할 수 있는 일이 무엇인지 잘 알고 있었던 사람이었습니다. 먼저 애굽 치하에서 강제 노동 등으로 온갖 핍박을 받고 있는 백성들을 그들의 손아귀에서 구출해 내는 일이었고, 두 번째로 노예에서 자유인이 된 이스라엘 백성들이 무엇보다도 하나님을 섬기는 일을 하는 것이 가장 중요하다는 것을 잘 알고 있는 사람이었습니다. 자기 민족의 가장 큰 고통인 노예 신분의 해방과 자기 민족에게 가장 필요한 하나님을 소개한 모세는 진정으로 자기 민족을 사랑한 지도자였습니다.

2. 하나님을 사랑한 모세

(1) 하나님은 누구를 통해서 말씀하셨습니까?(출 19:3)

"모세"

"모세가 하나님 앞에 올라가니 여호와께서 산에서 그를 불러 말씀하시되 너는 이같이 야곱의 집에 말하고 이스라엘 자손들에게 말하라"(출 19:3).

산꼭대기에 계신 하나님을 만날 수 있는 사람은 오직 모세뿐이었습니다. 모세만 올라가서 하나님을 만났고, 또한 하나님은 이스라엘 백성에게 주실 모든 말씀과 율법을 오직 모세를 통해서만 하셨습니다. 모세가 살아 있는 동안에 하나님은 백성들에게 직접 말씀하신 적이 한 번도 없으십니다. 이것은 당시에 오직 모세만이 하나님의 마음을 알았고, 하나님을 사랑했으며 하나님께 인정받는 유일한 존재였다는 것을 의미합니다.

(2) 하나님은 모세를 어떤 사람으로 인정했습니까?(신 34:10-12)

"여호와께서 대면하여 아시던 자"

"그 후에는 이스라엘에 모세와 같은 선지자가 일어나지 못하였나니 모세는 여호와께서 대면하여 아시던 자요 여호와께서 그를 애굽 땅에 보내사 바로와 그의 모든 신하와 그의 온 땅에 모든 이적과 기사와 모든 큰 권능과 위엄을 행하게 하시매 온 이스라엘의 목전에서 그것을 행한 자이더라"(신 34:10-12).

모세 이후로 이스라엘 역사에 수많은 선지자가 있었지만 모세와 같은 선지자가 나타나지 않았다고 말씀합니다. 선지자들은 하나님의 사역을 위해 특별히 선택받은 사람들인데 그 선지자들 중에서도 가장 뛰어난 사람으로 설명합니다. 또한 하나님을 대면해서, 마주 보고 앉아서 이야기를 나눌 정도로 친밀한 사이였다고 성경은 말합니다.

» Application of Bible

모세가 이룩한 업적들에 대해서 말해 봅시다.

① 자기 백성을 구원한 모세- 이스라엘 백성들이 애굽에서 종노릇할 때 그들을 그곳에서 이끌어 내어 하나님이 지시하시는 땅으로 인도했습니다.
② 기적을 일으킨 모세- 하나님이 주신 능력으로 홍해를 가르고, 지팡이를 뱀이 되게 하고, 반석에서 물이 나오게 하는 등 많은 기적을 베풀었습니다.
③ 하나님의 율법을 백성들에게 전수한 모세- 시내 산에서 주신 하나님의 율법을 받아 백성들에게 전수했고 그 율법은 이스라엘 역사에 기초가 되었습니다.
④ 다른 사람들을 위해 기도한 모세- 하나님께 불순종한 백성들을 위해서 자신의 목숨이 위험하게 되는 것도 개의치 않고 중보기도 하였습니다.
⑤ 행정가인 모세- 40년 동안 광야에서 백성들을 이끌면서 천부장, 백부장, 오십부장, 십부장들을 세움으로 그 공동체의 질서를 유지하는 데 탁월한 능력을 발휘했습니다.
⑥ 군사적 지도자인 모세- 여러 민족들과의 전쟁을 승리로 이끌었습니다.
⑦ 제사장들을 가르친 모세- 제사장 제도를 확립하고 자신의 형 아론을 제사장으로 삼아 신앙의 지도자들이 해야 할 일들을 가르쳤습니다.

⑧ 예언자인 모세– 미래에 가나안 땅에 들어가서 살게 될 때 지켜야 할 것들에 대해서 예언하고 가르쳤습니다.

⑨ 설교자인 모세– 하나님의 계시를 받을 때마다 하나님의 말씀을 백성들에게 효과적으로 전달했습니다.

» Tip of Bible

십계명(출애굽기 20:1–17)

제1계명 : 너는 나 외에는 다른 신들을 네게 두지 말라

제2계명 : 너를 위하여 새긴 우상을 만들지 말고 또 위로 하늘에 있는 것이나 아래로 땅에 있는 것이나 땅 아래 물속에 있는 것의 어떤 형상도 만들지 말며 그것들에게 절하지 말며 그것들을 섬기지 말라

제3계명 : 너는 네 하나님 여호와의 이름을 망령되게 부르지 말라

제4계명 : 안식일을 기억하여 거룩하게 지키라

제5계명 : 네 부모를 공경하라

제6계명 : 살인하지 말라

제7계명 : 간음하지 말라

제8계명 : 도둑질하지 말라

제9계명 : 네 이웃에 대하여 거짓 증거하지 말라

제10계명 : 네 이웃의 집을 탐내지 말라

구약편

제12과 훌 섬기는 자

학습목표 : 하나님이 세우신 영적인 지도자를 잘 섬기는 일도 지도자 못지않게 중요한 일임을 이해한다.

중심진리 : 영적 지도자를 섬긴 훌

본문말씀 : 출애굽기 17:8-16

Memory Verse

"모세의 팔이 피곤하매 그들이 돌을 가져다가 모세의 아래에 놓아 그가 그 위에 앉게 하고 아론과 훌이 한 사람은 이쪽에서, 한 사람은 저쪽에서 모세의 손을 붙들어 올렸더니 그 손이 해가 지도록 내려오지 아니한지라"(출 17:12).

» Question About It

'훌' 는 누구입니까?

① 훌은 '존귀함' 이란 뜻입니다.

② 갈렙의 손자이고 성막을 만든 브살렐의 할아버지입니다(출 31:2).

③ 아말렉과의 전쟁 시 모세를 도와 기도했습니다(출 17:12).

View of Bible

출애굽한 이스라엘 백성들이 광야에서 처음으로 만나게 된 적은 아말렉 족속이었습니다. 이스라엘 백성들은 그들과 전투를 하게 되는데 모세가 손을 들면 이스라엘이 이기고, 모세가 손을 내리면 아말렉 족속이 승리하는 것이었습니다. 그런데 문제는 손을 들고 중보기도를 드리는 모세의 팔이 피곤해져서 자꾸만 밑으로 내려가는 것이었습니다. 바로 그때 모세의 팔을 붙잡아준 사람이 바로 아론과 훌입니다.

우리는 모세와 모세의 형인 아론은 잘 알지만 훌이란 인물에 대해선 다소 생소합니다. 그가 어떤 인물이기에 모세가 그를 데리고 산에 올라갔고 가장 가까이에 두고 중보기도에 임했을까요? 본과에서는 모세의 기도하는 한쪽 팔을 잡아준 훌에 대해 살펴보고자 합니다.

Learn of Bible

1. 섬기는 사람인 훌

(1) 당시의 지도자인 모세를 섬기던 훌이 어떤 사람인지 살펴봅시다.

① 지도자가 가까이 두고 싶은 사람

"여호수아가 모세의 말대로 행하여 아말렉과 싸우고 모세와 아론과 훌은 산 꼭대기에 올라가서"(출 17:10).

모세는 중보기도를 하기 위해 산으로 올라가면서 아론과 훌을 데려갑니다. 그 이유는 모세가 가장 가까이에 두고 싶은 사람이었기 때문입니다. 누구든지 가까이에서 생활하다보면 부족한 점이 드러나 보이기 마련이고, 사실 영적인 지도자도 마찬가지입니다.

모세는 지도자로서 탁월한 자질을 갖춘 사람입니다. 명철하고 분별력이 뛰어난 모세였지만, 원래 그의 성격은 급하고 충동적인 사람이기도 했습니다. 위대한 영적 지도자였지만 인간적인 연약함이 남아있는 모세였습니다.

아론과 훌은 바로 그러한 모세의 연약함을 이해해 주었습니다. 훌은 모세의 인간적인 부족함에도 불구하고 하나님이 모세를 영적인 지도자로 세웠음을 믿은 것입니다. 하나님이 사용하시는 지도자라도 완벽하지는 않습니다. 하나님은 오히려 지극히 연약하고 부족한 사람들을 선택하셔서 하나님의 위대한 일을 이루신다는 사실을 기억합시다.

훌은 이런 인간적인 모세의 연약함을 이해하고 그의 지친 팔을 잡아 줄 수 있는 사람이었으므로 모세가 가장 가까이 두고 싶은 사람이 되어 모세 곁에서 섬길 수 있게 된 것입니다.

② 지도자의 필요에 민감하게 반응할 줄 아는 사람

"모세의 팔이 피곤하매 그들이 돌을 가져다가 모세의 아래에 놓아 그가 그 위에 앉게 하고 아론과 훌이 한 사람은 이쪽에서, 한 사람은 저쪽에서 모세의 손을 붙들어 올렸더니 그 손이 해가 지도록 내려오지 아니한지라"(출 17:12).

섬기는 사람은 상대방의 필요에 민감하게 반응해야 합니다. 아론과 훌은 섬김에 있어 그 필요에 민감하게 대처했습니다. 모세가 처음에는 손을 들고 서서 기도했는데 점점 그 팔이 피곤해 지자 아론과 훌은 두 가지 일을 하게 됩니다.

(2) 그 두 가지 일을 찾아봅시다(출 17:12).

① 모세를 위해 돌을 가져다가 그 위에 앉게 한 것

모세가 피곤해지자 그들이 먼저 한 일은 돌을 가져다가 그를 앉힌 일입니다. 영적인 지도자에게 있어서 큰 위기 중 하나는 피곤입니다. 피곤하면 낙담하기 쉽고, 자신감을 상실하게 됩니다. 그러므로 가장 가까이에서 섬기는 사람은 지도자가 피곤하지 않도록 도와주어야 합니다.

돌은 의자와 같은 구실을 했습니다. 의자와 같은 도구를 사용해서 지도자가 편하게 사역할 수 있도록 도와주어야 합니다. 도구를 만들어 주는 것은 단순히 지도자만을 위한 일이 아닙니다. 그렇게 함으로써 모든 백성이 전쟁에서 승리하게 되고 안전하고 행복하게 됩니다.

② 모세의 피곤한 손을 붙들어 올린 것

모세의 손을 붙들어 올렸다는 것은 모세가 계속 기도할 수 있도록 도왔다는 것입니다. 이렇게 영적인 지도자와 함께 일하는 사람들은 지도자가 드리는 중보기도가 얼마나 중요한지를 깨달아야 합니다. 모세의 중보기도에 의해 전쟁의 승패가 결정되는 이때에 아론과 훌은 모세의 손을 붙잡음으로써 함께 기도에 동참하고 있는 것입니다.

모세를 위해 돌을 가져다주고 손을 잡아준 훌의 행동이 초라해 보일 수 있는 일이지만 훌은 하나님의 거대한 역사에 동참하고 있었습니다. 그는 모세의 손을 잡은 것이 아니라, 모세의 손을 잡고 계시는 하나님의 손을 붙잡은 것입니다.

2. 훌이 받은 상급

하나님은 자신을 섬기는 자들을 위해 상을 예비하셨습니다. "보라 내가 속히 오리니 내가 줄 상이 내게 있어 각 사람에게 그의 일한대로 갚아주리라"(계 22:12). 훌은 모세를 섬김으로 놀라운 축복을 받게 됩니다. 그러면 하나님이 훌에게 주신 상은 무엇일까요?

(1) 하나님은 충성된 일꾼에게 갈수록 중요한 일을 맡기신다.

"모세가 그의 부하 여호수아와 함께 일어나 모세가 하나님의 산으로 올라가며 장로들에게 이르되 너희는 여기서 우리가 너희에게로 돌아오기까지 기다리라 아론과 훌이 너희와 함께 하리니 무릇 일이 있는 자는 그들에게로 나아갈지니라 하고"(출 24:13-14).

하나님의 산에 올라갈 때 모세는 아론과 훌에게 장로들을 맡깁니다. 이것은 나중에 훌이 장로들의 지도자 위치에서 일하게 되는 모습입니다. 훌은 모세와 더불어 영적인 지도자로 성장했습니다. 모세의 손을 붙들어 주다가 자신의 손도 모세와 같은 영적 지도자의 손이 된 것입니다. 훌이 모세를 위해 중보 기도 하다가 자신도 기도의 사람이 된 것입니다.

(2) 하나님은 충성된 일꾼에게 고귀한 신분을 허락해 주신다.

"내가 유다 지파 훌의 손자요 ……"(출 31:2).

훌의 아버지는 갈렙이었는데(대상 2:19), 갈렙은 에서의 후손인 그나스 사람(민 32:12)이었습니다. 그런데 에서의 후손이었던 갈렙과 훌이었지만, 하나님은 갈렙과 훌의 충성 됨을 보시고 유다지파에 소속될 수 있는 은총을 베풀어 주셨습니다. 곧 고귀한 신분을 허락해 주신 것입니다. 에서의 후손이 유다의 가족이 된 것으로, 갈렙과 훌은 헌신을 통해 놀라운 축복을 받게 되었습니다.

(3) 하나님은 충성된 일꾼의 후손들을 축복해 주신다.

"내가 유다 지파 훌의 손자요 우리의 아들인 브살렐을 지명하여 부르고 하나님의 영을 그에게 충만하게 하여 지혜와 총명과 지식과 여러 가지 재주로 정교한 일을 연구하여 금과 은과 놋으로 만들게 하며 보석을 깍아 물리며 여러 가지 기술로 나무를 새겨 만들게 하리라"(출 31:2-5).

하나님은 훌의 손자인 브살렐에게 성막 만드는 일을 맡기셨습니다. 브살렐에게 성령을 충만하게 주셔서 지혜와 총명과 지식이 넘쳐나게 하시고, 또한 여러 가지 재주를 허락해 주셔서 성막의 많은 도구들을 만들게 하셨습니다. 곧 하나님의 성전이 건축되기 전, 하나님의 임재의 상징이었던 성막 만드는 기술자가 되게 하셔서, 하나님의 위대한 사역에 동참하게 되는 축복을 받은 것입니다.

» Application of Bible

섬기는 자였던 훌의 인생을 통해서 배운 점들을 말해 봅시다.

우리 가운데 어떤 사람은 모세처럼 위대한 영적 지도자가 될 수 있습니다. 또 어떤 사람은 훌과 같이 이름 없이 빛도 없이 묵묵히 일하는 무명의 용사가 될 수도 있습니다. 그러나 하나님께는 유명과 무명이 아무런 문제가 되지 않습니다. 다만 하나님의 능력을 힘입어 용맹을 발한 사람이었느냐가 중요합니다.

전쟁터에 나가 목숨을 걸고 싸우는 여호수아와 백성들에 비하면 훌이 한 사역은 초라해 보이기까지 합니다. 이런 일은 몸종이 했음직한 일입니다. 그러나 하나님은 그 단순하고 초라한 섬김을 통해 자신의 위대한 사역을 이루어 나가십니다. 묵묵히, 불평 없이, 지겹게 반복되는 일상의 궂은 일들을 성실하게 해내는 훌의 섬김이 있었기에 그 전쟁에서 승리할 수 있게 된 것입니다. 지금 우리 시대에 필요한 사람은 훌과 같은 사람입니다.

» Tip of Bible

1. 아말렉(출 17:8)

에서의 후손인 아말렉 사람들을 가리킵니다(창 36:12). 가나안 남부 광야에서 시내 반도에 걸쳐 거주하던 민족으로, 후에 히스기야 왕때 시므온 자손에 의해 완전히 멸망당하게 됩니다(대상 4:42-43).

2. 여호와 닛시(출 17:15)

'여호와는 나의 깃발' 이란 뜻으로 하나님은 전쟁터에서 이스라엘을 항상 승리하게 하시는 분이라는 의미입니다. 여기서 깃발은 전쟁 시 용기와 힘을 북돋워 주며, 동시에 소속 의식을 고취시켜 주는 상징물입니다(시 20:5). 즉 아말렉과의 전쟁을 치른 뒤 모세는 하나님께 승리에 대한 감사의 제사를 드리면서 그 제단의 이름을 '여호와 닛시' 라고 이름 지었습니다.

TEEN TEEN POWER IN JESUS

청·소·년·핵·심·공·과

틴틴파워 인지저스 4권

신약편

1단원 부르심	제1과 베드로 | 제2과 안드레 | 제3과 야고보
2단원 사랑하심	제4과 요한 | 제5과 빌립 | 제6과 나다나엘
3단원 이끄심	제7과 도마 | 제8과 마태 | 제9과 작은 야고보
4단원 지키심	제10과 다대오 | 제11과 시몬 | 제12과 가룟 유다

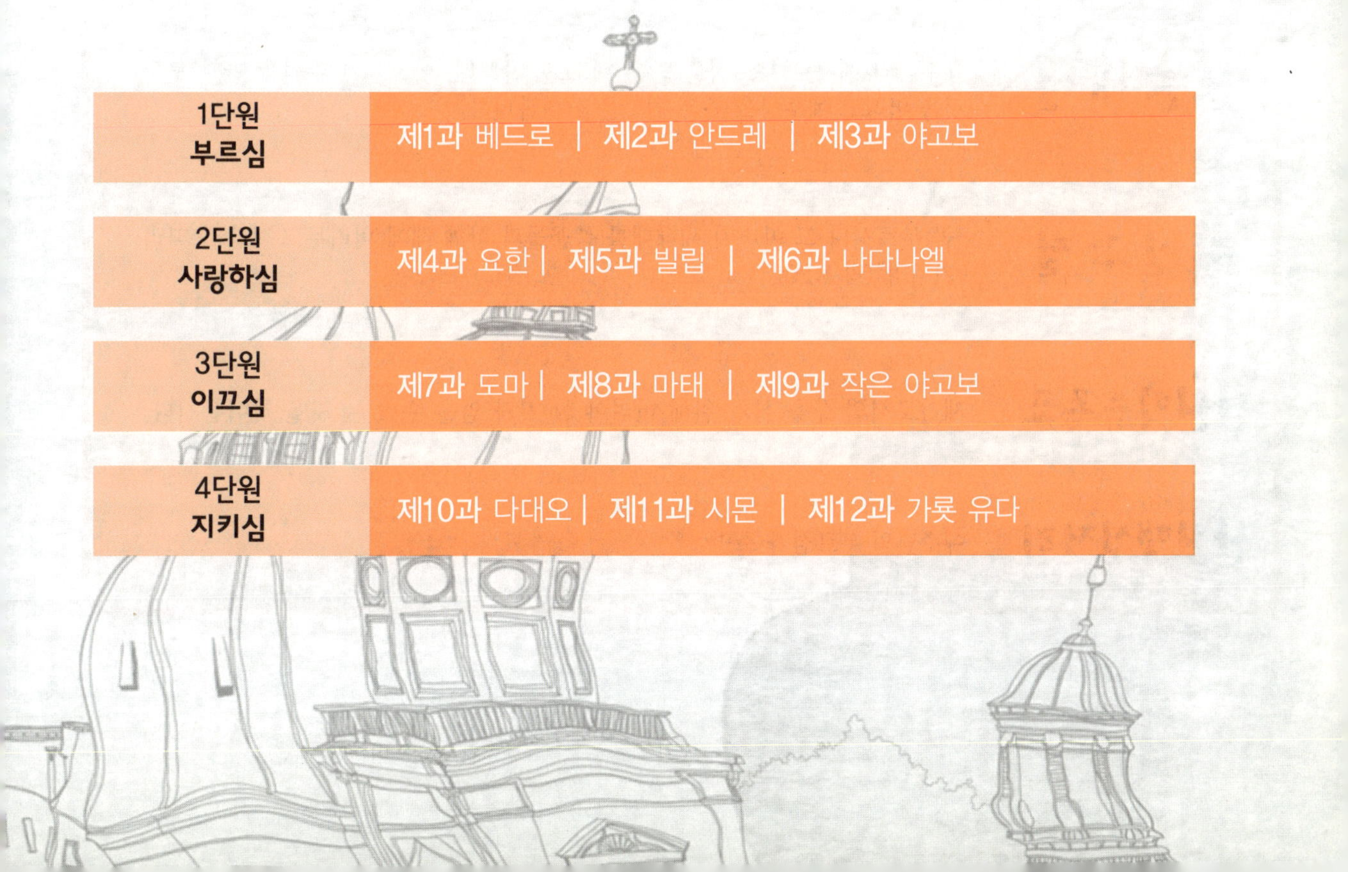

Introduce

단원주제	예수님이 부르신 사람
단원해설	예수님의 제자로 부르심을 받은 베드로, 안드레, 야고보가 주님을 만나 모든 것을 버리고 예수님을 좇은 결단을 살펴봅니다.
중심구절	"곧 부르시니 그 아버지 세베대를 품꾼들과 함께 배에 버려두고 예수를 따라 가니라"(막 1:20).
단원학습목표	제자로서의 삶을 살기 위해 버려야 할 것과 얻을 수 있는 것을 찾아봅시다.
단원핵심정리	예수님의 부르심과 소명

신약편_ 1단원

부르심

단원소개

1단원에서는 예수님의 첫 번째 제자로 부르심을 받은 베드로와 그의 형제 안드레, 그리고 야고보에 대해서 공부합니다. 이들은 모두 어부였고, 고기 잡는 일에 종사하다가 예수님을 만나자 자기의 모든 것을 버려두고 예수님을 좇아갑니다. 위대한 결단을 한 것입니다.

1과에서는 예수님의 제자로 선택받은 베드로가 예수님과 동행할 때 그의 인격과 성품이 어떻게 변하되는지 살펴보고, 2과에서는 사람들을 예수님께 소개한 안드레의 사역을 통해 전도의 중요성을 이해합니다. 3과에서는 결단력과 야망을 가지고 예수님을 따르던 야고보가 지도자의 위치에 오른 후 그로 인해 순교자의 삶을 살게 되는 과정을 공부합니다.

신약편

제1과 베드로 부르심을 받다

학습목표 : 예수님의 제자로 선택받은 베드로가 예수님과 동행할 때 그의 인격과 성품이 어떻게 변하되었는지 이해한다.

중심진리 : 예수님과 동행하는 삶

본문말씀 : 마태복음 16:16

Memory Verse

"시몬 베드로가 대답하여 이르되 주는 그리스도시요 살아 계신 하나님의 아들이시니이다"(마 16:16).

» Question About It

'베드로' 는 누구입니까?

① 베드로는 '반석' 이라는 뜻으로 갈릴리 지방 벳새다에서 태어났고 나중에 가버나움에서 살았습니다.

② 그의 직업은 어부였으며 안드레와 형제입니다.

③ 많은 학문을 쌓지는 않았지만 회당에서 기본적인 교육은 받은 것으로 보입니다(행 4:13).

④ 예수님의 부르심을 받고 제자들 중에 대표적인 사람으로 활동합니다.

» View of Bible

베드로는 예수님의 열두 제자 중에서 첫 번째 자리를 차지하는 사람입니다. 그는 성격이 급하고 다혈질이었지만 용기 있는 사람이었습니다. 그러나 생각하고 행동하기 보다는 먼저 행동하고 말부터 앞서는 사람이었기 때문에 많은 실수도 하였습니다. 예수님은 이러한 베드로의 성품을 아시고 그를 하나님 나라를 위해 사용하시기 위해서 다듬으시고 훈련시키셨습니다. 그래서 비록 인간적으로 실수가 많았고 급한 행동으로 인해 오해도 받았지만 결국 예수님의 뒤를 이어 초대 교회의 훌륭한 지도자가 됩니다.

» Learn of Bible

1. 부르심

(1) 시몬 베드로는 그의 형제 안드레를 통하여 예수님을 처음으로 만나게 됩니다. 이때 예수님은 베드로를 보고 무엇이라고 하셨습니까?(요 1:41-42)

"장차 게바라 하리라"

"그가 먼저 자기의 형제 시몬을 찾아 말하되 우리가 메시야를 만났다 하고(메시야는 번역하면 그리스도라) 데리고 예수께로 오니 예수께서 보시고 이르시되 네가 요한의 아들 시몬이니 장차 게바라 하리라 하시니라(게바는 번역하면 베드로라)"(요 1:41-42).

'게바'라는 말은 수리아 말이며 '베드로'라는 말은 헬라어로서 이 두 말의 뜻은 모두 '반석'입니다. 즉 안드레가 시몬 베드로를 데리고 예수님 앞으로 왔을 때 예수님이 시몬을 보시며 "네가 장차 반석이라 하리라"고 말씀하신 것입니다. 지금 당장이 아니라 주님을 통해서 변하게 될 삶의 가능성을 보시고 하신 말씀입니다. 아마도 이 한 마디는 베드로에게 큰 도전이 되었을 것입니다. 자기 인생에 있어서 처음으로 믿어주고 기대를 걸고 새로운 삶을 향해서 도전할 수 있도록 말씀해 주신 예수님과의 만남은 시몬 베드로에게는 커다란 충격이었을 것입니다.

(2) 예수님과 두 번째 만남에서 베드로는 어떤 행동을 보입니까?(눅 5:2-11)

"자신이 죄인임을 고백하고 모든 것을 버려두고 예수를 따름"

"시몬 베드로가 이를 보고 예수의 무릎 아래에 엎드려 이르되 주여 나를 떠나소서 나는 죄인이로소이다 하니…… 그들이 배들을 육지에 대고 모든 것을 버려두고 예수를 따르니라"(눅 5:8, 11).

예수께서 한 배에 오르셔서 말씀을 가르치셨고, 말씀을 마치신 후 베드로에게 깊은 곳에 가서 그물을 내리라고 명하셨습니다. 이에 베드로가 말씀에 의지하여 그물을 내리니 그물이 찢어질 정도로 고기가 많이 잡혔습니다. 그리고 베드로는 자신이 죄인임을 고백합니다(눅 5:2-8). 예수님이 이제 후로는 베드로가 사람을 취하게 될 것임을 선포하시자 베드로는 배들을 육지에 대고 모든 것을 버려두고 예수님을 따릅니다.

"나는 죄인입니다"라는 베드로의 고백은 바로 하나님을 발견하는 순간 나오게 되는 외침입니다. 나의 모든 것을 아시는 분, 바다와 고기떼의 방향을 아시고 사람의 나아갈 길을 아시는 분, 역사의 주인이신 그 분 앞에 서게 되는 순간 아무것도 숨길 것이 없다고 고백하면서 엎드러지는 것입니다. 이 고백을 하는 순간이 시몬 베드로에게 있어서 예수님이 구세주라는 사실을 경험하게 되는 순간이었습니다.

2. 베드로의 생애 속에 나타나는 몇 가지 사건을 살펴봅시다.

(1) 베드로는 어디 위를 걷게 됩니까?(마 14:28-31)

"물 위를 걸음"

"베드로가 대답하여 이르되 주여 만일 주님이시거든 나를 명하사 물 위로 오라 하소서 하니 오라 하시니 베드로가 배에서 내려 물 위로 걸어서 예수께로 가되 바람을 보고 무서워 빠져 가는지라 소리 질러 이르되 주여 나를 구원하소서 하니 예수께서 즉시 손을 내밀어 그를 붙잡으시며 이르시되 믿음이 작은 자여 왜 의심하였느냐 하시고"(마 14:28-31).

베드로는 그의 인생에서 놀라운 일을 경험하게 됩니다. 그것은 바로 물 위를 걸어간 사건입니다. 그러나 곧 물속에 빠지게 됩니다. 이때 예수님은 "믿음이 없는 자여"라고 말씀하시지 않고 "믿음이 작은 자여"라고 말씀하십니다. 베드로는 믿음의 사람이었습니다. 믿음이 없었다면 바다 위를 걸을 수 없었을 것입니다. 물에 빠지기 전까지는 예수님의 말씀을 믿고 걸었음을 알 수 있습니다. 그러나 그는 계속적으로 주님을 믿고 신뢰하는 일에 실패했던 것입니다.

(2) 예수님이 제자들에게 나를 누구라 하느냐고 물었을 때 베드로가 어떻게 고백합니까? (마 16:16)

"주는 그리스도시요 살아 계신 하나님의 아들입니다"

"시몬 베드로가 대답하여 이르되 주는 그리스도시요 살아 계신 하나님의 아들이시니이다"(마 16:16).

예수님이 "나를 누구라 하느냐?"는 중요한 질문을 던졌을 때 베드로가 나와서 "주는 바로 그리스도이십니다"라는 대답을 합니다. 막연히 선지자 중의 한 분이 아니고, 기적을 행하는 분이 아니고 정말로 전 생애를 드릴 수 있는 우리의 구세주라고 대답합니다. 이 대답을 들은 예수님은 베드로를 칭찬하셨습니다. 그리고 곧이어 자신이 고난을 받고 십자가에서 죽음을 당하게 된다는 말씀을 하셨습니다.

그러자 베드로는 그리하시면 안 된다고 말합니다. 아직 베드로가 주님의 뜻을 모두 헤아리기에는 성숙하지 못했습니다. 예수님의 십자가 죽음이 없다면 인류 구속의 사역이 이루어질 수 없기 때문입니다.

(3) 예수님이 잡혀 가셨을 때 베드로는 예수님을 몇 번 부인합니까?(마 26:68-75)

"세 번 부인함"

"베드로가 모든 사람 앞에서 부인하여 이르되…… 베드로가 맹세하고 또 부인하여 이르되…… 그가 저주하며 맹세하여 이르되……"(마 26:70-75).

예수님이 잡히셨을 때 베드로에게 세 번 부인할 것이라고 말씀하시자 베드로는 "내가 주와 함께 죽을지언정 주를 부인하지 않겠나이다"라고 말합니다. 그러나 그는 모든 사람 앞에서 주를 부인했을 뿐만 아니라 맹세하고 저주하며 부인한 것을 볼 수 있습니다. 이렇게 강한 것 같으나 약하고, 두려움이 많은 사람이었음을 알 수 있습니다.

3. 다시 부르심

(1) 세 번 부인한 베드로에게 나타나신 예수님이 행한 일은 무엇입니까?(요 21:15-17)

① 세 번 사랑한다는 고백을 하게 하심

"요한의 아들 시몬아 네가 이 사람들보다 나를 더 사랑하느냐?"(요 21:17).

② 자신의 사역을 맡기심

"내 양을 먹이라"(요 21:17).

세 번 부인한 베드로는 닭이 울자 예수님의 말씀이 생각나서 심히 통곡합니다. 그리고 자신이 저지른 죄에 대해서 깨닫고 깊은 절망감과 상처를 간직한 채 예수님을 만나기 전 어부였던 상태로 되돌아갑니다. 그러나 부활하신 예수님은 그를 다시 찾아 오셨습니다. 그리고 세 번 부인한 베드로에게 세 번 주님을 사랑한다는 고백을 할 수 있는 기회를 주셨습니다. 그 자리에는 다른 제자들도 많이 있었습니다(요 21:2). 이렇게 그의 위치를 회복시켜 주신 다음 베드로에게 새로운 사역을 맡기십니다. 곧 사람 낚는 어부가 되게 하신다는 말씀이 이루어진 것입니다.

(2) 그 뒤 베드로의 삶은 어떻게 변합니까?(행 2:36)

"담대히 하나님의 말씀을 전함"

"그런즉 이스라엘 온 집은 확실히 알지니 너희가 십자가에 못 박은 이 예수를 하나님이 주와 그리스도가 되게 하셨느니라 하니라"(행 2:36).

부활한 주님을 만난 베드로는 변했습니다. 반석과 같은 굳은 믿음의 사람이 된 것입니다. 이어지는 사도행전에 나오는 베드로의 모습은 복음서에서 보는 모습과는 다릅니다. 용기 있고 담대한 사람으로 변화되어서 균형 잡힌 지도자의 모습이 나타납니다. 베드로는 죽음을 두려워하지 않고 하나님의 말씀을 전하고 예수님이 바로 하나님의 아들임을 선포합니다. 사람 낚는 어부로서의 삶을 살아가게 된 것입니다.

» Application of Bible

예수님을 판 유다와 예수님을 부인한 베드로에 대해서 말해 봅시다.

당신은 유다와 베드로를 비교할 때 누가 더 큰 죄를 지었다고 생각하십니까? 가룟 유다는 예수님을 팔았고 베드로는 예수님을 부인했으며 저주했습니다. 아마 죄의 질만을 따진다면 베드로의 죄가 더 무겁다는 결론을 내릴 수 있습니다. 스승을 배반하고 저주한 베드로의 죄는 용서 받기 힘든 죄입니다.

그러나 유다와 베드로의 결정적인 차이점은 유다는 회개하지 않았다는 사실입니다. 후회는 했지만 회개는 하지 않았습니다. 성경에서 말하는 회개는 단순한 뉘우침이 아니라 주님 앞으로 돌아오는 것을 말합니다. 가룟 유다는 돌아오지 않고 자기 후회, 자기학대로 생을 마감하였습니다.

그러나 베드로는 주님을 부인하고 저주까지 했지만 주님으로부터 돌아선 것이 아니라 심히 통곡하며 다시 돌아옵니다. 이것이 베드로와 유다의 차이입니다. 그리스도인은 어려움과 박해가 오면 입술로 주님을 부인할지 모릅니다. 그러나 그 마음 깊은 곳에 흐르는 주님을 향한 진실은 결코 속일 수 없습니다. 그들은 결국 성령님의 인도하심을 따라 울면서 다시 사랑하는 주님 앞으로 돌아오고야 말 것입니다. 이것이 베드로가 보여주는 신앙의 모습입니다.

» Tip of Bible

베드로의 순교

베드로의 죽음은 교회의 문헌들을 통해 자세히 알려져 있습니다. 로마에서 사역을 하던 베드로는 큰 박해가 일어나자 박해를 피해서 로마 밖으로 나가 어느 언덕을 넘어가고 있을 때 주님을 만나게 됩니다. 베드로는 "주여 어디로 가십니까?"라고 묻습니다. 이 질문에 주님은 "나는 네가 버리고 간 양떼들이 있는 로마에서 죽기 위해 다시 로마로 들어간다"고 말씀하십니다. 이 말씀을 들은 베드로는 다시 로마에 들어가서 복음을 전하다가 잡히게 되자 "나는 감히 주님이 매달려 돌아가신 십자가의 모습 그대로 죽을 수 없습니다. 나를 거꾸로 매달아 죽여주시오"라고 요구했고 그대로 죽음을 맞이했다고 합니다. 이 사실은 이미 성경에 예언되어 있었습니다(요 21:18-19). 이 말씀은 베드로가 평탄하지 않은 죽음으로 하나님 앞에 영광을 돌려야 한다는 사실을 주님이 예언하신 것입니다.

신약편

제2과 안드레 충성된 전도자

학습목표 : 사람들을 예수님께 소개한 안드레의 사역을 통해 전도의 중요성을 이해한다.
중심진리 : 예수님을 소개하는 삶
본문말씀 : 요한복음 1:41-42

Memory Verse

"그가 먼저 자기의 형제 시몬을 찾아 말하되 우리가 메시야를 만났다 하고(메시야는 번역하면 그리스도라) 데리고 예수께로 오니 예수께서 보시고 이르시되 네가 요한의 아들 시몬이니 장차 게바라 하리라 하시니라(게바는 번역하면 베드로라)"(요 1:41-42).

» Question About It

'안드레' 는 누구입니까?

① 안드레는 '남자', '사람', '사람다운 사람', '남자다운 남자' 라는 뜻입니다.
② 그의 직업은 어부였으며 베드로와 형제입니다.
③ 그의 이름은 성경에 13회 나오는데, 특히 사람들을 예수님께 소개하는 모습이 많이 등장합니다.

» View of Bible

안드레는 갈릴리 해안도시 벳새다에서 태어났으며 그의 형제 베드로와 함께 가버나움에서 자랐습니다. 그는 예수님을 만나기 전에는 침례(세례) 요한의 제자였는데, 침례(세례) 요한이 예수님을 메시아, 즉 하나님의 어린 양으로 증거하게 되자 그를 떠나 예수님의 첫 번째 제자가 됩니다(요 1:35-40).

» Learn of Bible

안드레는 요한과 함께 예수를 믿게 된 첫 번째 사람입니다(요 1:40). 이때부터 그는 즉시 주님을 위한 개인적인 사역을 시작하게 되는데 그것은 사람들을 주님께 인도하고 소개하는 사역이었습니다.

안드레와 베드로는 형제이지만 베드로는 감정의 기복이 심했던 사람인데 반해 안드레는 온화하고 항상 자기의 일들을 조용하고 성실하게 수행했던 사람이었습니다. 항상 앞에 나서는 형제 베드로에게 가려져 그의 뒷일을 처리하는 입장이었지만 그의 이름의 뜻이 '남자' 또는 '장부'를 의미하는 것으로 보아 자신의 일을 책임지고 잘 감당하는 과묵하고 묵직한 사람이었을 것입니다.

(1) 안드레가 예수님을 만난 후 제일 먼저 한 일은 무엇입니까?(요 1:41-42)

"베드로를 주님께 인도한 것"

"그가 먼저 자기의 형제 시몬을 찾아 말하되 우리가 메시야를 만났다 하고(메시야는 번역하면 그리스도라) 데리고 예수께로 오니 예수께서 보시고 이르시되 네가 요한의 아들 시몬이니 장차 게바라 하리라 하시니라(게바는 번역하면 베드로라"(요 1:41-42).

안드레는 먼저 그의 형제 시몬 베드로에게 우리가 메시아를 만났다고 말합니다. 그리고 그를 데리고 예수께로 인도하여 예수님을 믿게 합니다.

⑵ 오천 명의 사람들을 먹이는 일에 빌립이 이백 데나리온이 필요하다고 하자 안드레는 무엇이라 말합니까?(요 6:3-13)

"보리떡 다섯 개와 물고기 두 마리를 가진 아이가 있다고 고함"

"제자 중 하나 곧 시몬 베드로의 형제 안드레가 예수께 여짜오되 여기 한 아이가 있어 보리떡 다섯 개와 물고기 두 마리를 가지고 있나이다 그러나 그것이 이 많은 사람에게 얼마나 되겠사옵나이까?"(요 6:8-9).

해가 저물어 가고 수많은 무리가 예수님을 따라 왔다가 배고픔에 허덕이게 되었을 때 제자 빌립은 이백 데나리온이란 돈이 있어도 부족하다고 말합니다. 그때 안드레는 빌립처럼 절망만 하고 있었던 것이 아니라 한 어린 아이의 도시락에 주목합니다. 수많은 사람들을 먹이는 일에 실마리를 풀 수 있는 중요한 어린 아이 한 명을 찾아낸 것입니다. 결과적으로 안드레는 찾아내는 일을 잘하고 있음을 알 수 있습니다.

베드로를 찾아내 개인적으로 예수님 앞에 소개하고, 이번에는 어린 아이를 찾아서 예수님 앞으로 인도하는 역할을 한 것입니다.

⑶ 헬라인 몇 명이 예수님을 만나고자 하여 빌립에게 왔을 때 빌립은 그들을 누구에게 먼저 소개합니까?(요 12:21-22)

"안드레"

"그들이 갈릴리 벳새다 사람 빌립에게 가서 청하여 이르되 선생이여 우리가 예수를 뵈옵고자 하나이다 하니 빌립이 안드레에게 가서 말하고 안드레와 빌립이 예수께 가서 여쭈니"(요 12:21-22).

이 말씀에서 재미있는 사실은 헬라인 몇 명이 예수님을 만나기 위해 먼저 빌립을 찾아가게 됩니다. 그런데 빌립은 예수님께 그들을 바로 데리고 간 것이 아니라 안드레에게 가서 말한 후에 안드레와 빌립이 함께 예수님께 가서 말하는 장면이 나옵니다. 안드레는 일종의 예수님의 비서 역할을 감당했음을 알 수 있습니다.

이렇게 안드레는 항상 사람들을 예수님께 인도하고 소개하는 은사가 있었던 사람입니다. 사람들을 찾아내고 그들을 주님께 소개하는 역할을 한 사실들이 성경에 일관성 있게 기록되어 있는 것을 알 수 있습니다.

» Application of Bible

성경에서 안드레를 말할 때 항상 베드로와 함께 소개합니다(요 1:40; 6:8). 이 사실에서 알 수 있는 것을 말해 봅시다.

성경은 안드레를 소개할 때 항상 시몬 베드로의 형제 안드레라고 말합니다. 정확하게 누가 형인지 성경이 말해주고 있지 않지만 아마도 그 성격과 후에 초대교회의 지도자가 된 베드로를 볼 때, 베드로가 형이었을 것이라고 짐작됩니다. 이렇게 안드레를 말할 때 항상 베드로의 형제라고 소개한 것은 당시 그의 이름이 뛰어나게 유명하지 않았고, 베드로의 그늘 아래 위치한 느낌을 줍니다.

안드레는 항상 두 번째 위치, 즉 2인자의 자리를 차지해 왔습니다. 이것은 그가 능력이 없어서가 아니라 오히려 자기의 위치와 주제를 잘 파악하는 원숙한 인격의 소유자임을 보여줍니다. 자기 분수와 자기의 설 자리를 스스로 결정한 그의 인격의 원숙함 때문에 자기의 맡은 자리에서 최선을 다한 것입니다.

건강한 교회에는 베드로와 같은 사람도 필요하지만 안드레와 같은 사람도 없어서는 안 됩니다. 주님이 보시기엔 모두 위대한 일을 감당한 사람입니다.

» Tip of Bible

안드레의 순교

성경 이후의 역사를 추적해보면 안드레는 최초의 선교사가 되었음을 알려 줍니다. 주님을 소개시켜 주는 일에 관심을 가졌던 안드레는 마침내 주님을 증거하기 위해서 세계를 향해 떠나는 해외 선교사가 됩니다.

A. D. 260년경에 기록된 [안드레 행전]이란 책에 보면 그는 러시아 남부를 지나 스키티아를 거쳐 그리스 아가야까지 가게 됩니다. 그곳에서 복음을 전하다가 주지사에게 핍박을 받아 십자가 형에 처해지게 되는데 그 십자가의 모양이 X자형이었습니다. 그래서 이 X자형 십자가를 '안드레의 십자가' 라고 부르게 됩니다.

후에 머릴로라는 화가가 안드레의 순교의 모습을 담은 그림을 그렸는데 그 그림의 제목이 '성 안드레의 순교' 입니다. 그 그림에는 X자형 십자가에 안드레가 매달려서 죽어가고 옆에 어린 소년 하나가 눈물을 흘리고 있는 장면이 그려져 있는데, 그 소년이 다름 아닌 보리 떡 다섯 개와 물고기 두 마리를 가지고 있었던 소년이라고 합니다.

제3과 야고보 최초의 순교자

학습목표 : 결단력과 야망을 가지고 예수님을 따르던 야고보가 지도자의 위치에 오른 후 어떻게 순교자의 삶을 살게 되었는지 과정을 이해한다.

중심진리 : 최초의 순교자의 삶

본문말씀 : 마가복음 1:20

Memory Verse

"곧 부르시니 그 아버지 세베대를 품꾼들과 함께 배에 버려두고 예수를 따라가니라"(막 1:20).

» Question About It

'야고보' 는 누구입니까?

① 세베대의 아들로 요한의 형제였습니다.

② 세베대의 아들 야고보와 그의 형제라는 표현을 볼 때 아마도 야고보가 형이었을 것입니다.

③ 그는 성경에서 소개하는 예수님의 제자들 가운데 최초의 순교자입니다.

» View of Bible

야고보는 베드로, 요한과 함께 예수님이 가장 아꼈던 제자 중의 한 사람이었습니다. 그는 예수님의 제자가 된 직후부터 항상 예수님과 동행하면서 수많은 기적들을 경험하고 예수님의 말씀을 들었습니다. 그러나 예수님의 공생애 기간 중에 야고보가 보인 특별한 행적은 많이 찾아보기 어렵습니다. 항상 요한의 형제로 등장하며, 다른 제자들과 함께 나타납니다. 야고보는 오히려 예수님이 부활하시고 승천하신 후에 그의 활동이 두드러지게 나타납니다. 가령 예수님이 처형당하신 후 갈릴리에서 고기 잡던 7인의 제자 중의 한사람으로(요 21:1-2), 다락방에서 기도한 제자(행 1:13), 그리고 베드로가 고넬료에게 말씀을 전할 때, 그러한 이방인과의 직접적인 접촉이 아직 예루살렘에서 허용되지 않았을 때 야고보는 예루살렘에 있었던 것으로 보입니다(행 11:1).

» Learn of Bible

1. 결단력이 있었던 야고보

(1) 야고보의 가정환경은 어떠했습니까?(막 1:20)

"부유했을 것"

"곧 부르시니 그 아버지 세베대를 품꾼들과 함께 배에 버려두고 예수를 따라가니라"(막 1:20).

야고보의 아버지 세베대는 자기의 생업인 고기 잡는 사업을 위해서 품꾼들을 고용하고 있었습니다. 큰 배도 소유했으며 일꾼들도 고용하고 있었던 것으로 보아 상당한 재산이 있었던 부유층에 속하는 사람이었을 것으로 짐작됩니다.

(2) 야고보는 주님의 부르심에 어떻게 반응합니까?(막 1:20)

"모든 것을 버려두고 즉시 예수님을 좇아감"

"곧 부르시니 그 아버지 세베대를 품꾼들과 함께 배에 버려두고 예수를 따라가니라"(막 1:20).

야고보는 가정이 부유했고, 아버지의 유산과 직업을 상속받아 살면 편안한 여생을 보낼 수 있었음에도 불구하고 모든 것을 버려두고 예수님을 좇아갑니다. 그는 위대한 결단을 한 것입니다. 이렇게 주님을 따른다는 것은 지난날의 삶의 많은 부분들을 포기해야 함을 보여줍니다.

2. 야망의 사람, 야고보

(1) 야고보가 그의 형제 요한과 함께 주님으로부터 얻은 별명은 무엇입니까?(막 3:17)

"보아너게 곧 우레의 아들"

"또 세베대의 아들 야고보와 야고보의 형제 요한이니 이 둘에게는 보아너게 곧 우레의 아들이란 이름을 더하셨으며"(막 3:17).

야고보와 요한은 형제이면서도 대단히 그 기질이 비슷했던 사람입니다. 예수님은 이들에게 똑같은 별명을 지어 주십니다. 곧 '보아너게, 우레의 아들'입니다. 우레의 아들이란 천둥과 벼락의 아들이란 말로 열정적인 기질을 가진 사람, 불같은 성질을 가졌던 형제들이란 것을 알 수 있습니다.

(2) 이러한 두 형제의 극단적인 성격이 나타난 부분을 찾아봅시다(눅 9:51-56).

"우리가 불을 명하여 저들을 멸하기를 원하십니까?"

"예수께서 예루살렘을 향하여 가시기 때문에 그들이 받아들이지 아니 하는지라 제자 야고보와 요한이 이를 보고 이르되 주여 우리가 불을 명하여 하늘로부터 내려 저들을 멸하라 하기를 원하시나이까 예수께서 돌아보시며 꾸짖으시고 함께 다른 마을로 가시니라"(눅 9:53-56).

야고보와 요한은 예수님을 멸시하는 사마리아 사람들의 마을에 불벼락을 내려서 이 마을 사람들 모두를 해치워 버리자고 제안합니다. 이것만 보더라도 우리는 이들이 불같은 모습, 벼락같은 성질의 소유자였음을 알게 됩니다. 예수님은 이런 두 사람을 꾸짖으십니다.

야고보는 아주 열정적인 기질의 소유자였습니다. 이 열정이 있었기 때문에 화가 나면 더욱 무섭게 화를 내는 것입니다.

3. 지도자인 야고보

야고보는 결단력이 있었고 야망이 있는 사람이었기에 좋은 지도자가 될 자질을 가지고 있었습니다. 이것이 잘못되어지면 남을 짓밟는 지도자가 될 수 있지만, 잘 사용하면 탁월한 지도자가 될 수 있는 가능성을 동시에 갖는 것입니다. 그는 결과적으로 초대 교회의 훌륭한 지도자가 됩니다. 사도행전에서는 예루살렘의 영광스러운 지도자로 부상하게 됨을 볼 수 있습니다

성경에 나타난 최초의 순교자는 누구입니까?(행 12:1-2)

"야고보"

"그 때에 헤롯 왕이 손을 들어 교회 중에서 몇 사람을 해하려 하여 요한의 형제 야고보를 칼로 죽이니" (행 12:1-2).

야고보는 예수님의 제자들 가운데서 가장 먼저 죽은 제자였습니다. 그래서 우리는 야고보를 가리켜서 '최초의 순교자'라고 말합니다. 야고보를 죽인 헤롯은 헤롯 아그립바 1세로 교회 중 몇 사람을 해쳐야만 기독교가 더 이상 세력을 펼치지 못할 것이라고 판단하고 야고보를 죽인 것입니다. 헤롯 아그립바 1세는 본래 기회주의적인 왕으로 역사 속에 소개되고 있습니다. 이 사람은 유대인들에게 인기를 얻으려고 유대인 대부분이 기독교가 전파되는 것을 원하지 않는 것을 이용해 당시 초대 교회의 지도자였던 야고보를 죽인 것입니다.

» Application of Bible

예수님의 제자 중 최초의 순교자인 야고보에 대하여 살펴보고 순교에 대해서 말해 봅시다.

야고보와 요한은 형제인데, 예수님의 제자 가운데서 가장 오래 산 사람이 요한이었고, 가장 먼저 죽은 사람이 야고보였습니다. 이들은 친형제임에도 불구하고 인생의 여정이 달랐습니다. 그러나 우리는 여기서 섣부른 판단을 해서는 안 됩니다. 하나님이 요한을 더 귀하게 보셨고, 야고보를 더 귀하게 여기지 않으셨다고 판단해서는 안 됩니다.

야고보는 위대한 순교자입니다. 하나님이 한 사람의 인생을 왜 이렇게 계획하셨고, 다른 사람의 인생은 왜 또 다르게 계획하셨는지 우리는 알 수 없습니다. 왜냐하면 그것은 하나님의 주권이기 때문입니다. 두 사람의 삶은 하나님 보시기에는 똑같이 귀한 삶입니다. 하나님을 믿었던 모든 성도들의 죽음은 다 소중한 것입니다. 특히 복음을 위해서 핍박받다가 순교당한 죽음이라면 하나님 앞에서 더욱 소중한 것입니다.

"그의 경건한 자들의 죽음은 여호와께서 보시기에 귀중한 것이로다"(시 116:15).

주님을 믿었던 하나님의 자녀들이 죽는 것을 하나님은 귀중히 보십니다. 요한처럼 오랫동안 살면서 주의 일을 하다가 하나님 앞에 갈 수도 있고, 야고보처럼 비명에 순식간에 목숨을 잃을 수도 있습니다. 그러나 모든 성도의 죽음은 하나님 앞에서 귀중한 것입니다.

» Tip of Bible

야고보의 행적

예수님이 부활하신 것을 체험한 후, 그는 스페인에 가서 전도했습니다. "땅 끝까지 이르러 내 증인이 되라(행 1:8)"는 예수님의 유언을 실천하기 위해 당시에 지구의 끝이라고 생각했던 스페인까지 가서 많은 교회를 세우고 복음을 전했다 합니다. 그는 스페인에 있는 유대인 거류민과 유대인 노예들에게 복음전도와 위문을 목적으로 갔을 것입니다. 주로 바다를 순례하면서 전도를 하였기에 '조개'는 그의 상징이 되었다고 합니다. 그곳에 있던 유대인 노예들은 독립 운동을 하다가 잡혀 갔거나, 헤롯에 속아서 팔려간 불쌍한 사람들이었습니다. 그런데 이것을 안 야고보가 예루살렘에 들어오자 폭로될까 두려워하여 유대인 노예들을 선동했다는 터무니없는 죄를 씌운 것입니다. 그래서 예루살렘에서 놀라운 성장을 보이던 초대교회 운동을 독립운동으로 여겨 두려워했고, 유대교를 믿는 사람들의 환심을 사려고 저지른 사건이었습니다. 전설에 의하면 야고보가 체포되었을 때, 그를 고소했던 자가 그의 용기와 자제력에 깊은 감동을 받아 침례(세례)받기를 원하였고, 교회의 일원이 되어 야고보와 함께 죽었다고 합니다. 야고보 사도는 헤롯에 의해 칼로 목을 베이는 참수형에 처해집니다. 그의 유골은 지금의 스페인 '콤로스 텔라'라는 성전에 묻혀 있다고 전해집니다. 순교는 외형으로 보면 남에 의해 죽음을 당하는 타살이지만 배교하면 안 죽을 수도 있는 것입니다. 스스로 죽는 것이기에, 순교는 원해서 죽는 타살입니다. 그러나 이 순교는 큰 용기 없이는 못하는 죽음이기에 확고한 신앙과 용기가 있어야 합니다. 가장 먼저 죽음을 두려워하지 않고, 스스로 찾아간 죽음의 길, 순교의 길을 간 야고보는 분명히 용기 있는 사람이요, 솔선수범의 사람이었습니다.

Introduce

단원주제	예수님의 사랑받은 제자
단원해설	예수님의 제자 중 특별히 사랑받은 제자인 요한과 예수님의 부르심에 절대적으로 순종한 빌립, 그리고 참 이스라엘 사람이란 칭찬을 받은 나다나엘의 모습을 살펴봅니다.
중심구절	"예수의 제자 중 하나 곧 그가 사랑하시는 자가 예수의 품에 의지하여 누웠는데"(요 13:23).
단원학습목표	예수님께 칭찬 받는 제자가 되기 위해 우리가 갖추어야 할 신앙적인 모습들을 찾아봅시다.
단원핵심정리	예수님의 칭찬과 사랑을 받은 제자들

신약편_ 2단원

사랑하심

단원소개

2단원에서는 특별히 예수님의 사랑과 칭찬을 받았던 요한, 빌립, 나다나엘의 삶에 대해서 살펴보려고 합니다. 이들은 여러 가지 면에서 부족한 사람들이었지만 그럼에도 불구하고 예수님의 사랑을 받은 제자들이었습니다.

4과에서는 예수님 곁을 끝까지 지켰던, 그래서 예수님의 사랑을 받았던 요한의 사역을 살펴보고, 5과에서는 예수님을 따르는 위대한 결단을 했지만 아직 성숙한 믿음의 단계에 오르지 못한 빌립의 삶을 이해합니다. 그리고 6과에서는 예수님께 참 이스라엘 사람이요 간사함이 없는 사람이란 칭찬을 들은 나다나엘의 삶을 이해합니다.

제4과 요한 예수님의 사랑받은 제자

신약편

학습목표 : 예수님 곁을 끝까지 지켰던, 그래서 예수님의 사랑을 받았던 요한의 사역을 이해한다.

중심진리 : 예수님의 사랑을 받은 제자

본문말씀 : 요한복음 13:23

Memory Verse

"예수의 제자 중 하나 곧 그가 사랑하시는 자가 예수의 품에 의지하여 누웠는데"(요 13:23).

» Question About It

'요한' 은 누구입니까?

① 요한의 이름의 뜻은 '하나님은 은혜로우시다' 입니다.

② 세베대의 아들로 야고보와 형제입니다.

③ 그는 주님의 '가장 사랑받은 제자' 로 소개되어지며, 제자 중에서 가장 장수하였습니다.

④ 요한은 사복음서 중의 하나인 요한복음과 요한 1, 2, 3서, 그리고 요한계시록을 기록한 사람입니다.

» View of Bible

레오나르도 다빈치는 그림 「최후의 만찬」에서 소녀처럼 미소 지으며 부드럽게 흰 손을 겹치고 있는 요한의 얼굴을 그렸습니다. 십대 말기에 예수님을 만났을 때는 비록 사도들 가운데서 가장 나이가 어리며 나약한 사람에 지나지 않았으나 요한은 용감하고 영적으로 강건한 사람이었습니다.

예수님은 요한과 그 형제 야고보를 '보아너게' 곧 '우레의 아들'이라 부르셨습니다(막 3:17). 이 형제들의 불같은 성품은 주님께 겸손하지 못한 사마리아인에게 불을 내리기를 원했을 때 잘 나타났습니다. 또 이 형제는 앞으로 올 왕국에서 높은 자리를 차지하게 해달라고 예수님께 간청하는 절제 없는 야망을 갖기도 했습니다. 예수님은 이들의 불같은 열망과 경건하지 못한 욕심을 꾸짖으셨습니다. 그러나 예수님은 이들을 삼 년간 훈련시켜 폭풍 같은 성격을 잠재웠으며, 우레를 조용하게 변화시키셨습니다.

» Learn of Bible

1. 끝까지 예수님과 함께한 요한

(1) 예수께서 잡히시던 날에 모든 제자가 도망치고 베드로마저 멀찍이 따르고 있을 때 요한은 어디에 있었습니까?(요 18:15)

"예수님을 따라 제사장의 집 뜰까지 따라옴"

"시몬 베드로와 또 다른 제자 한 사람(요한)이 예수를 따르니 이 제자는 대제사장과 아는 사람이라 예수와 함께 대제사장의 집 뜰에 들어가고"(요 18:15).

베드로가 멀리 떨어져서 뒤따르고 있을 때 요한은 용감하게 대제사장의 집 뜰로 들어갔습니다(요 18:15-16). 아마 대제사장은 요한의 아버지인 세베대의 사업과 관련을 가지고 있었기 때문에 요한과는 서로 아는 사이였을 것입니다.

대제사장을 알고 있던 덕택으로 요한은 베드로도 함께 뜰 안으로 데리고 들어왔지만, 베드로는 대제사장의 종을 해친 이유로 겁에 질려 숯불 주위만 서성거렸고, 요한은 예수님을 심문하는 재판장에게로 곧장 들어갔습니다.

(2) 예수님이 십자가 위에서 요한에게 어떤 부탁을 하십니까?(요 19:26-27)

"예수님의 모친 마리아를 맡기심"

"예수께서 자기의 어머니와 사랑하시는 제자가 곁에 서 있는 것을 보시고 자기 어머니께 말씀하시되 여자여 보소서 아들이니이다 하시고 또 그 제자에게 이르시되 보라 네 어머니라 하신대 그 때부터 그 제자가 자기 집에 모시니라"(요 19:26-27).

모든 사도 가운데서 오직 요한만이 십자가 옆에 서서 예수님과 함께 있었습니다. 요한은 도망치지 않고 적들의 한가운데 당당하게 서 있었던 것입니다. 예수님이 마지막으로 하신 말씀을 들은 제자도 유일하게 요한뿐이었습니다. 예수님은 요한을 바라보시면서 자기 어머니에게 "여자여, 보소서 아들이니이다"고 하시고 요한에게 그 어머니를 가리키며 "보라, 네 어머니라"하셨습니다(요 19:26-27). 자신의 어머니를 요한에게 맡기신 것입니다.

예루살렘에 있는 자기 집으로 마리아를 모셔온 후 요한은 다시 예수님의 마지막 말씀을 들으려고 서둘러 되돌아갔습니다. 그래서 오직 요한복음에 요한만이 "내가 목이 마르다" 또 "다 이루었다"라는 최후의 말씀을 기록하였습니다. 그리고 요한은 예수님이 고개를 떨구신 후 마지막 영혼이 떠나가는 것을 지켜보았습니다.

군병이 예수님의 옆구리를 찌를 때 피와 물이 나온 것과 요셉과 니고데모가 장사한 사실을 말한 것도 요한뿐이었습니다(요 19:38-42). 이렇게 요한은 용감하였으며 최후까지 예수님께 헌신한 제자였습니다.

2. 예수님의 사랑을 받았던 요한

(1) 성경은 요한을 어떤 제자라고 말합니까?(요 13:23)

"예수님이 사랑하시는 제자"

"예수의 제자 중 하나 곧 그가 사랑하시는 자가 예수의 품에 의지하여 누웠는데"(요 13:23).

예수님은 다른 사람들보다도 몇몇 사도들과 더욱 가깝게 지내셨습니다. 예수님을 따르는 사람이 오백여 형제였으며(고전 15:6), 모인 무리의 수는 일백이십 명이었고(행 1:15), 예수님은 칠십 인을 제자로 세웠다고 기록하고 있습니다.(눅 10:1). 이들 가운데 열두 사도가 있었으며, 사도 가운데 핵심이 되는 세 사람이 있었으니, 이 중에서 사랑받는 요한은 "예수의 사랑하시는 제자"로 자주 불렸습니다(요 13:23; 20:2; 21:7). 요한은 "여호와의 은총을 받는다"는 이름의 뜻 그대로 일생을 살았습니다.

분명히 요한은 제자 가운데서 가장 소중한 세 제자의 한 사람일 뿐 아니라 예수님의 사랑받는 제자로 불린 유일한 사람이며, 다락방에서는 그리스도의 품에 앉았다(요 13:23)고 말합니다. 초대교회의 문헌을 보면 요한을 예수님의 가슴에 기댄, 사랑을 의미하는 '에피스테티오스'(The Epistethios)라고 부르는 것을 볼 수 있습니다. 예수님의 어머니를 모시라는 부탁을 받은 요한은 예수님이 운명하시기 전에 예수님의 마지막 말씀을 들은 사람이기도 했습니다.

(2) 요한이 예수님의 사랑의 가르침을 기억하고 하나님을 어떻게 소개합니까?(요한1서 4:7-8)

"하나님은 사랑이시라"

"사랑하는 자들아 우리가 서로 사랑하자 사랑은 하나님께 속한 것이니 사랑하는 자마다 하나님으로부터 나서 하나님을 알고 사랑하지 아니하는 자는 하나님을 알지 못하나니 하나님은 사랑이시라"(요한1서 4:7-8).

요한복음 3:16절에 "하나님이 세상을 이처럼 사랑하사…"라는 말씀을 비롯하여 요한은 사랑의 하나님을 소개하는 데 그의 사역의 중점을 두었습니다. 요한복은 13:34절에도 "새 계명을 너희에게 주노니 서로 사랑하라…" 아마도 이 예수님의 설교를 요한은 항상 들으면서 마음속에 간직했고, 그래서 요한이 나중에 기록한 요한1서에 "서로 사랑하라"는 말씀을 많이 하고 있음을 알 수 있습니다.

» Application of Bible

요한의 성품에 대하여 말해 봅시다.

사도 요한의 성격은 그의 소녀 같은 용모와는 달리 급한 성격의 소유자였습니다. 어떤 사람들이 주의 이름으로 귀신을 쫓아내는 것을 보고 화를 내며 그러한 일을 행하지 못하게 했습니다(막 9:38-40). 사실 주의 이름으로 귀신을 내어쫓는 일은 잘못된 일이 아니었습니다. 다만 요한은 자기를 따르지 않았기 때문에 금했다고 말합니다. 요한의 성격을 보여주는 곳입니다. 이로 인해 요한은 야고보와 함께 우레의 아들이란 별명을 얻습니다.

그러나 3년간의 공생애 기간 중 예수님과 함께하며 그의 성품은 조금씩 변하게 됩니다. 최후의 만찬에서 예수님의 품에 기대어 안긴 가장 나이 어린 소년, 예수님의 재판의 현장에 베드로를 따라 오라고 앞장을 서 대제사장의 저택 뜰 안으로 들어간 용기 있는 요한, 뒤따라오던 베드로가 사라진 후에도 홀로 더 안으로 들어가 예수님의 심문 현장을 목격한 요한, 제자들 모두가 도망갔지만 십자가 옆에 지켜 서서 주님이 모친을 위탁하실 때 마리아를 속히 집으로 모신 후 황급히 현장으로 돌아와 예수님의 최후의 말씀을 직접 듣고, 이윽고 많은 피와 물을 흘리심을 목격한 제자 요한이었습니다.

» Tip of Bible

요한의 마지막 모습

요한은 에베소에서 멀지 않은 에게 해 복판에 있는 밧모 섬에 유배되었습니다. 요한은 요한계시록의 인사말에서 “나 요한은 너희 형제요 예수의 환난과 나라와 참음에 동참하는 자라 하나님의 말씀과 예수의 증거를 인하여 밧모라 하는 섬에 있었더니”(계 1:9)라고 기록했습니다. 밧모 섬에서 도미시안 황제에 의하여 추방된 요한은 성경의 마지막 책에 대한 메시지를 받고 환상을 보았습니다. 순교자와 성도와 하늘의 승리를 본 요한은 기뻐했고, 계시록의 마지막인 22장에서 요한은 “이것들을 보고 들은 자는 나 요한”이라고 기록합니다(계 22:8).

그러던 중 귀양에서 풀려나 에베소로 돌아오게 됩니다. 사도 요한의 제자였던 이레니우스(Irenaeus)는 요한이 주후 98년까지 에베소에서 살았다고 전합니다. 전설에 의하면 요한을 독사 굴에 집어넣고, 끓는 물에 던졌으나 요한은 그 속에서 살아났다고 합니다.

요한은 대단히 오래 살았습니다. 예수님을 처음 따를 때 가장 어린 소년이었던 요한은 열두 사도 가운데서 제일 장수했습니다. 사실 어떤 의미에서 순교하지 않은 유일한 제자라고 불리는 사람이 요한이었습니다. 그러나 그는 살아있는 순교자였습니다.

제5과 빌립 결단력의 사람

학습목표 : 예수님을 따르는 위대한 결단을 했지만 아직 성숙한 믿음의 단계에 오르지 못한 빌립의 삶을 이해한다.

중심진리 : 신중하면서도 결단력이 있던 빌립

본문말씀 : 요한복음 1:43

Memory Verse

"이튿날 예수께서 갈릴리로 나가려 하시다가 빌립을 만나 이르시되 나를 따르라 하시니"(요 1:43).

» Question About It

'빌립' 은 누구입니까?

① 빌립의 이름의 뜻은 '말을 좋아하는 사람' 입니다.

② 빌립의 이름이 전통적인 유대교의 이름으로 볼 수 없기 때문에 헬라 문화의 영향을 많이 받은 집안 출신으로 보입니다.

③ 그는 벳새다 출신이었기 때문에 베드로나 안드레와 친한 사이였습니다.

» View of Bible

빌립은 태어날 때부터 오랜 친구인 베드로와는 달랐습니다. 베드로가 오직 자신의 신념만을 주장하는 것과는 달리 빌립은 결단을 내리기 어려운 순간에는 또 하나의 오랜 친구인 안드레에게 많은 협조를 구했습니다. 흑백을 가려야 할 일이 생기면 분석적이고 치밀한 성격으로 그 일을 깊이 생각하고 찬반의 결정에 신중을 기했습니다. 사실, 빌립은 어떤 한정된 범위 내에서 조심스럽게 계산했기 때문에 더러는 우유부단하기도 했으며, 다른 제자들의 조력에 의존하기도 했습니다. 그런 성격이었기 때문에 빌립은 결코 경솔한 판단을 해서 실수하는 일이 없었습니다.

» Learn of Bible

1. 빌립을 부르심

(1) 빌립을 처음 만난 예수님은 그에게 어떤 말씀을 하십니까?(요 1:43)

"나를 따르라"

"이튿날 예수께서 갈릴리로 나가려 하시다가 빌립을 만나 이르시되 나를 따르라 하시니"(요 1:43).

요한복음은 안드레가 베드로를 예수님께 데리고 간 사실을 기록한 후 이튿날 예수님이 갈릴리로 나가려 하시다가 빌립을 만나 나를 따르라 하셨다고 쓰고 있습니다(요 1:43). 안드레와 베드로는 이미 예수님에 대하여 빌립에게 이야기했는지도 모릅니다. 베다니와 갈릴리 사이의 길을 가다가 예수님은 빌립에게 제자 가운데 하나가 될 것을 권하셨습니다.

빌립은 예수님의 부름을 받고 무조건적이고 즉각적인 반응을 보였습니다. 이것을 보면 빌립은 매우 결단력이 있는 사람임을 알 수 있습니다.

(2) 주님의 제자가 된 빌립이 처음으로 한 행동은 무엇입니까?(요 1:45)

"나다나엘에게 주님을 전한 것"

"빌립이 나다나엘을 찾아 이르되 모세가 율법에 기록하였고 여러 선지자가 기록한 그이를 우리가 만났으니 요셉의 아들 나사렛 예수니라"(요 1:45).

주님을 영접한 빌립은 친구인 나다나엘에게 예수님을 만난 사실을 말해 주려고 걸음을 재촉했습니다. 이것이 빌립의 첫 번째 전도였습니다. 새로 만난 삶에 대한 감사한 마음과 진실한 전도 정신으로 빌립은 친구인 나다나엘에게 복음을 전한 것입니다. 빌립은 나다나엘에게 확신을 말하였으나 나다나엘은 "나사렛에서 무슨 선한 것이 날 수 있느냐?"(요 1:46)며 거절했습니다. 이에 빌립은 말다툼을 하지 않고 간단하게 "와서 보라"(요 1:46)고 대답했습니다.

드디어 빌립의 노력은 성과를 거두어 나다나엘은 예수님이 메시아임을 확신하게 되었습니다. 이미 안드레, 요한, 베드로와 야고보가 예수님을 메시아로 믿었으며 빌립이 다섯 번째로 기록되어 있습니다(마 10:3; 막 3:18; 눅 6:14). 그 후 사도들이 두 사람씩 짝을 지어 복음전도 여행을 할 때 빌립과 나다나엘은 아마 같이 행동했을 것입니다.

2. 오천 명을 먹일 수 있는 계산

오천 명의 사람들이 모인 것을 보신 예수님은 빌립에게 "우리가 어디서 떡을 사서 이 사람들로 먹게 하겠느냐"라고 물으셨습니다. 이에 대한 빌립의 대답은 무엇입니까?(요 6:7)

"이들을 모두 먹이는 데 이백 데니리온도 부족하다고 말합니다"

"빌립이 대답하되 각 사람으로 조금씩 받게 할지라도 이백 데나리온의 떡이 부족하리이다"(요 6:7).

어느 날 자기를 따르는 수천의 무리를 보신 예수님은 "우리가 어디서 떡을 사서 이 사람들로 먹게 하겠느냐?"고 빌립에게 물으셨습니다. 친히 어떻게 하실 것을 아시면서도 빌립에게 그 해결 방법을 물으신 것입니다.

빌립은 무리에게 떡을 먹이는 데는 이백 데나리온 이상이 필요하다는 상당히 정확하고 실제적인 계산을 해냈습니다. 이 금액은 모든 사람들을 조금씩 먹이는 데 필요한 최소한의 액수였습니다. 한 데나리온은 노동자의 하루 품삯에 해당하기 때문에 빌립은 "여기에 있는 모든 사람에게 충분하게 먹을 것을 사주려면 거의 일 년 품삯이 필요합니다. 우리에게는 가진 돈이 없는데 어떻게 당장 음식을 구할 수 있겠습니까?"라는 식으로 예수님께 대답한 것입니다. 빌립의 정확하고 논리적인 생각은 필요한 돈을 잘 계산해 냈습니다.

그러나 그는 이 상황 속에서 예수님이 역사하시면 어떻게 달라질 것인가를 계산에 넣지 않았습니다. 합리적이고 이성적으로만 계산할 줄 알았지 예수님의 관점에서 문제를 판단하지 않은 것입니다.

» Application of Bible

이백 데나리온을 계산한 빌립의 마음에 대하여 말해 봅시다.

빌립은 오로지 확증과 계산과 최악의 경우만을 생각하기 때문에 위기에 처할 때를 대비하여 주님께서 예비하신다는 것을 잊어버리고 있었습니다. 빌립은 수천 명을 먹일 수 있는 하나님의 능력을 미처 생각하지 못했으며 떡을 살 수 있는 돈에만 관심이 있었습니다. 그는 너무도 타산적이었기 때문에 담대하지 못했고 그로 인해 기적을 배척하였습니다.

예수님은 빌립에게 믿음을 가르치는 데 도움이 되게 하시려고 무리를 먹일 떡에 대하여 그에게 물으셨던 것입니다. 빌립이 하나님을 믿지 못하는 대답을 했을 때 예수님은 바구니에 음식을 가진 아이를 데리고 옆에 서 있는 안드레를 쳐다보셨습니다. 안드레는 빌립과 반대로 "여기 한 아이가 있어 보리떡 다섯 개와 물고기 두 마리를 가졌는데 그것이 많은 사람에게 얼마나 도움이 되겠습니까?(요 6:9)"라고 말했습니다. 안드레의 믿음에 대한 응답으로 예수님은 아이가 가진 것으로 무리를 모두 배부르게 먹이고도 남은 조각이 열두 바구니나 되는 기적을 이루셨습니다.

이 사건이 있은 후 빌립은 자신의 믿음이 깊지 못함을 부끄러워했을 것입니다. 그 날 빌립은 자신이 얼마나 세상적이고 융통성이 없는가에 대하여 깨달았을 것입니다.

계산적이며 보수적인 머리가 반드시 냉정한 마음을 뜻하는 것은 아닙니다. 또 기계적으로 철저히 따지는 것이 불신앙을 가리키는 것도 아닙니다. 논리적인 생각을 가진 빌립은 무리를 충분히 먹이기를 원하는 따뜻한 마음을 가졌을 것이지만 그것이 어떻게 이루어질 수 있는지를 알지 못했을 뿐입니다. 빌립은 불가능하다는 자신의 생각을 하나님으로는 가능하다는 생각으로 바꾸어야 했던 것입니다. 우리는 하나님을 생각하지 않는 경우가 너무도 많습니다.

» Tip of Bible

빌립의 마지막 모습

초대교회의 문서들은 빌립이 소아시아에서 선교했다고 전합니다. 라오디게아, 골로새 등지에서 사역했는데 자주 갈라디아 지역을 순회하였다고 합니다. 갈라디아 사람들이 프랑스 고올(GAUL) 지역으로 이주하여 살았는데 그곳까지 가서 복음을 전했습니다. 특히 히에라폴리스라는 도시에서 복음을 전하다가 기독교를 박해하는 무리에게 잡혀 몰매를 맞고 십자가를 지면서 순교한 것으로 전해지고 있습니다. 훗날 그의 유해는 로마로 옮겨져서 빌립을 기념하는 교회당에 인치되있습니다.

제6과 나다나엘 간사함이 없는 자

학습목표 : 예수님께 참 이스라엘 사람이요 간사함이 없는 사람이란 칭찬을 들은 나다나엘의 삶을 이해한다.

중심진리 : 간사함이 없는 나다나엘

본문말씀 : 요한복음 1:45-51

Memory Verse

"예수께서 나다나엘이 자기에게 오는 것을 보시고 그를 가리켜 이르시되 보라 이는 참으로 이스라엘 사람이라 그 속에 간사한 것이 없도다"(요 1:47).

» Question About It

'나다나엘' 은 누구입니까?

① 나다나엘은 '하나님의 선물' 이란 뜻입니다.

② 나다나엘의 또 다른 이름은 바돌로매로 그 뜻은 '돌로매의 아들' 이란 뜻입니다.

③ 그는 갈릴리 가나 지방 출신의 어부로 보입니다.

» View of Bible

마태, 마가, 누가와 사도행전은 모두 바돌로매를 열두 명의 사도 가운데 여섯 번째, 또는 일곱 번째로 들고 있으나 나다나엘이라고는 하지 않았습니다(마 10:3; 막 3:18; 눅 6:14; 행 1:13). 그러나 요한복음에서는 바돌로매가 한 번도 언급이 된 일이 없고 대신에 나다나엘이 제자로 포함되며, 요한복음 1장은 그에 대한 말씀이 7절이나 나옵니다(요 1:45-51). 그리고 요한복음의 마지막 장에서 나다나엘이 갈릴리의 가나 지방에서 온 어부의 한 사람으로서 사도가 되었다고 기록하고 있습니다(요 21:2).

그러므로 바돌로매와 나다나엘이 모두 열두 사도 가운데 들어 있다면 동일한 인물로 소개되어야 합니다. 그런데 나다나엘(바돌로매)과 빌립의 관계가 매우 가까운 데 문제의 초점이 있습니다. 앞에서 밀한 사도들의 명단을 보면 세 군데에서 항상 바돌로매는 빌립과 짝을 짓고 있습니다. 요한은 나다나엘(바돌로매)과 빌립은 친구였으며 빌립이 나다나엘을 예수께 데리고 갔다고 말씀합니다.

» Learn of Bible

1. 나다나엘을 부르심

(1) 나다나엘을 예수님께 인도한 사람은 누구입니까?(요 1:45)

"빌립"

"빌립이 나다나엘을 찾아 이르되 모세가 율법에 기록하였고 여러 선지자가 기록한 그이를 우리가 만났으니 요셉의 아들 나사렛 예수라"(요 1:45).

주님을 만나 제자가 된 빌립은 자기의 친구였던 나다나엘을 찾아가 예수님께 인도합니다. 요한복음에 계속해서 빌립과 나다나엘이 같이 등장하는 것으로 보아 둘은 친밀한 사이로 보입니다.

(2) 빌립의 전도를 받은 나다나엘은 어떤 반응을 나타냅니까?(요 1:46)

"예루살렘이 아닌 나사렛이란 동네에선 메시아가 날 수 없다고 함"

"나다나엘이 이르되 나사렛에서 무슨 선한 것이 날 수 있느냐 빌립이 이르되 와서 보라 하니라"(요 1:46).

나다나엘은 당시의 대다수 유대인들과 마찬가지로 하나님의 아들인 메시아는 다윗의 후손으로 예루살렘에서 난다는 구약의 예언을 받아들이고 있었습니다. 또한 그 메시아는 강력한 왕으로 로마의 식민지에 신음하고 있는 유대 백성들을 구원할 왕으로 믿어왔습니다. 그런데 빌립이 갈릴리의 조그만 시골 도시인 나사렛 출신의 예수님을 메시아라고 소개하니 믿기 어려웠던 것입니다.

2. 예수님과의 만남

(1) 예수님은 나다나엘이 오는 것을 보시고 그를 무엇이라 부르십니까?(요 1:47)

"참으로 이스라엘 사람이라 그 속에 간사한 것이 없다"

"예수께서 나다나엘이 자기에게 오는 것을 보시고 그를 가리켜 이르시되 보라 이는 참으로 이스라엘 사람이라 그 속에 간사한 것이 없도다"(요 1:47).

참 이스라엘 사람이란 육신적으로 이스라엘 사람의 후손이 아니라 하나님을 진실하게 믿는 믿음의 사람이었음을 가리킵니다. 그리고 그는 교활하거나 속이는 피를 이어받지 않았습니다. 위선도 없고 간사함도 없기 때문에 성격은 맑은 물처럼 투명했습니다. 그는 어떤 말에 대하여 심리적으로 분석하지도 않고 숨겨진 동기를 찾으려 하지도 않았습니다. 그의 천진난만한 성격은 사람들이 자기를 이용하고 속이는 것까지도 용인했습니다. 바리새인들의 교활함과 위선에 진노하며 꾸짖으신 예수님은 나다나엘의 성격을 속이지 않고 숨겨진 동기가 없다고 칭찬하신 것입니다.

(2) 이 말씀을 들은 나다나엘은 예수님을 어떻게 고백합니까?(요 1:49)

"예수님은 하나님의 아들이요 이스라엘의 임금이라고 함"

"나다나엘이 대답하되 랍비여 당신은 하나님의 아들이시오 당신은 이스라엘의 임금이로소이다"(요 1:49).

나다나엘은 예수님께 질문을 하는 도중에 의문은 완전히 사라졌고 감동을 받았습니다. 나다나엘은 당황하면서도 솔직하게 "어떻게 나를 아시나이까?"라고 질문을 했습니다(요 1:48). 그리고 "빌립이 너를 부르기 전에 네가 무화과나무 아래 있을 때 보았노라"(1:48)하시는 예수님의 대답에 의문을 풀었습니다. 확신을 가진 나다나엘은 "랍비여 당신은 하나님의 아들이시오 당신은 이스라엘의 왕이로소이다"(요 1:49)

라고 고백합니다. 베드로나 도마의 경우만큼이나 이것은 훌륭한 신앙고백이었습니다(마 16:16; 요 20:28). 나다나엘은 편견을 가지고 있다가 그리스도를 믿었으며, 회의론을 품고 있다가 확신을 가진 성실한 사람의 표본이 되었습니다.

» Application of Bible

나다나엘의 마지막 모습에 대해 배워 봅시다.

교회 전승에 의하면 사도 나다나엘은 부리기아와 히에라폴리스와 우상숭배가 심한 아르메니아 지방을 거쳐 인도에까지 가서 복음을 전했다고 기록하고 있습니다. 그의 순교는 사정없는 몽둥이질과 살아 있는 채 칼로 저미는 가혹한 고문과 그리고 십자가에 거꾸로 달리는 최후를 맞이했다고 하며, 그의 시신은 자루에 넣고 묶여서 바다에 던져졌다고 합니다. 나다나엘의 사도로서의 상징은 무화과나무이기도 하지만 그가 산 채로 칼로 살이 잘리는 가혹한 행위를 당한 이유로 인해 '세 자루의 칼'이었다고 합니다.

그 후 그의 시신은 이탈리아 베네벤툼으로 옮겨졌고 후에 타이버 섬에서 그를 기념하는 교회를 지어 모셨다고 합니다. 이란의 기독교 지도자들은 그가 히브리어로 마태복음을 기록하였다고 하고 또 [바돌로매 복음]을 기록하여 많은 감화를 주었다고 합니다.

» Tip of Bible

무화과나무

무화과나무는 뽕나무과의 낙엽관목으로 잎은 광난형으로 3~7갈래 찢어진 손바닥 모양입니다. 꽃은 단성화이고 열매는 도란형인 검정자주 빛, 과실은 먹을 수 있는 식용이고 잎은 약재로도 사용됩니다. 예루살렘 부근에서는 3~4월에 잎이 나오고 6월이 되어야 열매를 맺습니다.

이 나무는 이스라엘 사람들에게 가장 사랑받고 애용되는 나무로 이스라엘을 상징합니다(호 9:10). 그래서 지나가는 사람들이 길가에 심겨진 이 나무의 실과를 따먹는 것은 율법에도 허락된 일이었습니다(신 23:24-25).

갈릴리 지방에 사는 사람들에게는 무화과나무가 일종의 개인적인 휴식처였습니다. 무화과나무는 약 5m의 높이로 자라고 가지는 사방으로 8~10m까지 뻗어 나갑니다. 무화과나무의 그늘 아래 앉아 있는 것은 평화와 안녕을 상징했습니다. 대부분의 집들은 방을 하나만 가지고 있었기 때문에 조용하게 있기를 원하는 사람들은 무화과나무 그늘에서 개인적인 시간을 보냈습니다.

Introduce

단원주제	예수님의 이끄심
단원해설	질문을 잘 한 도마와 자신의 기득권을 모두 포기하고 주님을 따라간 마태, 그리고 항상 겸손함으로 자신의 자리를 지켰던 야고보의 삶을 살펴봅니다.
중심구절	"그 후에 예수께서 나가사 레위라 하는 세리가 세관에 앉아 있는 것을 보시고 나를 따르라 하시니 그가 모든 것을 버리고 일어나 따르니라"(눅 5:27-28).
단원학습목표	예수님께 자신들의 삶의 모든 영역을 철저하게 순종한 제자들의 삶을 살펴봅니다.
단원핵심정리	주님을 향한 철저한 순종

신약편_ 3단원

이고심

단원소개

3단원에서는 성경에 많이 등장하지는 않지만 없어서는 안 될 도마, 마태, 야고보의 삶을 공부합니다. 역사의 일선에 나서지는 않았지만 묵묵히 자신의 자리를 지키며 예수님을 따랐던 제자들의 삶은 오늘날 주인공이 되려고만 하는 우리에게 많은 깨달음과 교훈을 줍니다.

7과에서는 예수님께 품고 있던 의문을 용기 있게 질문함으로 대답을 찾은 도마의 생애를 살펴보고, 8과에서는 예수님의 부르심에 모든 것을 버려두고 따른 마태의 부르심을 이해합니다. 그리고 9과에서는 성경에 많이 언급되지는 않지만 겸손한 사람으로 꼭 있어야 할 자리를 지켰던 야고보의 삶을 공부합니다.

제7과 도마 의문과 질문의 사람

학습목표 : 예수님께 품고 있던 의문을 용기 있게 질문함으로 대답을 찾은 도마의 생애를 이해한다.

중심진리 : 질문을 잘 한 도마

본문말씀 : 요한복음 14:1-6

Memory Verse

"예수께서 이르시되 너는 나를 본 고로 믿느냐 보지 못하고 믿는 자들은 복되도다 하시니라" (요 20:29).

» Question About It

'도마' 는 누구입니까?

① 도마의 또 다른 이름은 디두모였습니다(요 11:16).

② 그의 직업도 어부였을 것입니다(요 21:2).

» View of Bible

'의심 많은 도마'라는 별명은 교회에서 유명한 이야기입니다. 성경에 보면 물론 그가 의심 많은 질문을 한 것은 사실입니다. 그러나 이러한 별명은 도마에 대해 잘못 이해한 것입니다. 초대교회 당시 성경을 제외하고 도마가 기록한 것, 또는 도마에 의해 기록된 문헌이 다섯 권이나 존재합니다(「도마복음」, 「도마의 유년기 복음서」, 「도마서」, 「도마행전」, 「도마묵시록」). 성경에 포함되지 않은 이러한 책들을 외경이나 위경이라고 하는데, 이 책들의 특징은 익명성을 띄고 있다는 것과 교회에서 인정받거나 권위 있는 지도자들의 이름을 책의 제목으로 사용합니다. 그렇게 볼 때 도마는 당시에 중요한 인물로 인정받고 있음을 보여줍니다. 「도마복음서」와 「도마묵시록」에는 부활하신 주님이 도마에게 직접 하신 말씀이 기록되어 있고, 「도마행전」에는 도마가 인도에까지 가서 선교하다가 순교했다고 기록되어 있습니다.

예수님은 도마가 질문했을 때 그를 나무라거나 혼내신 적이 없습니다. 이렇게 볼 때 도마는 의심 많은 제자가 아니라 '질문을 많이 한 제자'로 불리는 것이 더 맞는 표현으로 보입니다.

» Learn of Bible

1. 용감했던 도마

(1) 나사로가 병들었다는 소식을 들었을 때 제자들은 어떤 반응을 보입니까?(요 11:8)

"위험한 곳이므로 예수님을 만류함"

"제자들이 말하되 랍비여 방금도 유대인들이 돌로 치려하였는데 또 그리로 가시려 하나이까?"(요 11:8).

반대하는 유대인들을 피하여 요단강 저편으로 이동했던 예수님은 마리아의 오라비 나사로가 병들었다는 소식을 접합니다. 그러나 예수님은 이틀 후에 나사로가 사는 베다니로 간다고 하십니다. 제자들은 당황했고 두려워했습니다. 그래서 예수님을 말리기 시작했습니다.

(2) 이때 도마가 어떻게 말합니까?(요 11:16)

"우리도 주와 함께 죽으러 가자"

"디두모라고도 하는 도마가 다른 제자들에게 말하되 우리도 주와 함께 죽으러 가자 하니라"(요 11:16).

이때 도마가 다른 제자들을 향해서 말합니다. "우리도 주와 함께 죽으러 가자" 도마는 비록 죽는 한이 있더라도 주를 따라 베다니로 갈 생각을 가지고 있었습니다. 우물쭈물하는 제자들의 충성심을 집결시키고 용기에 불을 붙인 사람은 지도자 베드로가 아니라 도마였습니다. 그의 용기는 제자들의 발길을 위험한 땅으로 재촉했고, 주도적인 역할로 주님의 고난에 동참하고자 하였습니다.

2. 질문한 도마

예수님은 서서히 십자가의 죽음을 제자들에게 말씀하시기 시작하셨습니다. 그러자 제자들은 슬픔에 빠졌고 예수님의 고난을 믿지 않으려고 했습니다.

(1) 그때 예수님은 제자들에게 어떤 말씀을 하십니까?(요 14:1)

"나를 믿으라"

"너희는 마음에 근심하지 말라 하나님을 믿으니 또 나를 믿으라"(요 14:1).

그러면서 내가 가는 것은 그냥 무의미하게 사라져 버리는 것이 아니라 너희를 위해서 영원한 처소를 예비하러 가는 것이라고 말씀하십니다(요 14:2-3). 그리고 예수님이 가는 길을 제자들도 알 수 있다고 말하자 도마는 주님이 가시는 길을 알지 못한다고 하면서 그 길을 가르쳐 달라고 예수님께 질문합니다.

(2) 이러한 도마의 질문에 예수님은 무엇이라고 말씀하십니까?(눅 14:6)

"내가 곧 길이요 진리요 생명이다"

"예수께서 이르시되 내가 곧 길이요 진리요 생명이니 나로 말미암지 않고는 아버지께로 올 자가 없느니라"(요 14:6).

도마는 여러 가지로 추리해 보는 제자들의 의문을 자신이 대표로 예수님께 질문하는 사람으로 나타납니다. 그리고 이 말씀은 그리스도인의 신앙은 참으로 믿음으로 행해야 할 것을 요구하고 있는 말씀입니다. 믿음은 그리스도가 누구신지 아는 것으로 충분합니다. 곧 그분은 우리 인생의 길이요, 진리요, 무엇보다도 내 생명이 되시는 분입니다. 만약 도마의 이 질문이 없었다면 이러한 주옥과 같은 말씀을 우리가 듣지 못했을 것입니다. 예수님의 대답으로 인해 우리는 영원히 도마에게 은혜를 입은 것입니다.

3. 부활한 주님을 만난 도마

(1) 부활한 주님을 목격한 제자들에게 도마는 어떻게 말합니까?(요 20:25)

"직접 보지 않고는 믿지 못하겠다고 함"

"다른 제자들이 그에게 이르되 우리가 주를 보았노라 하니 도마가 이르되 내가 그의 손의 못 자국을 보며 내 손가락을 그 못 자국에 넣으며 내 손을 그 옆구리에 넣어 보지 않고는 믿지 아니하겠노라 하니라"(요 20:25).

(2) 예수님을 만난 도마가 한 고백은 무엇입니까?(요 20:28)

"나의 주 나의 하나님"

"도마가 대답하여 이르되 나의 주님이시오 나의 하나님이시니이다"(요 20:28).

도마가 실제로 예수님의 손과 옆구리를 만져보고 믿었나요? 성경엔 그가 직접 만졌다는 기록이 나와 있지 않습니다. 다른 제자들은 부활하신 주님을 직접 만났지만 도마는 아직 주님을 만나지 못했기 때문에 잠시 의심한 것은 사실이지만 그도 부활하신 주님을 보는 순간 바로 '나의 주 나의 하나님'이라고 고백하고 믿었습니다.

» Application of Bible

우리가 예수님을 직접 만나야만 믿을 수 있는지에 대해서 말해 봅시다.

요한복음 20:29절의 "예수께서 이르시되 너는 나를 본 고로 믿느냐 보지 못하고 믿는 자들은 복되도다 하시니라"는 말씀은, 예수님이 다른 제자들과 도마를 비교해서 하신 말씀이 아닙니다. 오히려 예수님을 보아야 믿겠다고 하는 도마를 포함한 다른 제자들과 예수님을 보지 않고도 믿는 요한복음의 독자들을 비교해서 하신 말씀입니다. 바로 이러한 도마를 보고서야 믿은 제자들의 대표로 삼은 것입니다.

요한복음 20:30-31절은 요한복음이 기록된 목적을 나타냅니다. 그것은 예수님이 하나님의 아들인 것과, 그 이름을 믿음으로 우리가 생명을 얻게 하는 데 있습니다. 그런데 요한복음이 기록될 당시는 예수님을 직접 만났던 많은 사람들이 시간이 지남에 따라 이 세상에 남아 있지 않고 오히려 예수님을 직접 목격한 사람들의 숫자가 현저히 줄어든 상황이었습니다. 이런 가운데 사도 요한은 요한복음의 기록 목적 바로 앞에 도마의 사건을 이야기하면서 보지 않고 믿는 것이 더욱 복되다는 말씀을 전하고 싶었던 것입니다.

지금 우리도 직접 예수님을 만날 수 없습니다. 그러나 보지 않고 믿는 자들이 더 복되다는 이 말씀은 우리에게 큰 위로를 주는 말씀입니다.

» Tip of Bible

제자들의 이름

영어를 사용하는 서양 사람들은 자신들의 이름을 성경에서 많이 찾아왔습니다. 다윗은 '데이비드(David)', 바울은 '폴(Paul)' 등 입니다. 그런데 그 중에서도 예수님의 열두 사도들의 이름이 많이 사용되었습니다. '요한(존, John)', '야고보(제임스, James)', '도마(토머스, Thomas)', '베드로(피터, Peter)' 등이 지금도 널리 사용되는 인기 있는 이름입니다.

신약편

제8과 마태 모든 것을 버리고 따른 자

학습목표 : 예수님의 부르심에 모든 것을 버려두고 따라간 마태의 부르심을 이해한다.
중심진리 : 주님을 좇은 마태
본문말씀 : 누가복음 5:27-32

Memory Verse

"그 후에 예수께서 나가사 레위라 하는 세리가 세관에 앉아 있는 것을 보시고 나를 따르라 하시니 그가 모든 것을 버리고 일어나 따르니라"(눅 5:27-28).

» Question About It

'마태' 는 누구입니까?

① 마태의 처음 이름은 '레위' 입니다(막 2:14).
② 예수님을 만난 이후 '하나님의 선물' 이란 뜻을 가진 '마태' 로 불립니다.
③ 알패오의 아들로 작은 야고보와 형제였습니다.
④ 그의 직업은 세금을 거둬들이는 세리였습니다.
⑤ 그는 유대인을 향한 복음서인 마태복음을 기록했습니다.

» View of Bible

성경에서 마태에 대한 이야기는 그를 부르시는 장면 외에는 등장하지 않습니다. 마태가 부름을 받은 다음에 무엇을 했다는 기록이 한 마디도 없습니다. 그러나 마태가 남긴 한 가지 가장 위대한 업적은 그가 마태복음을 기록했다는 것입니다. 마태는 예수님의 제자들 가운데 가장 교육을 많은 받은 사람으로 보입니다. 구약 역사에 대해서 정통한 마태였기에 사복음서 중에서 유대인을 향한 복음서인 마태복음을 기록하게 된 것입니다. 본과에서는 가장 강렬한 부르심의 현장인 마태의 부르심에 대해서 공부하겠습니다.

» Learn of Bible

1. 마태의 직업인 세리

마태가 가지고 있었던 세리라는 직업은 그 당시 어떤 대접을 받았습니까?(마 21:31)

"죄인, 창녀들과 같은 대접을 받음"

"그 둘 중의 누가 아버지의 뜻대로 하였느냐 이르되 둘째 아들이니이다 예수께서 그들에게 이르시되 내가 진실로 너희에게 이르노니 세리들과 창녀들이 너희보다 먼저 하나님의 나라에 들어가리라"(마 21:31).

당시 세리는 죄인들과 같은 취급을 당하고 백성들에게 창녀와 같이 여겨졌습니다. 그렇지만 예수님은 당신의 제자들을 부르실 때 애국심이 강하고 민족성으로 철저하게 무장된 사람만 선택하시지 않으셨습니다. 당시 경멸받던 직업인 세리 마태를 부르셨습니다. 오히려 예수님은 복음서에서 죄인과 창녀와 세리들의 친구였다는 표현을 자주 찾아볼 수 있고 이들과 어울려서 식사하는 것을 즐거워 하셨습니다. 주님은 그 사람의 외적 환경을 보고 선택하는 분이 아니십니다.

2. 마태(레위)를 부르심

(1) 예수님은 세관에 앉아 있는 레위(마태)를 어떻게 부르셨습니까?(눅 5:27)

"나를 따르라"

"그 후에 예수께서 나가사 레위라 하는 세리가 세관에 앉아 있는 것을 보시고 나를 따르라 하시니" (눅 5:27).

이 말씀에서 예수님은 빌립에게 하셨던 것처럼, 레위를 부르실 때에도 다른 이야기는 하지 않으신 채 다만 "나를 따르라"고 말씀하십니다.

(2) 레위(마태)는 예수님의 부르심에 어떻게 반응합니까?(눅 5:28)

"모든 것을 버리고 일어나 예수님을 따라감"

"그가 모든 것을 버리고 일어나 따르니라"(눅 5:28).

나를 따르라는 예수님의 말씀에 레위는 모든 것을 버리고 일어나 예수님을 따라갔다고 기록합니다. 예수님의 부르심에 대한 명령이 처음 떨어졌을 때 마태가 모든 것을 버리고 예수님을 따라갔다는 것은 결코 쉬운 결심이 아니었습니다. 모든 것을 버렸다는 것은 자기가 지금까지 쌓아온 환경과 세리의 직업도 버렸다는 것을 의미합니다.

3. 잔치를 베푸는 마태(레위)

예수님을 만난 후 마태가 처음으로 한 행동은 무엇입니까?(눅 5:29)

"자신의 집에서 잔치를 베풂"

"레위가 예수를 위하여 자기 집에서 큰 잔치를 하니 세리와 다른 사람이 많이 함께 앉아 있는지라"(눅 5:29).

이제 예수님을 따르게 된 마태는 예수님을 위하여 자기 집에서 큰 잔치를 베풀게 됩니다. 그가 지금까지 살아 왔던 그 모든 것을 버리고 예수님을 위해서 사는 일에 모든 것을 드리겠다고 선포한 것입니다. 주님을 만나게 된 것이 너무 기쁘고 행복해서 감격에 겨운 모습을 보여주고 있는 것입니다.

우리도 주님을 처음 만났을 때의 그 감격의 순간을 잊지 못합니다. 우리의 마음속엔 샘솟는 기쁨이 있었고, 이 세상을 얻은 것 같았으며, 교회에 가서 믿음의 친구들을 항상 만나고 싶은 순간들이었습니다. 마태도 그런 기분이었습니다.

» Application of Bible

마태의 직업인 세리가 왜 당시 유대인들에게 죄인과 같은 대우를 받았는지 살펴보고 앞으로 우리가 가져야 할 직업에 대해서 말해 봅시다.

마태의 처음 이름이 레위였던 것으로 보아 그는 이스라엘의 제사장 가문인 레위 지파의 배경을 가지고 태어났고, 제사장이 되기 위해 많은 교육을 받은 것으로 보입니다. 그런데 그는 이후에 제사장이 된 것이 아니라 로마를 위해 세금을 걷는 세리가 되었습니다. 사실 그 당시에 세리가 되기 위해서는 많은 교육을 받아야 했습니다. 로마 정부의 관리로 일하기 위해서는 아람어, 헬라어 그리고 히브리어에 능통해야 했으므로 적어도 세 가지 이상의 언어를 사용할 수 있어야 했습니다.

그럼에도 불구하고 세리는 그 당시 사회 속에서 백성들에게 가장 많은 미움을 받던 계급입니다. 그 이유는 첫 번째로 정치적인 이유입니다. 세리는 식민 지배자였던 로마의 녹을 먹고 있는 사람이었기 때문에 친 로마적인 성향을 갖고 있었습니다. 나라를 배반한 매국노로 여겨진 것입니다. 두 번째로 세리들이 자신들의 이익을 위해 과중한 세금을 거둬들이고 부정직하게 일했기 때문입니다. 필요한 것보다 더 많이 징수하고 그 나머지 부분은 세리들의 주머니로 들어갔습니다. 뽕나무 위에 올라가 예수님을 만났던 삭개오도 세리였는데, 주님을 만난 다음 그동안 부당하게 거둬들인 세금을 되돌려 주겠다는 위대한 결단을 한 것을 볼 수 있습니다.

우리도 앞으로 직업을 갖게 될 것입니다. 먼저 모든 사람들이 인정하는 올바른 직업을 선택해야 하며, 그 직업이나 지위를 이용해서 가난하고 연약한 사람들의 것을 힘으로 빼앗으려고 해서는 안 됩니다. 그것은 올바른 그리스도인의 행실이 아니기 때문입니다.

» Tip of Bible

마태복음

마태복음은 구약을 잘 알고 있었던 유대인들을 대상으로 쓰인 복음서입니다. 그래서 구약성서와 관련된 특징들이 많이 있습니다.

① 사복음서 중 구약성서에 대한 인용이 가장 많이 나옵니다.
② 이스라엘의 믿음의 조상인 아브라함부터 예수님의 족보가 시작됩니다.
③ 하나님의 율법이 모세오경으로 주어진 것처럼, 예수님의 설교가 다섯 번 나옵니다.(5-7장, 10장, 13장, 18장, 23-25장)
④ 헤롯의 박해 때 애굽으로 피신한 이야기는 마태복음에만 나옵니다. 구약시대엔 모세를 통해 고통받던 이스라엘 백성들이 애굽에서 나왔는데(출애굽), 반대로 고통을 피해 애굽으로 들어가는 모습입니다.
⑤ 마태복음 8-9장에 예수님의 병 고침과 기적 사건이 모두 10개가 나오는데, 이것은 출애굽 당시 10가지 재앙을 생각나게 합니다. 곧 하나님과 같은 능력을 지니신 예수님의 모습입니다.
⑥ 십자가 위의 '유대인의 왕'이라는 푯말도 마태복음에만 등장합니다.

이와 같이 마태는 구약 역사에 정통한 사람이었습니다. 그래서 구약성경이 이렇게 성취되었다는 것, 즉 구약성경에서 약속한 다윗의 후손으로 오시는 메시아가 바로 예수님이라는 것을 소개한 책이 마태복음입니다.

신약편

제9과 작은 야보고 겸손의 사람

학습목표 : 성경에 많이 언급되지는 않지만 겸손한 사람으로 꼭 있어야 할 자리를 지켰던 야고보의 삶을 이해한다.

중심진리 : 겸손한 사람 야고보

본문말씀 : 마태복음 10:2-3

Memory Verse

"들어가 그들이 유하는 다락방으로 올라가니 베드로, 요한, 야고보, 안드레와 빌립, 도마와 바돌로매, 마태와 및 알패오의 아들 야고보, 셀롯인 시몬, 야고보의 아들 유다가 다 거기 있어"(행 1:13).

» Question About It

'야고보' 는 누구입니까?

① 알패오의 아들로 마태(레위)와 형제였습니다(막 2:14).

② 그는 주님을 만나기 전엔 조국의 독립을 위해 싸웠던 열심당원이었습니다.

③ 그는 무엇보다도 겸손한 사람이었습니다.

» View of Bible

주님의 제자들 중에 작은 야고보는 말하고 행한 기록이 없습니다. 다만 12제자의 일원으로 선택을 받고 주님이 주신 사명을 훌륭히 성취하였다는 것만 남아있습니다. 학자들 중에는 이 작은 야고보에 대하여 한 일이 없어서 잊혀진 제자라는 혹평을 하는 사람도 있으나, 많은 일을 하였음에도 불구하고 묵묵히 자기의 길을 걸어간 사람으로 소개하기도 합니다.

» Learn of Bible

1. 야고보의 가족 관계

(1) 야고보는 누구의 아들로 나타납니까?(마 10:3)

"알패오의 아들"

"빌립과 바돌로매, 도마와 세리 마태, 알패오의 아들 야고보와 다대오"(마 10:3).

야고보의 아버지는 알패오였고 어머니는 주님이 십자가에 달리실 때 함께 있었던 마리아입니다.

(2) 이 야고보를 마가복음에서는 어떻게 부릅니까?(막 15:40)

"작은 야고보"

"멀리서 바라보는 여자들도 있었는데 그 중에 막달라 마리아와 또 작은 야고보와 요세의 어머니 마리아와 또 살로메가 있었으니"(막 15:40).

마가복음에서는 이 야고보를 '작은 야고보'라고 부릅니다. 이것은 아마도 세베대의 아들 야고보보다 키가 작았기 때문에 이렇게 불렸던 것으로 보입니다. 아마도 요한의 형제 야고보와 구별할 필요가 있어서 '작은 야고보'라는 표현을 사용했던 것으로 볼 수 있습니다.

이제까지 우리가 발견한 사실은 이 야고보는 키가 작았던 사람이며, 이 사람의 어머니는 마리아이고, 아버지는 알패오였으며, 요세라는 사람과 형제였다는 점입니다.

(3) 열두 사도 중의 하나인 야고보의 형제는 누구입니까?(막 2:14)

"마태(레위)"

"또 지나가시다가 알패오의 아들 레위가 세관에 앉아 있는 것을 보시고 그에게 이르시되 나를 따르라 하시니 일어나 따르니라"(막 2:14).

그런데 이 야고보에게는 마가복음 2:14절을 통해 또 한 명의 형제가 있었다는 것을 알게 됩니다. 여기에서 말하는 레위는 세관에서 부름을 받은 제자인데 그를 가리켜서 알패오의 아들이라고 말합니다. 이 말씀을 통해서 우리는 마태가 야고보의 형제였다는 것을 알 수 있습니다.

2. 애국자인 야고보

(1) 열두 제자의 명단에서 항상 뒤에 나오는 네 사람은 누구입니까?(마 10:3-4)

"알패오의 아들 야고보와 다대오, 가나안인 시몬 및 가룟 유다"

"빌립과 바돌로매, 도마와 세리 마태, 알패오의 아들 야고보와 다대오, 가나안인 시몬 및 가룟 유다 곧 예수를 판 자라"(마 10:3-4).

(2) 사도행전에 가룟 유다를 제외한 열한 명의 제자들의 명단이 나옵니다. 뒤에서부터 세 사람의 이름을 찾아봅시다(행 1:13).

"알패오의 아들 야고보, 셀롯인 시몬, 야고보의 아들 유다"

"들어가 그들이 유하는 다락방으로 올라가니 베드로, 요한, 야고보, 안드레와 빌립, 도마와 바돌로매, 마태와 및 알패오의 아들 야고보, 셀롯인 시몬, 야고보의 아들 유다가 다 거기 있어"(행 1:13).

마태복음과 사도행전에 나오는 제자들의 이름을 비교해 보면 가나안인 시몬과 셀롯인 시몬은 같은 사람이고, 다대오와 야고보의 아들 유다도 동일 인물임을 알 수 있습니다. 그런데 여기에서 '셀롯인'이란 '열심당원'을 뜻하는 말로 로마의 지배 아래 있던 자기의 조국인 유대를 해방시키기 위해서 민족 해방 운동에 가담했던 일종의 '민족 독립 운동의 투사'를 가리킵니다. 이 네 사람은 모두 독립 운동을 하다가 예수님의 제자들이 된 사람들로 이들은 과거에 비슷한 일을 했기 때문에 예수님의 제자가 된 후에도 서로 가까운 관계를 유지한 것으로 보입니다. 이렇게 볼 때 야고보는 과거에 그의 조국의 해방을 위해서 로마와 싸운 사람이었고 예수님의 제자가 된 이후에는 열심당원의 사역을 포기한 것으로 보입니다.

민족을 위해서 일하는 것은 얼마나 귀한 일입니까? 모름지기 그리스도인들은 다 민족에 대한 관심을 저버릴 수 없습니다. 그러나 종종 그리스도인들이 애국심을 가질 때 빠지기 쉬운 오류 가운데 하나는 애국심이 곧 신앙이라는 착각을 할 수가 있다는 사실입니다.

기독교는 민족주의보다 더 높고 큰 존재입니다. 이렇게 나라 찾기 운동에 열심이던 사람들이 어느 날 민족이라는 것보다 더 커다란 이상이 있다는 것을, 민족이라는 것보다 자기의 목숨을 바칠 수 있는 더 숭고하고 더 위대한 이상이 있다는 사실을 깨달았을 때, 민족을 위한 열심이 복음을 위한 열심으로 변할 때 참으로 귀하게 하나님 앞에 쓰임을 받게 되는 것입니다.

3. 겸손한 사람 야고보

성경에는 야고보가 한 말이나 또는 질문이 단 한 번도 언급되지 않고 있습니다. 자신의 존재감을 드러내는 말이나 행동이 나타나지 않습니다. 그러나 그는 항상 그 자리에 있었습니다. 꼭 필요했던 제자였습니다. 그의 별명이 '작은 야고보'였는데, 그는 키가 작았을 뿐만 아니라 아주 겸손했던 사람이었을 것으로 보입니다. 아마도 겸손하지 않은 사람은 항상 불평하는 말이라도 하게 될 것입니다. 그렇다고 해서 말하는 사람은 다 겸손하지 않은 사람은 아닙니다. 그러나 야고보가 말하기 좋아했으면 한 마디쯤은 했을 것입니다. 그런데 성경에 나타난 야고보의 기사 가운데는 말이 안 되는 소리 한 마디조차 나타나지 않습니다. 참견도 안 하고 떠들지도 않고서 그냥 그 자리에 있기만 했던 사람, 이 사람은 참으로 겸손했던 사람이었을 것입니다. 그러나 숨어서 자기의 할 일을 열심히 했던 사람인 것 같습니다. 성경에 보면, 그런 사람들이 참 많습니다.

4. 순교자 야고보

그는 한때 훌륭한 애국자였고 나중에는 매우 훌륭한 그리스도인이 되었습니다. 그는 금욕적인 자기 수양에 누구보다도 힘썼던 제자였고, 무엇보다도 열두 제자 중에서 가장 기도를 많이 한 제자가 이 작은 야고보였다고 말합니다.

'유세비우스'(Eusebius)라는 역사학자는 야고보에게 약대의 무릎을 가지고 있었던 사람이란 별명을 붙여 주었습니다. 왜냐하면 그는 늘 기도하기 위해서 무릎을 꿇고 있었기 때문입니다. 아마 이 작은 야고보는 다른 제자들이 떠들며 아우성치고 있었을 때에도 말없이 문자 그대로 작은 구석에 들어가서 무릎 꿇어 기도했을 것입니다. 당신은 이 작은 야고보가 아닌 야고보를 기억하십니까? 그는 예수님의 우편에 앉혀 달라고 선거 운동을 하고 다녔습니다. 그러나 말하기보다는 기도를 더 즐기고, 설치기보다는 자기가 있어야 할 조용한 자리에서 말없이 그 자리를 메우며 하나님 앞에 할 일을 다 하고 있던 이 작은 야고보에 대해서 유세비우스는 말을 계속합니다.

"예수님의 제자 가운데서 제일 예수님을 닮았던 제자가 작은 야고보였다." 그리고 유세비우스는 그에 대해서 이런 재미있는 표현을 했습니다.

"그는 제일 미남이었다." 화가들이 그림을 그릴 때에 이 작은 야고보를 제자들 중에서 제일 미남으로 그렸습니다. 그래서 최후의 만찬이라는 그림을 볼 때 제일 미남을 뽑아내면 그 사람이 틀림없이 작은 야고보라고 말합니다.

그는 미남이었고 화려한 과거를 가지고 있었지만, 주님을 만난 후에 그 주님이 너무 좋아서, 떠들면 주님의 영광이 가리울까봐 조용히 평생을 주님 뒤에 숨어서 주를 섬겼던 이 아름다운 제자 작은 야고보는 유세비우스의 기록에 의하면 나중에 시리아에 가서 전도를 합니다. 그리고 이 사람에 의해서 시리아 교회가 세워집니다. 그는 나중에 다시 예루살렘에 돌아와서 전도를 하다가 유대인들에게 돌에 맞아 죽임을 당하게 됩니다. 그런데 유대인들이 돌을 들어 쳤는데도 야고보의 목숨이 쉽게 끊어지지 않자 그들은 톱을 가지고 작은 야고보를 켰습니다. 역사가 지나간 후일의 그리스도인들은 작은 야고보를 묘사할 때 그의 인생을 상징하기 위해서 톱 그림을 그려 톱에 켜서 죽임을 당했던 사람이라고 묘사를 합니다.

» Application of Bible

야고보를 공부하고 배운 점을 나누어 봅시다.

먼저 작은 사람이 되는 훈련입니다. 실제로, 예수님은 작은 것의 가치를 중요하게 여기셨습니다. 예수님은 지극히 작은 일에 충성한 사람에게 큰일을 맡기신다고 말씀하십니다(마 25:21). 우리는 너무나 큰 것만 생각한 나머지 환상적이고 공상적인 것을 추구하려고 합니다.

야고보가 남긴 교훈은, 그는 별로 요란스럽지 않은 인생을 살았고, 별로 선전할 만한 것이 없었을지 몰라도, 그는 작지만 필요했던 제자였으며, 오늘의 우리에게 이런 제자가 절실하게 필요하다는 것을 가르쳐 주고 있습니다.

그렇게 하려면 내가 어떤 사람인가라는 자기 인식이 먼저 필요합니다. 야고보는 자신을 알았습니다. 그리고 겸손하게 자기 위치에서 종의 직분을 수행하며, 나서지 않고 참견하지 않았으며, 그러나 조용히 있어야 할 곳에 있으면서 그 일을 통해서 하나님을 영광스럽게 했던 제자였습니다.

» Tip of Bible

성경에 나타난 야고보

성경에 나타난 사람들 가운데 야고보란 이름을 가진 사람이 3명 있습니다. 교회사에서 이 세 사람은 매우 중요하면서도 자주 혼동을 일으킵니다.

첫 번째로 열두 제자 가운데 한 사람으로 요한의 형제인 야고보입니다. 그는 사도 요한과 함께 '우레의 아들'이란 별명을 가진 성격 급한 사람으로 헤롯 왕에 의하여 제자 중에 제일 먼저 순교한 사람입니다(행 12:1).

두 번째로 예수님의 형제 야고보입니다. 그는 주님이 부활하신 후, 율법에 대한 이해를 둘러싸고 예루살렘에서 총회가 소집되었을 때, 이 문제에 대한 결론을 내리기 위하여 발언한 사람입니다. 교리적이고도 명확한 발언을 한 후, 예루살렘 교회의 지도자로 세워집니다(행 1:41; 15:13). 그는 처음엔 형인 예수님을 하나님의 아들로 믿지 않았지만(요 7:5), 부활하신 주님을 만나게 되면서(고전 15:4), 결정적으로 주님은 단순히 육신적인 형제에 불과한 것이 아니라 정말 살아 계신 하나님의 아들이요, 구세주로 오신 분이심을 신뢰하고 삶의 변화를 일으킨 사람입니다. 나중에 신약성경 중의 하나인 야고보서를 기록합니다.

세 번째로 오늘 공부한 12제자 중 9번째로 기록된 작은 야고보(마 10:3; 막 3:18; 눅 6:15; 행 1:13)입니다.

Introduce

단원주제	예수님이 지킨 사람
단원해설	베드로, 야고보, 요한처럼 중요한 제자로 등장하지 않을 뿐만 아니라 성경에 이름만 겨우 나오는 제자들을 공부합니다. 그리고 이와 반대로 주님을 배반한 가룟 유다의 모습도 살펴봅니다.
중심구절	"예수께서 대답하여 이르시되 사람이 나를 사랑하면 내말을 지키리니 내 아버지께서 그를 사랑하실 것이요, 우리가 그에게 가서 거처를 그와 함께하리라 나를 사랑하지 아니하는 자는 내 말을 지키지 아니하나니 너희의 듣는 말은 내 말이 아니요 나를 보내신 아버지의 말씀이니라"(요 14: 23-24)
단원학습목표	예수님과 끝까지 함께한 제자와 마지막 순간에 주님을 배반한 제자의 삶을 비교해 봅시다.
단원핵심정리	예수님과 함께함

신약편_ 4단원

지키심

단원소개

4단원에서는 성경에서 많이 언급하지 않은 유다 다대오와 셀롯인 시몬과 예수님을 배반한 유다에 대해서 공부합니다. 이들은 다른 제자들에 비해서 상대적으로 덜 중요하게 여겨진 사람들이었습니다. 그러나 예수님 보시기에는 모두가 그의 사랑하는 제자였습니다. 주님은 이들의 능력이나 지위를 보고 선택하신 것이 아니라 그 가능성을 염두에 두고 사람들을 부르셨습니다.

10과에서는 성경에 한 번밖에 나타나지 않지만 다른 사람들의 구원을 위해 걱정하고 있는 다대오의 삶을 살펴보고, 11과에서는 당시 로마의 지배하에 있었던 유대 나라와 민족을 위해 열심당원으로 활동한 시몬이 예수님을 만나 변화되는 모습을 이해합니다. 그리고 12과에서는 예수님의 제자 중 예수님을 배반하고 팔아넘긴 유다의 모습을 살펴보고자 합니다.

신약편

제10과 다대오 이름 없이 빛도 없이

학습목표 : 성경에 한 번밖에 언급되지 않지만 다른 사람들의 구원을 위해 걱정하는 다대오의 삶을 이해한다.

중심진리 : 다른 사람을 사랑한 다대오

본문말씀 : 요한복음 14:22-24

Memory Verse

"가룟인 아닌 유다가 이르되 주여 어찌하여 자기를 우리에게는 나타내시고 세상에는 아니하려 하시나이까"(요 14:22).

» Question About It

'다대오(유다)' 는 누구입니까?

① 다대오는 '사랑스러운' 이란 뜻입니다.

② 유다는 '찬양' 이란 의미입니다.

③ 열두 제자의 명단을 제외하고 다대오가 등장하는 장면은 성경에 한 번 나옵니다.

View of Bible

그 당시에 흔한 이름인 유다라고 불린 사도가 열둘 가운데 두 사람 있습니다. 요한은 유다가 다락방에서 예수님께 질문하는 장면을 기록하면서 배신자 유다와 조심스럽게 구별하기 위해 "가룟이 아닌 유다가"(요 14:22)라고 자세하게 설명하고 있습니다. 아마도 유다라는 오명 때문에 마태와 마가는 유다의 다른 이름을 사용했을 것입니다. 마태는 유다를 다대오(마 10:3)라 불렀으며, 마가도 다대오라고 불렀습니다(막 3:18). 그러나 누가는 그를 그대로 유다라고 했습니다(눅 6:16; 행 1:13). 두 사도의 명단을 비교해 보면 세 가지 이름이 동일인임을 알게 됩니다.

요한이 '적극적인 사랑의 사도'라면 나내오는 '소용한 사랑의 사도'라고 불립니다. 그는 떠들썩하지는 않지만 조용히 자리를 지키면서 제자들을 화목하게 만들었고, 주님을 찬양하며 불평과 원망 대신에 자기의 할 일을 꼬박꼬박 하고 있었습니다. 그래서 많은 사람들이 유다 다대오를 부를 때 '사랑스러운 유다' 또는 '사랑하는 유다'라고 불렀다고 합니다.

Learn of Bible

1. 다대오의 이름

(1) 마태와 마가는 이 제자의 이름을 어떻게 부릅니까?(마 10:3)

"다대오"

"빌립과 바돌로매, 도마와 세리 마태, 알패오의 아들 야고보와 다대오"(마 10:3).

(2) 누가는 어떻게 부릅니까?(눅 6:16)

"야고보의 아들 유다"

"야고보의 아들 유다와 예수를 파는 자 될 가룟 유다라"(눅 6:16).

아마도 본명은 유다였고 다대오는 그의 별명이었을 것입니다. 마태와 마가가 유다라는 이름을 사용하지 않고 다대오라고 한 이유는 가룟 유다와의 혼동을 피하기 위해서였습니다. 그 후 가룟 유다가 예수님을 팔고, 예수님이 십자가에서 돌아가신 후에 유다라는 이름이 사용된 것을 보면 마가와 마태는 이 사람을 보호하기 위해서 유다라는 이름을 사용하지 않았을 것입니다.

누가는 정확한 역사의 기록을 위해 본명인 유다로 기록했고, 마태나 마가는 평소에 제자들 사이에서 애칭으로 부르던 다대오를 그대로 기록한 것입니다.

2. 성경에 한 번만 나타난 제자

성경에는 열두 제자의 명단이 언급되었을 때를 제외하고는 이 사람이 등장한 예가 한 번밖에 없습니다. 그래서 어떤 사람들은 이 사람에게 별명을 붙이면서 '성경에 한 번만 나타난 제자'라는 표현을 한 사람들도 있습니다.

(1) 다대오가 예수님께 한 질문은 무엇입니까?(요 14:22)

"우리 제자들에겐 예수님의 증거를 보여주셨는데 왜 세상 사람들에게는 보여주시지 않습니까?"

"가룟인 아닌 유다가 이르되 주여 어찌하여 자기를 우리에게는 나타내시고 세상에는 아니하려 하시나이까 (요 14:22).

이 말씀에서 '가룟 유다가 아닌'이라는 부분을 잘못 읽어 '가룟 유다가'라고 읽게 되면 안 됩니다. 가룟인이 아닌 유다 즉 다대오는 "예수님이 메시아시며 그리스도라는 사실을 우리에게는 나타내 주시면서 세상 사람들에게는 왜 안 나타내시려 하십니까?"라는 질문을 예수님께 던지고 있습니다.

이것은 예수님을 통해서 오는 놀라운 교훈과 진리를 자기만 독점하는 것으로 만족하지 않고, 더 많은 사람들에게 그 사실이 알려지기를 원하는, 선교적인 차원에서 세상 사람들을 향한 넓은 포용력을 가진 제자가 바로 다대오였음을 보여줍니다.

(2) 이에 대해 예수님은 어떻게 대답하십니까?(요 14:23-24)

"나(예수)를 사랑하면 내 말을 지키는 사람이다"

"예수께서 대답하여 이르시되 사람이 나를 사랑하면 내 말을 지키리니 내 아버지께서 그를 사랑하실 것이요, 우리가 그에게 가서 거처를 그와 함께하리라 나를 사랑하지 아니하는 자는 내 말을 지키지 아니하나니 너희의 듣는 말은 내 말이 아니요 나를 보내신 아버지의 말씀이니라"(요 14:23-24).

이 말씀에서 예수님께 질문을 하는 모습이 성경 전체를 통틀어서 유다 다대오라는 인물이 출현하는 유일한 장면입니다.

» Application of Bible

다대오에 대해서 공부하고 배운 점을 나누어 봅시다.

다대오에게는 특기가 없습니다. 어떤 굉장한 업적을 이루었다는 이야기도 성경에는 없습니다. 또 다른 제자들을 인도할 만한 지도자의 역할을 한 것도 아닙니다. 전도하는 일 가운데 앞장을 섰던 제자도 아닙니다. 많은 제자들에게서 주의를 끌만한 두드러진 인물이나 개성 있는 사람도 아니었습니다. 그런데 왜 예수님은 이 사람을 열두 제자 중에 한 제자로 선택하셨을까? 예수님은 다대오의 인격을 보고 그런 제자가 주님의 제자들 가운데도 필요하다고 판단하셨기 때문입니다.

우리는 다대오의 삶을 보면서 긍정적으로 사는 훈련을 배울 수 있습니다. 오늘날 주 안에서 모든 일을 할 수 있다는, 자기 신념을 믿어야 한다는 식의 적극적인 사고방식은 기독교 신앙이 수용하기가 곤란하고 난처한 이론들입니다. 보다 중요한 것은 그리스도 안에서, 주님을 영접한 그리스도인들이 긍정적인 사고방식을 가지고 긍정적인 삶을 살아가는 것이 중요합니다. 다대오는 그런 긍정의 사람이었습니다.

우리에게는 베드로도 필요하지만 유다 다대오와 같은 사람도 필요합니다. 이름 없이 빛도 없이 주를 섬기는 더 많은 제자들이 필요합니다.

» Tip of Bible

다대오의 순교

시리아로, 아라비아로, 페르시아로 찾아다니면서 복음을 전합니다. 특별히 가장 많은 활동을 한 중심지는 아르메니아입니다. 그 도시에서 그는 정말 놀랍고 눈부실만한 선교 활동을 한 것으로 기록되고 있습니다. 특별히 바돌로매라는 제자와 둘이서 동역하면서 A. D. 301년에 벌써 그 나라가 기독교화 될 만큼 복음으로 가장 강력한 영향을 끼쳤고, 그는 다시 해외 선교를 나갔다가, 시리아라는 곳에서 칼에 맞아 마지막 순교를 한 것으로 기록되어 있습니다.

제11과 시몬 민족을 사랑한 제자

신약편

학습목표 : 나라와 민족을 사랑한 시몬이 예수님을 만나 변화되는 모습을 이해한다.
중심진리 : 자기 민족을 사랑한 시몬
본문말씀 : 누가복음 6:15

Memory Verse

"마태와 도마와 알패오의 아들 야고보와 셀롯이라는 시몬과"(눅 6:15).

» Question About It

'시몬' 은 누구입니까?

① 마태복음에서 시몬은 가나나인 출신이라고 말합니다(마 10:4).
② 그는 열심당원인 셀롯인이었습니다.
③ 열심당이란 예수님 당시에 아주 극렬한 민족주의자 집단이었습니다.
④ 예수님을 만난 후 변화되어서 제자가 되었습니다.

» View of Bible

열두 사도 가운데는 잘 알려진 시몬 베드로와 잘 알려지지 않은 셀롯 시몬, 이렇게 두 사람의 시몬이 있습니다. 열심당원이었던 시몬의 이름은, 제자들의 이름을 언급한 본문에서 빠지지 않고 등장합니다(마 10:4; 막 3:18; 눅 6:15; 행 1:15). 어느 전설은 그가 갈릴리 바다에서 고기잡이를 하다가 예수를 좇으라는 부름을 받았다고 전합니다. 그런데 신약성경에는 셀롯 시몬의 개인적인 역사가 없을 뿐 아니라 열두 사도의 거의 끝머리에 기록되어 있습니다.

그는 남달리 애국심이 많았던 제자로 보입니다. 그러나 주님을 만난 다음에는 나라에 대한 사랑을 주님께 대한 사랑으로 승화시켜 민족에 대한 열망을 그리스도를 향한 열망으로 바꾸어 주님을 위해서 살아간 제자였습니다.

» Learn of Bible

1. 시몬의 배경

(1) 시몬은 어디 출신입니까?(마 10:4)

"가나나인 출신"

"가나나인 시몬 및 가룟 유다 곧 예수를 판 자라"(마 10:4).

'가나나인' 이란 아람어에서 온 말로 열심당원이란 뜻입니다.

(2) 누가는 어떻게 부릅니까?(눅 6:15)

"셀롯이라는 시몬"

"마태와 도마와 알패오의 아들 야고보와 셀롯이라는 시몬과"(눅 6:15).

'셀롯'도 열심당원을 의미합니다. 열심당이란 예수님 당시에 아주 극렬한 민족주의자들이었습니다. 로마의 강압적인 통치에 맞서 무력으로 유대의 독립을 위해 투쟁한 단체였습니다. 물론 이들은 나라를 사랑한 애국자들이었습니다. 그러나 아주 극단적인 성격을 띠고 있어서 조금이라도 로마에 대하여 친근한 경향을 보이는 유대인들이 눈에 띄면 자기 민족임에도 과감하게 죽여 버리는 잔인성을 가지고 있던 극단적인 민족주의 집단이었습니다.

예수님의 제자 중에 작은 야고보도 같은 열심당 출신인데 유독 이 시몬에게만 열심당이라는 칭호를 붙이고 있는 것으로 보아 아마도 그가 예수님의 제자가 된 후에도 그들과 관련을 맺고 있었거나 그들의 일을 하고 있었던 것으로 보입니다. 그만큼 시몬은 유달리 민족에 대한 긍지와 애정이 투철했던 사람이었던 것 같습니다.

시몬은 자기들이 못 다 이루고 있던 민족 해방의 꿈을 예수님이 이루어 줄 것이라는 기대를 걸면서 예수님의 제자 중의 한 사람으로 가입했을 것이라고 생각됩니다.

2. 부활한 주님께 질문하는 시몬

부활한 예수님이 예루살렘을 떠나지 말고 하나님의 약속하신 것을 기다리라고 제자들에게 말씀하셨을 때(행 1:4) 한 제자가 예수님께 질문을 합니다.

(1) 그 제자가 예수님께 한 질문은 무엇입니까?(행 1:6)

"나라를 회복할 때가 이때입니까?"

"그들이 모였을 때에 예수께 여쭈어 이르되 주께서 이스라엘 나라를 회복하심이 이때이니까 하니(행 1:6).

우리 민족을 다시 회복시켜 주시고 해방시켜 주실 일을 지금부터 예수님이 할 것입니까 라는 이 질문을 성경에는 누가 했다고 밝히지는 않았지만 성경학자들은 상상하기를 열두 제자들 가운데서 제일 민족적으로 자기 나라에 대한 민감한 심정을 가지고 있었던 시몬이 질문한 것으로 생각합니다.

(2) 이 질문에 대한 예수님의 대답은 무엇입니까?(행 1:7-8)

"때와 기한은 하나님께 있는 것이고 너희들은 내 증인이 되라"

"이르시되 때와 시기는 아버지께서 자기의 권한에 두셨으니 너희가 알 바 아니요 오직 성령이 너희에게 임하시면 너희가 권능을 받고 예루살렘과 온 유대와 사마리아와 땅 끝까지 이르러 내 증인이 되리라 하시니라"(행 1:7-8).

이 말씀에서 예수님은 제자들이 해야 할 일은 민족 해방보다 더 중요한 일인데, 그것은 성령이 임하면 권능을 받고 예루살렘부터 시작해서 땅 끝까지 주님의 증인이 되는 일이라고 명령하셨습니다.

주님은 협소한 민족주의자가 아닙니다. 주님은 우리가 나라와 민족을 사랑하는 것을 나무라시지 않습니다. 그러나 주님의 이상은 민족보다도 넓습니다. 주님은 전 세계를 바라보고 계시기 때문입니다. 지구촌에 살고 있는 모든 사람들이 하나님과 어떤 관계를 맺고, 어떻게 살고 있느냐에 더 커다란 관심을 갖고 계시며, 무엇보다도 그들을 억압하고 있는 죄에서부터 그들이 해방되어 예수 그리스도를 통하여 죄 사함을 받고 하나님과 올바른 관계를 맺는 것이 주님의 더 커다란 관심이라는 것을 이 말씀을 통해서 볼 수 있습니다.

» Application of Bible

시몬에 대해서 공부하고 배운 점을 나누어 봅시다.

시몬은 자기의 개인적 야망을 하나님의 뜻 앞에 복종시킬 줄 아는 사람이었습니다. 본인의 야망은 민족해방이었으나 진정한 해방은 복음화에 있음을 알았을 때, 그는 과감히 자신을 예수님의 뜻 아래 두고 주님의 제자가 되었습니다. 그는 그리스도를 만난 다음에 자기가 가지고 있었던 민족을 향한 끓어오르는 열심을 주님의 복음을 전하는 일로 승화시킨 사람이었습니다.

사람마다 자기의 소원이 있고 자기 뜻이 있고 열심이 있지만 더 중요한 것은 '그것이 과연 하나님이 원하시는 것인가?' 라는 점입니다. 내 야망이 주님의 뜻보다 크면 결코 하나님의 일을 할 수 없습니다. 그것이 하나님의 뜻 앞에 합당한 열심이라야 주님 앞에 인정받을 수 있습니다.

시몬이 예수님의 제자로 끝까지 남아 있었다는 것은 그의 야망이 변했다는 것을 가르쳐 줍니다.

» Tip of Bible

시몬의 순교

시몬은 소아시아, 북아프리카, 흑해 지역과 바벨론 등지에서 복음을 전한 것으로 전해집니다. 어떤 이야기는 그가 페르시아에서 폭도들에게 살해당했다고 합니다. 시몬의 상징은 성경에 누운 물고기입니다. 이것은 고기를 낚는 어부가 말씀을 전파하여 사람을 낚는 어부가 된 것을 가리킵니다. 이는 오순절 후에 시몬이 그 어떤 제자보다 열심히 복음을 전하며 철저하게 살았다는 것을 보여 줍니다.

제12과 가룟 유다 배반자

학습목표 : 예수님의 제자 중 예수님을 배반하고 팔아넘긴 유다의 모습을 이해한다.
중심진리 : 예수님을 배반한 가룟 유다
본문말씀 : 요한복음 12:1-8

Memory Verse
"이렇게 말함은 가난한 자들을 생각함이 아니요 그는 도둑이라 돈궤를 맡고 거기 넣는 것을 훔쳐 감이라"(요 12:6).

» Question About It

'유다' 는 누구입니까?

① 유다는 '찬양' 이라는 의미입니다.
② 그는 예수님의 회계 업무를 맡을 정도로 신임 받던 제자였습니다.
③ 그러나 후에 예수님을 배신하게 됩니다.

» View of Bible

귀족적인 요소를 모두 갖추고 '찬양받는다'는 뜻을 지닌 자랑스러운 이름을 가진 유다의 출발은 훌륭했습니다. 헤브론 남쪽 조그만 성읍 유다 이쉬 케리옷(Judas Ish Kerioth) 출신으로 갈릴리 출신이 아니면서 유일하게 제자가 된 사람입니다. 주님이 택하셨을 때에는 배신자가 아니었습니다. 암살할 의도를 가지고 기회만 노리는 흉악한 사람이 아니라 우리 옆에 있는 평범한 인간이었습니다. 주님은 12 제자를 택하시기 전날 밤, 철야기도를 하시고 신중히 사도들을 선택하셨다고 성경은 말합니다(눅 6:12-13). 유다는 높은 이상을 가졌으며 약속을 지키는 사람으로서 적임자였습니다. 다른 사도들처럼 유다도 예수님을 따르기 위해 모든 것을 버렸습니다. 하나님의 아들과 함께 다니면서 이야기도 하고 밤하늘 아래서 함께 앉아 떡을 떼고 그의 말씀에 귀를 기울였습니다. 유다는 산상수훈을 들었으며, 소경이 다시 보게 되고 귀머거리가 들으며 죽은 자가 살아나는 것을 보았습니다. 주님이 폭풍을 잠재우며 귀신을 쫓고 성전에서 강도들을 몰아내고 어린 아이를 안고 축복해 주실 때 유다는 예수님의 옆에 있었습니다. 유다는 주님을 위하여 복음을 전하러 다니기도 했으며 귀신을 내쫓기도 하였습니다(눅 10:17-20). 그러나 안타깝게도 그는 예수님을 배신하고 팔아넘깁니다.

» Learn of Bible

1. 예수님의 제자로서의 유다의 모습

(1) 유다가 제자들 중에서 맡은 직책은 무엇입니까?(요 12:6)

"회계, 돈 궤를 맡은 자"

"이렇게 말함은 가난한 자들을 생각함이 아니요 그는 도둑이라 돈궤를 맡고 거기 넣는 것을 훔쳐 감이러라" (요 12:6).

유다를 열두 제자의 회계로 택한 것은 동료들이 그를 상당히 신임하였음을 보여줍니다(요 12:6). 마태가 세리였기 때문에 돈을 다루는 데 상당한 경험을 가지고 있었지만 유다의 재정적인 전문지식도 다른 사도들에 비해 돋보였습니다. 그는 계산에 능한 자였으며, 셈이 빠르고 머리 회전이 빠른, 다시 말해 머리가 좋은 사람이었음을 알 수 있습니다. 또 그는 믿을 수 있고 책임을 질 줄 아는 사람으로서 동료들에게 존경을 받았습니다. 동료들 전원의 동의를 받아서 그는 돈을 가방에 챙기고 지불하는 책임을 맡았습니다. 제자로 출발할 때에 그는 신중하고 정직했으며 유능하고 실질적인 사람이었습니다.

(2) 그의 성격은 어떻게 보입니까?(요 12:4-5)

"합리적인 사람"

"제자 중 하나로서 예수를 잡아 줄 가룟 유다가 말하되 이 향유를 어찌하여 삼백 데나리온에 팔아 가난한 자들에게 주지 하니하였느냐 하니"(요 12:4-5).

그 비싼 기름을 팔아 가난한 사람을 구제해야 한다고 기름을 부은 마리아를 책망합니다. 이 사실을 통해 유다는 돈 씀씀이에 합리적이고 이성적으로 따지는 사람이었음을 알 수 있습니다.

(3) 결과적으로 돈 문제에 있어서 유다는 어떤 태도를 취합니까?(요 12:6)

"도적질해 감"

"이렇게 말함은 가난한 자들을 생각함이 아니요 그는 도둑이라 돈궤를 맡고 거기 넣는 것을 훔쳐 감이라"(요 12:6).

이 말씀에 따르면 유다는 돈 관리를 하며 조금씩 자신을 위해 빼돌리고 착복한 것을 알 수 있고 또한 그것에 대해 전혀 죄의식을 갖고 있지 않은 사람으로 보입니다. 이런 점으로 미루어 보아 그는 위선적이고 양심이 없는 사람입니다.

(4) 유다의 영적인 상태는 어떤 모습이었습니까?(눅 22:3)

"사탄에게 사로잡힌 자"

"열둘 중의 하나인 가룟인이라 부르는 유다에게 사탄이 들어가니"(눅 22:3).

유다는 예수님의 제자로 주님을 따라다니면서, 주님이 행하시는 수많은 기적을 보고 생명의 말씀을 들었지만 사도의 직분, 즉 제자로서의 삶이 얼마나 중요한지 그 큰 의미를 헤아리지 못했으며 영적 분별력이 없는 사람이었습니다. 그랬기 때문에 사탄이 쉽게 들어 올 수 있었습니다.

이 모든 유다의 특징을 종합해보면, 머리 좋고, 계산이 빠르며, 합리적이고, 세상적 출세와 이상적 세계 구현에 대한 야망이 있고, 공금 횡령에도 죄의식이 없으며, 영적 분별력도 없는 사람이었습니다.

2. 예수님을 판 유다

(1) 예수님이 잡히시던 현장에서 유다가 취한 행동은 무엇입니까?(마 26:49)

"예수님께 입을 맞춤"

"곧 예수께 나아와 랍비여 안녕하시옵니까하고 입을 맞추니"(마 26:49).

유다는 가장 친밀한 사람들이 따뜻한 애정을 표시하는 입맞춤으로 그의 스승인 예수님을 팔아넘깁니다. 그의 이런 행동에 놀라지 않을 수 없습니다. 이것은 배반의 절정을 보여주는 대목입니다.

(2) 유다는 예수님을 얼마에 팔아넘깁니까?(마 26:15-16)

"은 삼십"

"내가 예수를 너희에게 넘겨 주리니 얼마나 주려느냐 하니 그들이 은 삼십을 달아 주거늘 그가 그 때부터 예수를 넘겨줄 기회를 찾더라"(마 26:15-16).

유다는 예수님을 이용해 이 세상에서 한 몫 잡아 떵떵거리며 살고픈 욕심을 가진 자로 오직 자신의 출세만을 위해 예수님을 따른 사람이었습니다. 그러나 자신의 생각과 예수님의 이상이 다른 것을 확인하자 예수님을 팔아넘깁니다. 유다는 예수님과 하나님의 나라를 자기 멋대로 생각하며 판단하고 있었습니다. 때가 되면 높은 자리에 앉아 있을 자신을 꿈꾸며 희망에 부풀어 있었는데 그 꿈이 깨진 것입니다. 그렇게 오랫동안 예수님 곁에 있었으면서도 예수님의 말씀을 이해하지 못했으며 자기 멋대로 해석하다가 결국 그 차이를 받아들이지 못하고 예수님 따르기를 포기한 것입니다.

» Application of Bible

주님을 배반한 유다의 비극적인 종말에 대해서 이야기해 봅시다.

유다도 베드로처럼 용서받을 수 있었을 것입니다. 예수님을 찾아가 용서를 빌 수도 있었을 것입니다. 그러나 유다는 양심의 가책은 느꼈으나 회개의 눈물은 흘리지 않았습니다. 예수님이 체포된 그날 밤 유다는 캄캄한 곳에서 숨어 지냈습니다. 이튿날 아침 예수님께 선고가 내려진 사실을 알고 유다의 마음은 슬펐습니다. 유다는 발걸음을 재촉하여 회당으로 들어가서 비탄에 잠겨 "내가 무죄한 피를 팔고 죄를 범하였도다"라고 말합니다. 대제사장들과 장로들은 "그게 우리에게 무슨 상관이 있느냐? 네가 당하라"고 조롱했습니다(마 27:3-4).

예수님과 교제하고 가르침을 받아 감동했던 죄인 유다는 죄책감음 느끼지 않을 수 없었습니다. 그러나 이것은 온전한 회개가 아니었습니다. 유다는 큰 나무가 서 있는 근처의 벼랑을 기억하고 있었습니다. 나뭇가지 너머로 밧줄을 던져 단단하게 잡아매고 밧줄의 한 쪽 끝은 목에 감아 매듭을 지은 후 낭떠러지로 껑충 뛰어서 자살로 생을 마감합니다. 후에 베드로가 말한 유다의 죽음은 "몸이 곤두박질하여 배가 터져 창자가 다 흘러 나왔다"(행 1:18)고 설명하고 있습니다.

유다의 비극에서 얻는 중요한 한 가지 교훈은 인간의 타락과 인간의 더러움은 우리의 마음속에서 싹트고 자라나기 때문에 오랫동안 다른 사람에게는 보이지 않고 숨겨질 수 있다는 사실입이다. 죄는 공개되기 전에 오랫동안 보이지 않고 가려질 수 있습니다.

» Tip of Bible

유다에 얽힌 그림 이야기

① 화가 엘 그레코(El Greco)는 교회로부터 사도 개개인의 초상화를 그려 달라는 부탁을 받았는데 유다는 비열한 인간이라고 생각했기에 따로 그리지 않았습니다. 배신 직전의 순간을 묘사하는 '겟세마네의 그리스도'라는 그림에서도 오른쪽 구석에 간신히 보일만큼 그려 넣기도 하였습니다.

② 한 화가가 예수님의 생애를 묘사하여 시실리 성당의 벽화를 그려 달라는 부탁을 받았습니다. 그리스도의 어린 시절을 그리기 위한 모델로 아주 적합한 순진무구한 열두 살짜리 아이를 발견하고 그를 그렸습니다. 몇 년 후 그 화가는 유다를 제외하고 모든 인물들을 완성했습니다. 그러나 유다에 알맞은 모델을 찾지 못해 고민하고 있었는데 어느 날 오후 화가가 앉아 있는 술집에 만취된 얼굴로 비틀거리며 한 사람이 들어왔습니다. 화가는 아직 그리지 않은 유다의 모델로 이 알코올 중독자를 선택하기로 작정했습니다. 화가는 그 사람을 성당으로 데리고 가서 비어 있는 벽을 가리키며 유다의 포즈를 취하여 달고 부탁했습니다. 그런데 이 부랑자는 흐느껴 울면서 "당신은 나를 기억하지 못합니까?" 하며 버럭 화를 냈습니다. 그는 그리스도의 어린 시절 그림을 가리키면서 "오래 전에 나는 저 아이의 모델이었습니다"라고 말했습니다.

TEEN TEEN POWER IN JESUS

청·소·년·핵·심·공·과

틴틴파워 인지저스 4권

신앙편

1단원 기도하는 그리스도인	제1과 기도란 무엇인가? | 제2과 왜 기도해야 할까? 제3과 어떻게 기도할까? | 제4과 항상 기도하라
2단원 QT란 무엇인가?	제5과 큐티란 무엇인가? | 제6과 왜 큐티해야 할까? 제7과 어떻게 큐티할까? | 제8과 큐티 활용하기
3단원 성경을 읽어요	제 9과 성경은 어떤 책인가요? | 제10과 성경의 저자는 하나님 제11과 성경을 암송해요 | 제12과 성경 읽기

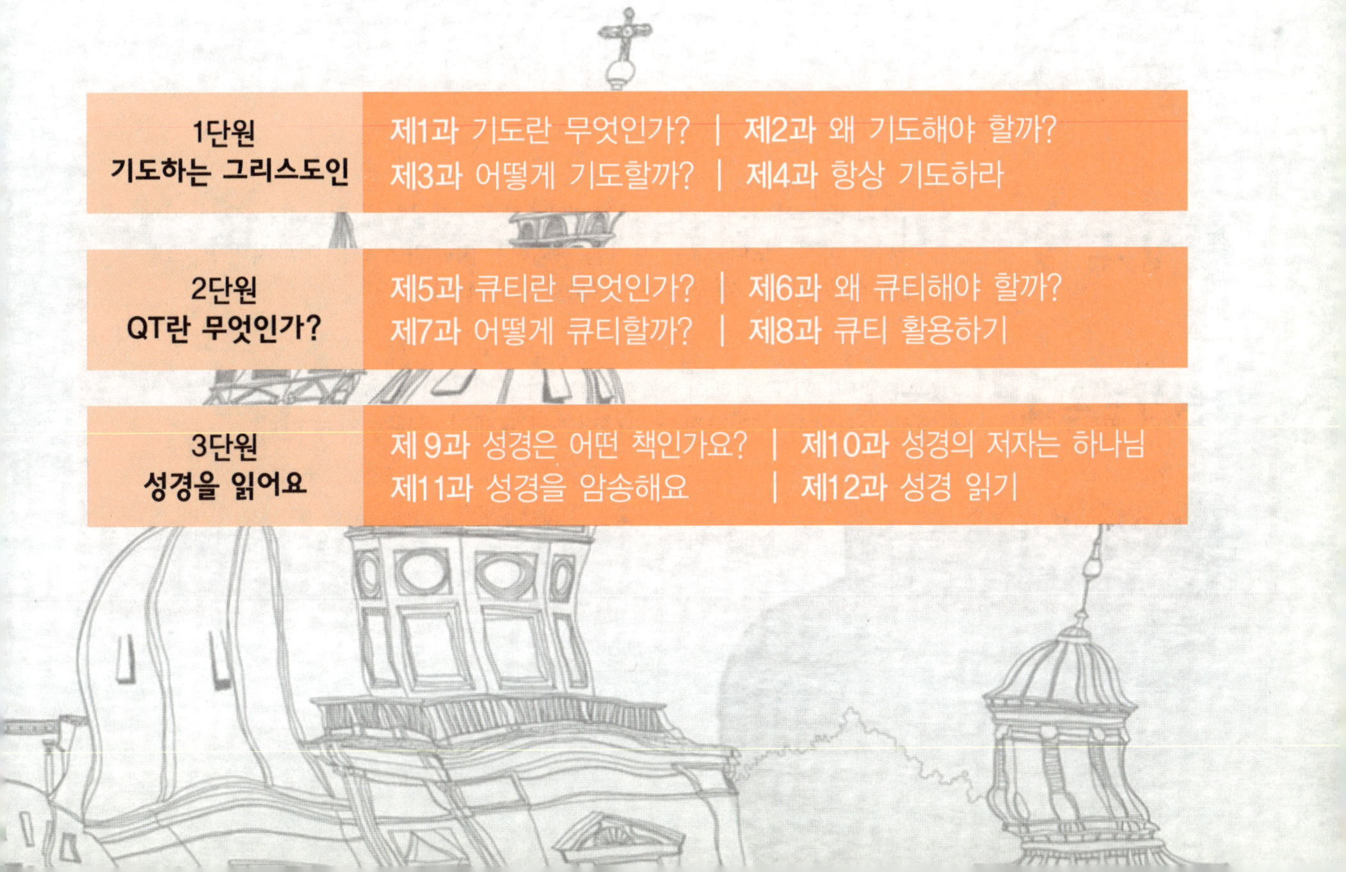

Introduce

단원주제	기도
단원해설	본 단원에서는 기도의 의미, 이유, 방법을 알고 이를 습관화시켜 흔들리지 않는 그리스도인으로 성장하게 합니다.
중심구절	"여호와께서는 자기에게 간구하는 모든 자 곧 진실하게 간구하는 모든 자에게 가까이 하시는도다. 그는 자기를 경외하는 자들의 소원을 이루시며 또 그들의 부르짖음을 들으사 구원하시리로다"(시 145:18-19).
단원학습목표	기도의 의미, 기도를 해야 하는 이유, 기도의 방법 등을 깨달아서 기도를 삶 속에서 습관화시키고 진정한 하나님과의 교제의 기쁨을 알게 한다.
단원핵심정리	기도를 통해 생활 속에서 힘을 얻고 흔들리지 않는 믿음의 사람으로 성장한다.

신앙편_ 1단원

기도하는 그리스도인

단원소개

그리스도인이 힘든 일을 겪으면서도 이것을 이길 수 있는 힘을 갖는 것은 바로 기도를 통해 하나님과 소통하고 위로를 받기 때문입니다. 청소년들에게 '기도는 그리스도인의 호흡이며 대화'임을 알게 하여 하나님과 관계를 맺고 하나님을 경험할 수 있도록 합니다. 본 단원을 통해 기도가 왜 생활화가 되어야 하는지를 인식하고 정해진 시간과 정해진 장소에서 쉬지 않고 기도하는 것이 어떤 유익이 있는지 알게 합니다. 그리하여 날마다 기도를 통해 하나님의 뜻을 이루고, 하루하루 하나님의 말씀을 성취하고 응답받는 놀라운 경험들을 할 것입니다.

신앙편

제1과 기도란 무엇인가?

학습목표 : 기도의 의미를 이해하고 기도를 실천한다.

중심진리 : 기도의 의미를 이해함으로 생활 속에서 흔들리지 않는 믿음의 사람으로 성장할 수 있다.

본문말씀 : 시편 145:18-19

본과를 소개합니다

이번 과에서는 청소년들의 신앙생활 중에 "큐티란 무엇인가"에 해당하는 영역으로 큐티의 바른 의미를 이해하고, 생활 속에서 청소년들이 세상의 철학이나 헛된 속임수로 살아가지 않고 오직 하나님의 말씀을 삶의 가치 기준으로 정립하여 바르고 건전한 청소년이 되는 데 그 목적이 있습니다. 그리스도인이면서 세상의 잘못된 문화에 길들여져 옳고 그름을 분별하지 못하는 청소년들에게 말씀을 통한 바른 가치 기준이 필요합니다. 본과를 통해 큐티의 의미를 이해하여 생활 속에서 말씀을 실천함으로 세상의 문화를 분별하고 뛰어넘는 기회가 되기를 바랍니다.

» Story of Life

기도하면 소원이 이루어집니다. 기도는 하나님이 우리에게 주신 선물이자, 특권입니다. 하나님은 하나님을 아는 사람이나, 하나님을 알지 못하는 사람, 모두에게 자연의 섭리를 통해 하나님을 알게 하시고 그 은혜를 누리게 하셨습니다. 하지만 하나님을 모르는 사람에게 허락하지 않으신 것이 한 가지 있습니다. 그것은 바로 '기도'입니다. 하나님을 모르는 사람들에게 하나님은 기도를 허락하지 않으셨습니다. 기도는 하나님을 아는 사람들만 가질 수 있는 특권입니다. 그리고 선물입니다. 그러나 많은 사람들이 이 선물을 받아 놓고도 풀어보지 않고, 하나님께 선물을 받은 것에만 초점을 맞춰 정작 하나님이 주신 선물의 특권을 제대로 사용하지 않고 살아가고 있습니다.

하나님을 모르는 사람들은 기도가 무엇인지 모르며, 기도를 왜 해야 하는지, 기도를 하면 어떤 일이 일어나는지 알지 못합니다. 기도는 오로지 하나님을 알고 하나님의 자녀 된 사람들만 할 수 있는 놀라운 선물입니다.

» Talk Talk about Life

기도의 의미

각자가 알고 있는 기도의 의미를 이야기해 봅니다.

기도는 그리스도인들의 특권 중 하나입니다. 하나님은 그리스도인들에게 기도를 통해 하나님과 깊은 교제를 가짐으로써 하나님과의 사랑의 관계를 가지길 원하십니다. 친구들끼리도 서로 만나서 대화를 하고 서로간의 마음을 나누며 필요를 채워주면서 기끼워지는 것처럼 하나님과의 관계도 대화를 통해서 마음을 열고 자신의 필요를 하나님께 아뢰며 깊은 관계를 맺어가는 것입니다.

기도는 하나님과 그리스도인이 교제를 하는 통로로써 자신의 생각, 상황, 소망 등을 하나님께 아뢰는 시간이라고 할 수 있습니다.

> 기도란 서로 사랑하는 두 사람 사이의 대화이다.
>
> -로잘린드 링커(Rosalind Rinker)-

하나님을 모르는 사람도 기도 응답을 받을 수 있나요?

하나님을 알지 못하는 사람은 기도 응답을 받을 수 없습니다. 기도는 하나님을 아버지로 모신 사람이 자신의 죄를 고백하고, 예수 그리스도로 말미암아 구원을 받아 하나님 아버지의 뜻대로 살겠다고 헌신한 사람들에게만 주어지는 특권입니다.

바른 기도를 하기 위해서는 몇 가지 조건이 필요합니다. 어떤 조건이 필요한지 이야기해 봅시다.

Tip 학생들에게 어려운 질문일 수 있습니다. 교사가 학생들의 생각의 범위를 좁혀주는 것이 좋습니다.

기도는 하나님의 뜻을 찾아가는 과정이라고 할 수 있습니다. 즉 자신이 구하고자 하는 기도의 내용이 하나님의 뜻에 합당한지 아닌지를 검토하는 과정이 필요합니다.

바른 기도를 하기 위해서는 먼저 '하나님의 뜻을 따라 구하는' 것이 필요합니다. "너희가 내 안에 거하고 내 말이 너희 안에 거하면 무엇이든지 원하는 대로 구하라 그리하면 이루리라"(요 15:7), "그를 향하여 우리가 가진 바 담대함이 이것이니 그의 뜻대로 무엇을 구하면 들으심이라"(요일 5:14). 또, 요한복음

16:24절에는 예수님의 이름으로 구할 것을 가르치고 있습니다. "지금까지는 너희가 내 이름으로 아무것도 구하지 아니하였으나 구하라 그리하면 받으리니 너희 기쁨이 충만하리라."

기도의 적절한 시간과 장소에 대해 이야기해 봅시다.

기도는 언제 어디서나 할 수 있습니다. 성경은 우리에게 말씀하고 있습니다. "쉬지 말고 기도하라"(살전 5:17). 이것은 우리의 삶 자체가 기도로 이루어져야 한다는 것입니다. 그럼에도 불구하고 우리는 특정한 장소와 시간에 모든 것으로부터 분리되어 전적으로 하나님과 기도하는 시간을 갖는 것이 필요합니다. "새벽 아직도 밝기 전에 예수께서 일어나 나가 한적한 곳으로 가사 거기서 기도하시더니"(막 1:35), "너는 기도할 때에 네 골방에 들어가 문을 닫고 은밀한 중에 계신 네 아버지께 기도하라 은밀한 중에 보시는 네 아버지께서 갚으시리라"(마 6:6). 기도를 위하여 가장 좋은 시간과 장소는 다른 어떤 것으로부터도 방해 받지 않고 하나님을 깊이 만날 수 있는 기회가 됩니다.

» Standard of Life

본문탐구

시 145:18-19 "여호와께서는 자기에게 간구하는 모든 자 곧 진실하게 간구하는 모든 자에게 가까이 하시는도다 그는 자기를 경외하는 자들의 소원을 이루시며 또 그들의 부르짖음을 들으사 구원하시리로다."

하나님은 우리에게 간구하는 모든 자들을 어떻게 하시겠다고 말씀하고 있습니까?

가까이 하시겠다고 말씀하십니다. 하나님을 경외하고 소망을 품으면 하나님은 반드시 그 소원을 이루어 주시며 부르짖음을 들으시고 우리를 구원하여 주십니다.

Tip 학생들에게 하나님은 반드시 인격적인 모습으로 학생들의 기도에 응답해 주시는 분이심을 알게 해 주어야 합니다. 기도 응답이 마치 요술램프의 '지니'처럼 학생들에게 인식이 된다면 믿음이 성장해 가는 과정에서 응답이 되지 않는 기도에 대해 혼란을 겪을 것이며, 기도 응답이 되지 않는 것에 대한 책임을 하나님께 돌릴 우려가 있습니다.

우리의 소원을 들으시고 부르짖음을 들으시는 분은 누구입니까?

우리의 소원을 들으시고 부르짖음을 들으시는 분은 여호와 하나님이십니다. 그 분은 스스로 계시는 분이며, 모든 피조물을 창조하신 창조주이시고, 온 세상의 질서를 운행하시는 경영자이십니다. 하나님은 그런 분이시기에 우리가 그분께 아뢸 수 있습니다.

» Change of Life

기도의 요소

기도에 필요한 요소가 있다면 무엇인지 나누어 봅시다.

기도에 필요한 요소로는 고백, 감사, 중보, 간구, 찬양 등이 있습니다. 기도로 하나님께 나아갈 때 하나님과의 관계를 방해하는 죄가 있으면 기도가 제대로 전달되지 않습니다. 따라서 하나님 앞에 정직하게 고백하는 일을 먼저 해야 합니다(시 66:18). 죄를 고백한 뒤 하나님께 용서받은 기쁨이 있거나 생활 속에서 감사의 부분을 찾을 때 우리는 감사할 수 있습니다(살전 5:18). 하나님께 구할 때 다른 사람들에 대한 필요를 함께 구하는 것 역시 그리스도인의 태도입니다. 우리 주위에 있는 모든 사람들이 우리가 기도해야 할 대상자입니다. 우리가 소원하는 바를 하나님께 아뢰거나 간구하는 것(요 15:7) 역시 기도의 요소라고 할 수 있으며, 하나님을 높이고 찬양하는 것 역시 기도에 필요한 요소라고 할 수 있습니다.

» Decision of Life

기도는 하나님이 우리에게 주신 선물이자, 특권입니다. 기도는 하나님을 아는 사람들만 할 수 있으며 하나님 안에서 우리의 소원을 이루는 것입니다. 우리가 하나님의 자녀임을 알고 하나님이 우리에게 무한한 복을 주신다는 사실을 알면 우리는 누구나 하나님이 주신 특권을 누릴 수 있습니다. 입을 벌려 하나님과 대화를 시작하면 됩니다. 그것이 기도의 시작입니다. 하나님은 시공간의 제한을 받지 않으시는 전능하신 분이시기에 우리가 하는 기도도 제한을 받지 않습니다. 이런 기도의 축복을 우리가 누리며 살아가야 할 것입니다.

또 기도는 관계성입니다. 하나님은 그리스도인들에게 기도를 통해 하나님과 깊은 교제를 가짐으로써 하나님과의 사랑의 관계를 가지길 원하십니다. 친구들끼리도 서로 만나서 대화를 하고 서로간의 마음을 알아주고 필요를 채워주면서 가까워지는 것처럼 하나님과의 관계도 대화를 통하고 자신의 필요를 하나님께 아뢰면서 하나님과의 깊은 관계를 맺어가는 것입니다.

신앙편

제2과 왜 기도해야 할까?

학습목표 : 기도해야 하는 이유를 깨닫고 기도를 실천한다.

중심진리 : 기도해야 하는 이유를 알고 기도를 실천함으로 믿음의 사람으로 성장할 수 있다.

본문말씀 : 빌립보서 4:6-7

본과를 소개합니다

이번 과에서는 청소년들의 신앙생활 중에 "기도의 이유"에 해당하는 영역으로 기도를 해야 하는 이유를 알고, 기도를 통해 하나님의 사람으로 변화되어 가는 데 그 목적이 있습니다. 이 과를 통해 청소년들에게 "기도는 그리스도인의 호흡이며 하나님과의 대화"임을 알게 하여 하나님과 관계를 맺고 하나님을 경험할 수 있도록 할 것입니다. 본과를 통해 기도에 대한 동기부여를 분명히 한다면 청소년 시기부터 하나님의 마음과 뜻을 알고 자신의 인생을 예수님과 동행하는 출발점으로 삼는 좋은 기회가 될 것입니다.

» Story of Life

기도하지 않는 기독교인의 유형

바쁘다 형 : 할 일이 많아 기도할 시간이 없다고 생각하는 사람

망설임 형 : 기도를 해야 한다고 말만 하면서 기도를 하지 않는 사람

포기 형 : 한두 번 기도해보다가 그만 두는 사람

천하태평 형 : 하나님이 알아서 해주신다고 하며 기도하지 않는 사람

넋두리 형 : 자신의 신세타령만 하다가 기도를 끝내는 사람

과시 형 : 대중기도는 유창하게 잘 하지만 실제로는 기도 생활을 안 하는 사람

자기핑계 형 : 기도는 아무나 하나? 하면서 이 핑계, 저 핑계로 기도하지 않는 사람

의심 형 : 기도 응답에 대한 자신이 없어 기도하지 않는 사람

게으름 형 : 기도하기를 간절히 원하지만 게을러서 기도를 못하는 사람

무지 형 : 어떻게 기도하는지를 몰라 기도하지 않는 사람

(출처 : 「기도훈련학교」, 교회성장연구소)

» Talk Talk about Life

기도해야 하는 이유

자신이 일정한 시간과 장소에서 기도하고 있지 않다면 [Story of Life]의 유형 중에 어디에 속하는지 이야기해 봅니다.

아마도 거의 대부분의 사람들이 위의 유형에 속하지 않을까 생각이 됩니다. 간혹 학생들 중에는 자신은 위의 유형 중에 어느 곳에도 속하지 않는다고 한다면 그 의견을 존중해주고 자신에게 속하는 유형을 발표하는 학생들을 중심으로 왜 그렇게 생각하는지, 해결 방법은 무엇인지를 함께 나누어 봅니다. 그리고 다음 시간에 변화된 모습은 있었는지 반드시 확인을 하고 피드백을 해 봅니다.

왜 우리가 기도해야 하는지 이유를 발표해 봅시다.

1과를 제대로 공부한 학생이라면 우리가 기도를 해야 하는 이유에 대해서 '하나님과의 대화'이며, 하나님과의 관계성이고, 우리의 바람을 이루기 위해서 기도를 해야 한다고 이야기할 것입니다. 이번 과에서 이것을 좀 더 구체적으로 살펴보면 다음과 같습니다.

우리는 하나님께로부터 기도를 하도록 지음을 받았기 때문입니다. 기도는 그리스도인의 본분이며 하나님과 관계를 맺는 가장 기본입니다. 하나님을 모르는 사람들은 기도하지 않습니다.

기도는 하나님의 온전하신 뜻이고 하나님의 명령입니다. "쉬지 말고 기도하라 범사에 감사하라 이것이 그리스도 예수 안에서 너희를 향하신 하나님의 뜻이니라"(살전 5:17-18). 하나님이 우리에게 원하시는 것은 하나님과의 사랑의 관계를 유지하는 것입니다.

기도는 그 자체가 능력입니다. "이르시되 기도 외에 다른 것으로는 이런 종류가 나갈 수 없느니라 하시니라"(막 9:29). 기도는 그 자체가 능력입니다. 기도가 인격 그 자체는 아니지만 하나님의 약속이기 때문에 우리는 기도를 통해 하나님의 역사와 능력을 경험할 수 있습니다. 기도는 죄를 이길 수 있는 능력, 병을 치유하는 능력, 문제를 해결하는 능력(용서, 치유, 회복), 귀신을 쫓아내는 능력을 가지고 있습니다.

기도는 우리가 유혹에 빠지지 않기 위해 합니다.

Tip 이외에도 우리는 얼마든지 기도를 해야 하는 이유에 대해 이야기할 수 있습니다. 어떤 이야기가 나와도 학생들의 의견을 존중해 주고 지지해 줍니다.

당신이 기도할 때, 당신은 가장 실제적이고 개인적인 방법으로 하나님을 알게 된다. 그 분의 생각, 그 분의 뜻, 그 분의 성품을 알게 된다. 하나님을 알게 되면 지루한 삶은 흥미 진지한 삶이 되고, 의심 많은 삶은 확신에 찬 삶이 되며, 소심한 삶은 담대한 삶이 되고, 방황하는 삶은 목적을 가진 삶이 된다.

-찰스 스탠리-

» Standard of Life

본문탐구

기도 응답의 결과로 아들을 낳은 한나의 기도는 무엇이었습니까?(삼상 2:1-2)

"한나가 기도로 아뢰었다. 주님께서 나의 마음에 기쁨을 가득 채워 주셨습니다. 이제 나는 주님 앞에서 얼굴을 들 수 있습니다. 원수들 앞에서도 자랑스럽습니다. 주님께서 나를 구하셨으므로 내 기쁨이 큽니다. 주님과 같으신 분은 없습니다. 주님처럼 거룩하신 분은 없습니다. 우리 하나님 같은 반석은 없습니다"(삼상 2:1-2, 표준새번역).

한나는 사무엘상 1장에서 아기를 낳지 못하는 것과 브닌나로 인해 심한 괴로움을 당하고 힘들어 합니다. 하지만 그녀의 애절한 기도에 하나님이 그녀를 기억하고 복 주심으로 아들을 낳게 됩니다. 사무엘상 1장은 한나가 하나님께 기도하는 데 있어서 충분한 이유가 되었습니다.

예수님은 우리에게 어떤 기도의 모습을 원하셨습니까?(빌 4:6-7)

"아무것도 염려하지 말고 다만 모든 일에 기도와 간구로 너희 구할 것을 감사함으로 하나님께 아뢰라 그리하면 모든 지각에 뛰어난 하나님의 평강이 그리스도 예수 안에서 너희 마음과 생각을 지키시리라"(빌 4:6-7).

우리가 기도해야 하는 이유가 여기에 있습니다. 하나님은 그 자녀들에게 하나님이 주시는 평강이 그리스도 예수 안에서 너희의 마음과 생각을 지킬 것이니 너희는 아무것도 걱정하거나 염려하지 말고 감사한 마음으로 기도를 하라고 말씀하고 있습니다.

» Change of Life

기도 따라가기

기도는 우리의 호흡이며 하나님과의 대화라고 말합니다. 그 이유가 무엇일까요?

사람들은 하나님과 떨어져서는(단절) 한 순간도 살아갈 수 없습니다. 우리가 하나님과 상관없이 숨을 쉬고 있다고 해서 생명을 가지고 살고 있다고 볼 수 없습니다. 우리의 삶이 하나님과 상관이 없거나 관계가 단절되어 있다면 그것은 죽은 것과 마찬가지입니다. 우리는 하나님과 관계를 맺을 때, 그 분의 뜻을 알고 실천할 때, 하나님을 통해 자신의 본분을 기억할 때 생명을 가지고 살아있음을 느낄 수 있는 것입니다. 그런 의미로 기도는 그리스도인의 호흡과 마찬가지라고 할 수 있습니다. 기도하지 않으면 하나님의 뜻을 온전히(기도하지 않아도 하나님의 봉사와 사역을 할 수 있지만 그것은 온전한 의미로 봉사와 사역이라고 할 수 없습니다. 하나님의 봉사와 사역은 기도를 전제할 때 가능한 것입니다) 알 수 없습니다. 그런 의미로 기도는 우리의 호흡이라고 할 수 있습니다.

기도는 하나님과의 관계성이지 교회를 다니는 사람들의 종교 활동이 아닙니다. 우리는 기도를 통해 하나님을 만날 수 있으며 하나님의 능력을 경험할 수 있습니다.

우리가 기도를 통해 하나님을 찾을 때 어떤 일이 벌어지게 됩니까?

Tip 학생들에게 추상적인 질문이 된다면 교사가 대답의 방향을 잡아주어도 좋습니다. 교재 「하나님을 경험하는 삶」(요단)을 기초로 하여 열거해 봅니다.

우리가 하나님께 기도를 한다면 그것은 우리 안에 성령님이 우리에게 기도하고 싶도록 만들고 계신 것입니다. 우리가 기도를 시작하면 하나님이 말씀을 근거로 하나님의 뜻을 계시하십니다. 그러면 우리는 성령님 안에서 하나님의 뜻과 일치되도록 구체적으로 기도하게 되며 우리의 가치관과 생활의 습관을 하나님이 기뻐하시는 쪽으로 조정하게 됩니다. 우리는 이러한 과정을 통해 하나님의 역사 속에 있게 되며 하나님의 마음을 알게 되고 하나님을 경험하게 됩니다.

» Decision of Life

우리가 기도를 해야 하는 이유는 하나님과의 대화이며, 하나님과의 관계성이고, 우리의 바람을 이루기 위해서 입니다. 우리는 하나님께로부터 기도를 하도록 지음을 받았기 때문에 기도를 하는 것입니다. 기도는 그리스도인의 본분이며 하나님과 관계를 맺는 가장 기본입니다. 하나님을 모르는 사람들은 기도하지 않습니다.

기도는 하나님의 온전하신 뜻이고 하나님의 명령입니다. 하나님이 우리에게 원하시는 것은 하나님과의 사랑의 관계를 유지하는 것입니다. 기도는 그 자체가 능력입니다. 기도가 인격 그 자체는 아니지만 하나님의 약속이기 때문에 우리는 기도를 통해 하나님의 역사와 능력을 경험할 수 있습니다. 기도는 죄를 이길 수 있는 능력, 병을 치유하는 능력, 문제를 해결하는 능력(용서, 치유, 회복), 귀신을 쫓아내는 능력을 가지고 있습니다.

제3과 어떻게 기도할까?

학습목표 : 기도의 방법을 알게 하여 하나님과의 교제의 기쁨을 알게 한다.
중심진리 : 기도를 통해 하나님과 동행하는 사람으로 성장할 수 있다.
본문말씀 : 마태복음 6:9-13

본과를 소개합니다

이번 과에서는 청소년들의 신앙생활 중에 "기도의 방법"에 해당하는 영역으로 기도의 다양한 형태를 이해하고, 생활 속에서 청소년들이 환경과 상황에 맞게 기도를 해봄으로 하나님과의 교제의 기쁨을 알게 하는 데 그 목적이 있습니다. 본과를 통해 기도의 종류와 방법을 이해하여 생활 속에서 기도를 실천함으로 기도를 통해 얻는 감격을 누리는 기회가 되기를 바랍니다.

» Story of Life

후안 까를로스 오르띠즈 목사님의 "우리 기도의 대부분은 하늘나라에서 잡동사니 우편물처럼 취급당합니다" 중에 나오는 대목입니다. 읽고 기도에 대해 다시 한 번 생각하시기 바랍니다.

나는 주님의 내주하심을 다음과 같이 느끼며 삽니다. 나는 매일 아침 일어나서는 침실에서 나가기 전에 "안녕하세요. 예수님?" 하고 인사를 드립니다.

주님은 "안녕 잘 잤느냐?"라고 물으십니다.

"예, 아주 잘 잤습니다."

"그렇다면 일어나려무나."

"아! 10분만 더 자고 일어나겠습니다."

"만약 지금 일어나면 운동도 하고 서두르지 않고도 아침을 먹을 수 있잖니? 자, 이제 그만 일어나거라."

나는 일어나 샤워를 하면서 "주님! 제가 저의 몸을 깨끗이 씻듯이 주님은 저의 몸 안을 깨끗이 씻어 주십시오"라고 말합니다.

그러면 주님은 이렇게 말씀하십니다. "그래, 정말로 네게는 그것이 필요하다."

내가 목욕을 끝마치면 주님은 나에게 말씀하십니다. "욕조를 청소하고 바닥에 흘린 물을 닦으려무나." 나는 "그런 것은 엄마가 나중에 할 수 있습니다." "그것을 네 스스로 해서 훌륭한 자녀가 되어라"

여러분은 이와 같은 음성을 들은 적이 있습니까?

» Talk Talk about Life

기도의 종류

[Story of Life]의 글을 읽고 드는 생각을 나누어 봅시다.

위와 같은 현상이 기도하는 모든 사람들의 보편적인 모습이라고 볼 수 없지만 기도의 의미와 방법 등 기도에 대해 좀 더 친숙하게 생각할 수 있는 면도 있습니다. 단, 너무 인위적으로 자기 스스로 문답을 만들거나 '하나님이 이렇게 말씀하실 것이다' 라는 추측은 잘못된 신앙으로 빠질 수 있습니다. 자신의 감정에 치우쳐 하나님의 말씀을 예상하기보다 말씀에 근거해서 감동이나 은혜를 받고 거기에 헌신할 때 우리는 하나님과 동행하는 삶을 살게 될 것입니다.

삼상 2:1-11, 살전 3:9-10절을 통해 알 수 있는 기도의 모습은 무엇인가요?

"감사의 기도"

"한나가 기도하여 이르되 내 마음이 여호와로 말미암아 즐거워하며 내 뿔이 여호와로 말미암아 높아졌으며 내 입이 내 원수들을 향하여 크게 열렸으니 이는 내가 주의 구원으로 말미암아 기뻐함이니이다"(삼상 2:1).
"우리가 우리 하나님 앞에서 너희로 말미암아 모든 기쁨으로 기뻐하니 너희를 위하여 능히 어떠한 감사로 하나님께 보답할까 주야로 심히 간구함은 너희 얼굴을 보고 너희 믿음이 부족한 것을 보충하게 하려 함이라"(살전 3:9-10).

하나님이 기도를 듣고 응답하신다는 것을 지식으로 아는 것과 그것을 우리 자신이 직접 경험하는 것은 엄청난 차이입니다. 내가 무엇을 위해 기도하고 창조주 하나님이 그것을 응답해 주신다는 것은, 생각만 해도 감격스러운 일이며 중단할 수 없는 기쁜 일입니다. 우리에게 생명을 갖고 살아있는 것, 하나님을 아는 것, 우리가 부를 때 하나님이 응답하시는 것 이 모두가 감사의 제목이 됩니다.

창 24:12, 렘 32:17, 왕상 3:9절을 통해 알 수 있는 기도의 모습은 무엇인가요?

"간구의 기도"

"그가 이르되 우리 주인 아브라함의 하나님 여호와여 원하건대 오늘 나에게 순조롭게 만나게 하사 내 주인 아브라함에게 은혜를 베푸시옵소서"(창 24:12).
"슬프도소이다 주 여호와여 주께서 큰 능력과 펴신 팔로 천지를 지으셨사오니 주에게는 할 수 없는 일이 없으시니이다"(렘 32:17).
"누가 주의 이 많은 백성을 재판할 수 있사오리까 듣는 마음을 종에게 주사 주의 백성을 재판하여 선악을 분별하게 하옵소서"(왕상 3:9).

무엇인가를 성취하기 위해 기도하는 것이 어색할지 모르지만 아브라함의 종은 그렇게 생각하지 않았습니다. 그는 그가 이루어야 할 과제를 하나님께 맡겨 드림으로 하나님이 역사하시도록 했습니다. 그리고 우리는 절망 가운데 소망이 필요할 때마다 신실하신 하나님께 간구할 수 있습니다. 우리는 살다보면 때로 옳고 그름의 경계선이 모호할 때가 있습니다. 그럴 때 우리는 바른 길을 갈 수 있도록 하나님께 간구합니다.

창 18:24-25, 빌 1:9-10절을 통해 알 수 있는 기도의 모습은 무엇인가요?

"중보의 기도"

"그 성 중에 의인 오십 명이 있을지라도 주께서 그곳을 멸하시고 그 오십 의인을 위하여 용서하지 아니하시리이까, 주께서 이같이 하사 의인을 악인과 함께 죽이심은 부당하오며 의인과 악인을 같이 하심도 부당하니이다 세상을 심판하시는 이가 정의를 행하실 것이 아니니이까"(창 18:24-25).
"내가 기도하노라 너희 사랑을 지식과 모든 총명으로 점점 더 풍성하게 하사 너희로 지극히 선한 것을 분별하며 또 진실하여 허물 없이 그리스도의 날까지 이르고"(빌 1:9-10).

여러분은 주변 사람들이 하나님의 넘치는 사랑을 누리도록 얼마나 자주 기도합니까? 여러분은 그 사람들이 넘치는 지혜와 분별력과 사랑을 가지도록 중보할 수 있습니다. 그리스도인으로서 우리는 종종 우리가 아는 사람들을 위해 하나님께 부르짖어야만 할 것 같은 부담을 느낍니다.

스 9:6, 욥 42:2, 6절을 통해 알 수 있는 기도의 모습은 무엇인가요?

"회개의 기도"

"말하기를 나의 하나님이여 내가 부끄럽고 낯이 뜨거워서 감히 나의 하나님을 향하여 얼굴을 들지 못하오니 이는 우리 죄악이 많아 정수리에 넘치고 우리 허물이 커서 하늘에 미침이니이다"(스 9:6).
"주께서는 못 하실 일이 없사오며 무슨 계획이든지 못 이루실 것이 없는 줄 아오니, 그러므로 내가 스스로 거두어들이고 티끌과 재 가운데에서 회개하나이다"(욥 42:2, 6).

에스라는 하나님 앞에서 얼굴을 드는 것조차 부끄럽고, 낯이 뜨겁다고 회개를 합니다. 욥은 하나님을 의심한 죄를 회개하고 있습니다.

삿 5:3, 31, 삼하 22:2-4절을 통해 알 수 있는 기도의 모습은 무엇인가요?

"찬양의 기도"

"너희 왕들아 들으라 통치자들아 귀를 기울이라 나 곧 내가 여호와를 노래할 것이요 이스라엘의 하나님 여호와를 찬송하리로다. 여호와여 주의 원수들은 다 이와 같이 망하게 하시고 주를 사랑하는 자들은 해가 힘 있게 돋음 같게 하시옵소서 하니라"(삿 5:3,31).
"이르되 여호와는 나의 반석이시오, 나의 요새시요 나를 위하여 나를 건지시는 자시요 내가 피할 나의 반석의 하나님이시요 나의 방패시요 나의 구원의 뿔이시요 나의 높은 망대시요 그에게 피할 나의 피난처시요 나의 구원자시라 나를 폭력에서 구원하셨도다 내가 찬송 받으실 여호와께 아뢰리니 내 원수들에게서 구원을 받으리로다"(삼하 22:2-4).

사 58:6절을 통해 알 수 있는 기도의 모습은 무엇인가요?

"금식의 기도"

"내가 기뻐하는 금식은 흉악의 결박을 풀어 주며 멍에의 줄을 끌러 주며 압제 당하는 자를 자유하게 하며 모든 멍에를 꺾는 것이 아니겠느냐"(사 58:6).

» Standard of Life

본문탐구

주기도문 속에 나타난 기도의 원리를 나누어 보세요.

①"하늘에 계신 우리 아버지여 이름이 거룩히 여김을 받으시오며"

하나님의 이름을 찬양

모든 기도의 출발은 하나님을 찬양하고 그 분을 인정하여 드리는 것에서 시작됩니다.

②"나라가 임하시오며 뜻이 하늘에서 이루어진 것 같이 땅에서도 이루어지이다."

하나님의 나라를 간구함

하나님이 다스리는 나라, 그 나라가 확정되어 가는 것을 우리는 먼저 구해야 합니다.

③"오늘 우리에게 일용할 양식을 주시옵고"

하나님의 복을 간구함

하나님은 우리의 모든 필요를 채우시는 분입니다. 부족함이 없으신 그분께 영적, 육체적 공급을 받아야 합니다.

④"우리가 우리에게 죄지은 자를 사하여 준 것 같이 우리 죄를 사하여 주시옵고"

하나님의 용서를 구함

용서는 모든 관계회복의 시작입니다.

⑤"우리를 시험에 들게 하지 마시옵고 다만 악에서 구하시옵소서"

하나님의 보호하심을 구함

하나님을 믿는다고 만사가 형통만 할 수는 없습니다. 그리스도인들도 얼마든지 시험에 들 수 있고 아골의 골짜기를 다닐 수 있습니다. 중요한 것은 우리가 시험에 들지 않고 어둠의 골짜기를 다니지 않도록 하나님의 보호하심을 구하는 것입니다.

⑥"나라와 권세와 영광이 아버지께 영원히 있사옵나이다. 아멘"

하나님의 영광을 선포함

주기도문은 하나님을 찬양하는 것으로 시작해서 하나님을 찬양하는 것으로 끝맺음됩니다. 이것이 우리의 본분이며 우리가 살아가는 이유입니다.

> 기도 생활을 깊어지게 하려면 어떻게 해야 하는지 알고 싶은가? 기도하라. 기도하려고 준비하지 말라. 그냥 기도하라. 기도에 대한 책을 읽지 말라. 그냥 기도하라. 기도에 관한 강연에 참석하지도 말 것이며 기도에 관한 토론에 가담하지도 말라. 그냥 기도하라
>
> –맥스 루케이도–

» Change of Life

기도 노트 작성하기

기도제목들을 서로 나누어 봅시다.

날 짜	내 용	중요도 및 응급	응답 날짜	비고
10.04.07	이번 주 '은혜의 밤'에 친구 000을 전도해서 데리고 가게 해주세요.	A	10.04.11	

다양한 기도의 방법들입니다. 빈칸을 채워 보세요.

- 대하 20:9 ________________ (부르짖음)
- 딤전2:8 ________________ (손을 듦)
- 눅 22:41-42 ________________ (무릎을 꿇음)
- 삼하 7:18 ________________ (앉아서 기도함)
- 출 34:8-9 ________________ (엎드림)
- 히 5:7 ________________ (통곡과 눈물)
- 욜 2:13 ________________ (마음을 찢음)

♣ **대하 20:9** "만일 재앙이나 난리나 견책이나 전염병이나 기근이 우리에게 임하면 주의 이름이 이 성전에 있으니 우리가 이 성전 앞과 주 앞에 서서 이 환난 가운데에서 주께 **부르짖은즉** 들으시고 구원하시리라 하였나이다."

♣ **딤전 2:8** "그러므로 각처에서 남자들이 분노와 다툼이 없이 거룩한 **손을 들어** 기도하기를 원하노라."

♣ **눅 22:41-42** "그들을 떠나 돌 던질 만큼 가서 **무릎을 꿇고** 기도하여 이르시되 아버지여 만일 아버지의 뜻이거든 이 잔을 내게서 옮기시옵소서 그러나 내 원대로 마시옵고 아버지의 원대로 되기를 원하나이다 하시니."

♣ **삼하 7:18** "다윗 왕이 여호와 앞에 들어가 **앉아서** 이르되 주 여호와여 나는 누구이오며 내 집은 무엇이기에 나를 여기까지 이르게 하셨나이까."

♣ **출 34:8-9** "모세가 급히 땅에 **엎드려 경배하며** 이르되 주여 내가 주께 은총을 입었거든 원하건대 주는 우리와 동행하옵소서 이는 목이 뻣뻣한 백성이니이다 우리의 악과 죄를 사하시고 우리를 주의 기업으로 삼으소서."

♣ **히 5:7** "그는 육체에 계실 때에 자기를 죽음에서 능히 구원하실 이에게 **심한 통곡과 눈물**로 간구와 소원을 올렸고 그의 경건하심으로 말미암아 들으심을 얻었느니라."

♣ **욜 2:13** "너희는 옷을 찢지 말고 **마음을 찢고** 너희 하나님 여호와께로 돌아올지어다 그는 은혜로우시며 자비로우시며 노하기를 더디하시며 인애가 크시사 뜻을 돌이켜 재앙을 내리지 아니하시나니."

» Decision of Life

하나님이 기도를 듣고 응답하신다는 것을 지식으로 아는 것과 그것을 우리 자신이 직접 경험하는 것은 엄청난 차이입니다. 내가 무엇을 위해 기도하고 창조주 하나님이 그것을 응답해 주신다는 것은, 생각만 해도 감격스러운 일이며 중단할 수 없는 기쁜 일입니다. 우리가 생명을 갖고 살아있는 것, 하나님을 아는 것, 우리가 부를 때 하나님이 응답하시는 것 이 모두가 감사의 모습이 됩니다.

때로는 우리가 무엇인가를 성취하기 위해 기도하는 것이 어색할지 모르지만 아브라함의 종은 그렇게 생각하지 않았습니다. 그는 그가 이루어야 할 과제를 하나님께 맡겨 드림으로 하나님이 역사하시도록 했습니다. 그리고 우리는 절망 가운데 소망이 필요할 때마다 신실하신 하나님께 간구할 수 있습니다.

신앙편

제4과 항상 기도하라

학습목표 : 기도의 생활화가 세상의 유혹에서 이기는 길임을 알게 한다.

중심진리 : 기도의 생활화를 통해 흔들리지 않는 굳건한 믿음을 가진 사람으로 성장할 수 있다.

본문말씀 : 누가복음 22:39-40

본과를 소개합니다

이번 과에서는 청소년들의 신앙생활 중에 "기도의 습관"에 해당하는 영역으로 기도가 왜 생활화가 되어야 하는지를 인식하고 정해진 시간과 정해진 장소에서 쉬지 말고 기도하는 것이 어떤 유익이 있는지 알게 하는 데 목적이 있습니다. 날마다의 기도를 통해 하나님의 뜻을 이루고, 하루하루 하나님의 말씀을 성취하고 응답받는 놀라운 경험들을 할 것입니다. 본과를 통해 기도를 습관화시켜 세상에서 자신을 스스로 지키는 다니엘 같은 기도의 사람이 되는 기회가 되기를 바랍니다.

» Story of Life

한 유명한 목회자가 영국을 여행하던 중에 감리교단을 세운 요한 웨슬리의 생가와 집무실을 둘러보게 되었습니다. 그는 요한 웨슬리 목사님이 평소 자주 기도하시던 방에 들어가서는 마룻바닥에 쥐구멍 같은 것이 두 개가 나란히 있는 것을 발견했습니다. 목회자는 그 집 안내자에게 질문을 했습니다.

"저것이 무슨 구멍입니까?"

그 집 안내자가 다시 물었습니다.

"당신 생각에는 무슨 구멍 같습니까?"

"글쎄요, 모르겠는데요, 혹시 쥐구멍 아닌가요?"

"아닙니다. 저것은 요한 웨슬리의 기도 흔적입니다."

얼마나 기도를 열심히 했던지 무릎을 꿇고 기도하는 마룻바닥에 쥐구멍 같은 구멍이 뚫려 있었던 것입니다.

설명을 들은 그 목회자는 너무 부끄러워 쥐구멍에라도 들어가고 싶었습니다.

요한 웨슬리(Rev. John Wesley, 1703~1791)는 감리교의 창시자이자 영국 성공회 성직자이다. 1703년 7월 17일 링컨셔 주 에프워스(Epworth)에서 성공회 사제인 새뮤얼 웨슬리(Rev. Samuel Wesley)의 아들로 태어났다. 새뮤얼 웨슬리는 40년간 교구 일을 맡아 본 성실한 성직자였으며, 자녀들의 교육문제에도 관심이 많았다. 그의 어머니 수산나는 헬라어, 라틴어, 프랑스어에 능통할 만큼 빈틈없는 학문 실력으로 19남매를 직접 가르쳤으며, 아이들의 규칙적인 생활과 기도를 위해 힘썼다.

» Talk Talk about Life

기도의 습관

꾸준히 기도합니까? 아니면 그때 그때 필요에 따라 기도합니까? 왜 그렇게 합니까?

기도 생활에 본이 되었던 사람은 누구입니까?

신앙생활에 누구든지 본이 된 사람이 있다는 것은 그만큼 관심이 있고 노력하고 있다는 것입니다. 본이 될 만한 믿음의 사람을 찾아보게 하고 그 사람을 본받도록 유도하는 것도 좋은 방법입니다.

평소 기도생활이 어떠한지 정직하게 체크해 보세요. (○, ×, △)

(1) 기도로 하루를 시작하고 기도로 하루를 마무리를 한다. ( )
(2) 주어진 일을 시작하기 전에 기도하는 시간을 갖는다. ( )
(3) 예배 중에 기도 시간이 되면 적극적으로 기도에 동참한다. ( )
(4) 평소 기도생활에 도움이 되는 서적들을 즐겨 읽는다. ( )
(5) 학교생활이나 가족 내에 어려운 문제가 생기면 기도가 더욱 간절해진다. ( )
(6) 평소 기도할 때 구체적으로 제목을 정하여 기도한다. ( )
(7) 일정한 시간과 장소를 정해두고 기도하는 편이다. ( )
(8) 다른 이들을 위해 중보기도 하는 것에 관심을 기울인다. ( )
(9) 새벽기도, 철야기도 등 각종 기도회에 열심히 참석한다. ( )
(10) 기도할 때 기도 노트를 활용한다. ( )

Tip 위와 같은 척도에서는 청소년들에게 O가 몇 개이고, ×가 몇 개인지는 중요하지 않습니다. 다만 각 교회의 상황과 교사의 재량에 맞게 기도의 중요성과 기도의 습관을 이야기하면 좋을 듯합니다. 위와 같은 척도를 가지고 학생들에게 과제로 내고 다음 시간에 확인하는 것도 좋은 방법입니다.

» Standard of Life

본문탐구

하나님의 아들이신 예수님도 습관을 따라 기도하셨습니다. 그 이유가 무엇일까요?(눅 22:39-40)

"예수께서 나가사 습관을 따라 감람산에 가시매 제자들도 따라갔더니 그 곳에 이르러 그들에게 이르시되 유혹에 빠지지 않게 기도하라 하시고"(눅 22:39-40).

하나님의 아들이셨던 예수님도 기도를 게을리 하지 않으셨습니다. 예수님은 하나님께 드리는 기도를 대화의 통로로 삼으셨습니다. 그래서 예수님은 항상 기도를 쉬지 않으셨고(살전 5:17-18), 제자들에게도 유혹에 빠지지 않기 위해 깨어 기도하라고 말씀하고 있습니다. "시험에 들지 않게 깨어 기도하라 마음에는 원이로되 육신이 약하도다 하시고"(마 26:41), "이러므로 너희는 장차 올 이 모든 일을 능히 피하고 인자 앞에 서도록 항상 기도하며 깨어 있으라 하시니라"(눅 21:36).

다음 성경을 통해 우리가 공통적으로 알 수 있는 것은 무엇입니까? 그리고 그 결과는 무엇입니까?(단 6:10; 빌 1:3-4; 골 1:9)

"다니엘이 이 조서에 왕의 도장이 찍힌 것을 알고도 자기 집에 돌아가서는 윗방에 올라가 예루살렘으로 향한 창문을 열고 전에 하던 대로 하루 세 번씩 무릎을 꿇고 기도하며 그의 하나님께 감사하였더라"(단 6:10).
"내가 너희를 생각할 때마다 나의 하나님께 감사하며 간구할 때마다 너희 무리를 위하여 기쁨으로 항상 간구함은"(빌 1:3-4).
"이로써 우리도 듣던 날부터 너희를 위하여 기도하기를 그치지 아니하고 구하노니 너희로 하여금 모든 신령한 지혜와 총명에 하나님의 뜻을 아는 것으로 채우게 하시고"(골 1:9).

다니엘은 정해진 시간에 했던 기도를 그치지 않아서 모함을 받아 사자굴 속에 던져지지만 하나님께 구원을 받았고, 사도 바울 역시 교인들을 생각할 때마다 기도했으며, 교인들의 소식을 들으면서 그들을 향한 기도를 그치지 않았습니다.

살전 5:17-18절의 빈칸에 답을 적고 그 의미를 나누어 보세요.

"(쉬지 말고 기도하라), 범사에 감사하라 이것이 그리스도 예수 안에서 너희를 향하신 하나님의 뜻이니라."

쉬지 않고 기도하는 것은 우리를 향하신 하나님의 뜻이라고 말씀하고 있습니다. 우리 자신을 세상에서부터 스스로 지키고 하나님의 뜻을 이루기 위해서는 습관처럼 기도해야 합니다.

» Change of Life

기도습관 들이기

기도 서약문을 작성하고 친구들 앞에서 서약문대로 기도할 것을 약속해 봅시다.

기도 서약문

하나님은 (   )의 삶을 통해 영광을 받으시길 원하시며, (   )는 하나님과의 사랑의 관계를 위해 매일 하나님과 만남의 시간을 (   )에서 (   ) 동안 가질 것을 서약합니다.

2010. . .

이름 ____________________ 사인

기도 도우미(교사) ____________________

Tip 기도 서약문이 어떻게 보면 무의미하게 보일지 모르지만 이 서약문을 통해 학생들로 하여금 다시 한 번 기도에 대해 동기부여와 기도의 중요성을 강조할 수 있는 기회가 될 것입니다. 교사는 학생들이 기도가 습관이 될 때까지 성경공부 전에 확인하는 시간을 가지시기 바랍니다.

기도의 습관을 갖는 것도 중요하지만 바른 기준으로 습관을 갖는 것은 더 중요합니다. 다음의 질문을 통해 기도의 바른 기준을 이야기해 봅시다.

마 6:5-7절을 통해 바람직한 기도의 자세를 간단히 말해 보세요.

"또 너희는 기도할 때에 외식하는 자와 같이 하지 말라 그들은 사람에게 보이려고 회당과 큰 거리 어귀에 서서 기도하기를 좋아하느니라 내가 진실로 너희에게 이르노니 그들은 자기 상을 이미 받았느니라 너는 기도할 때에 네 골방에 들어가 문을 닫고 은밀한 중에 계신 네 아버지께 기도하라 은밀한 중에 보시는 네 아버지께서 갚으시리라 또 기도할 때에 이방인과 같이 중언부언하지 말라 그들은 말을 많이 하여야 들으실 줄 생각하느니라"(마 6:5-7).

» Decision of Life

우리는 때로 기도제목에 치우쳐 기도를 하다보면 하나님과의 관계형성에 자칫 소홀해지기도 합니다. 기도는 자신의 부족함을 하나님의 도우심으로 채우는 것이기도 하지만 더 중요한 것은 기도를 통해 하나님을 더 깊이 만나고 하나님의 마음을 헤아려 세상을 향한 하나님의 사랑을 전하는 것이라 할 수 있습니다. 하나님의 마음을 갖는 것, 이것이야말로 기도하는 자에게 가장 중요한 요소이며 하나님의 마음을 가지고 날마다 습관처럼 기도한다면 우리는 날마다 하나님과 동행하는 삶을 살게 될 것입니다.

예수님도 기도를 게을리 하지 않으셨고, 사도 바울도 쉬지 말고 기도하는 것이 하나님의 뜻을 세우는 것이라고 말씀하고 있습니다. 청소년 시절부터 다니엘처럼 정해진 시간에, 정해진 장소에서 하나님을 만나고 또 그 필요를 간구한다면 하나님은 분명 응답해 주실 것이며, 날마다 하나님을 만나는 감격으로 살아갈 것입니다.

Introduce

단원주제	큐티(Q.T.)
단원해설	본 단원에서는 큐티의 바른 이해와 필요, 방법, 활용 등을 통해 흔들리지 않는 그리스도인으로 성장하게 합니다.
중심구절	"이 율법책을 네 입에서 떠나지 말게 하며 주야로 그것을 묵상하여 그 안에 기록된 대로 다 지켜 행하라 그리하면 네 길이 평탄하게 될 것이며 네가 형통하리라"(수 1:8).
단원학습목표	청소년으로서 큐티의 개념, 필요, 방법, 활용 등을 익혀 생활 속에서 말씀을 읽고 묵상하는 것을 습관화시킨다.
단원핵심정리	큐티를 통해 흔들리지 않는 굳건한 믿음을 가진 사람으로 성장한다.

신앙편_ 2단원

큐티(QT)란 무엇인가?

단원소개

그리스도인이면서 세상의 잘못된 문화에 길들여져 옳고 그름을 분별하지 못하는 청소년들에게 말씀을 통한 바른 가치 기준이 필요합니다. 청소년들 마음에 하나님 모셔두기를 통해 분별력이 약한 그들에게 분명한 기준을 제시함으로 그리스도인으로서 세상에서 승리하는 생활이 어떤 것인지를 알게 할 것입니다. 큐티를 통해 하루하루 하나님의 말씀을 알아가고, 자신에게 말씀하시는 말씀을 확인하고 적용하여 하나님의 약속이 성취되는 놀라운 경험들을 할 것입니다.

제5과 큐티(Quite Time)란 무엇인가?

학습목표 : 큐티의 의미를 이해하고 하나님의 말씀으로 생활의 가치 기준을 세운다.
중심진리 : 세상의 철학이나 헛된 속임수가 아닌 하나님의 말씀으로 성장한다.
본문말씀 : 시편 1:1-6

본과를 소개합니다

이번 과에서는 청소년들의 신앙생활 중에 "큐티란 무엇인가"에 해당하는 영역으로 큐티의 바른 의미를 이해하고, 생활 속에서 청소년들이 세상의 철학이나 헛된 속임수로 살아가지 않고 오직 하나님의 말씀을 삶의 가치 기준으로 정립하여 바르고 건전한 청소년이 되는 데 그 목적이 있습니다. 그리스도인이면서 세상의 잘못된 문화에 길들여져 옳고 그름을 분별하지 못하는 청소년들에게 말씀을 통한 바른 가치 기준이 필요합니다. 본과를 통해 큐티의 의미를 이해하여 생활 속에서 말씀을 실천함으로 세상의 문화를 분별하고 뛰어넘는 기회가 되기를 바랍니다.

» Story of Life

하나님을 믿는 사람들이 하나님의 뜻을 아는 것은 매우 중요합니다. 내가 하나님을 믿는다고 하면서 하나님의 뜻을 모르고 내가 원하는 대로 산다면 그것은 하나님과 아무 상관도 없습니다. 하나님을 믿는 사람들은 어떻게 하나님의 뜻을 알 수 있을까요? 또 하나님의 뜻을 아는 것이 왜 중요할까요? 하나님의 뜻을 아는 방법에는 말씀 읽기, 듣기, 찬양, 기도, 믿는 사람들과의 교제(관계) 등 여러 가지가 있지만 그중에 가장 확실한 방법은 하나님의 말씀을 읽고 듣는 것입니다. 우리가 말씀을 읽고 듣지 않으면 하나님을 알 수도, 하나님과 교제할 수도 없습니다.

우리가 이처럼 하나님의 뜻을 매일 아는 것, 즉 하나님을 만나는 방법 중의 하나가 큐티(Quite Time)입니다. 큐티는 이른 시간에 일어나 사람을 만나거나 어떤 일을 하기 전에 하나님의 말씀을 읽으며, 조용히 하나님을 만나는 것입니다. 하나님을 만나는 것이 눈에 보이지 않기에 어려울 수 있으나 말씀을 읽으며 하나님을 생각한다면 그 자체가 큐티가 되는 것입니다. 성경에 나오는 믿음의 조상들이나 기독교 역사에 나오는 믿음의 영웅들은 모두 매일 하나님을 만나는 것으로 하루를 시작했으며, 세상을 변화시키는 놀라운 부흥의 역사는 그들의 큐티로부터 시작되었습니다.

» Talk Talk about Life

큐티 이해하기

각자가 알고 있는 큐티의 의미를 이야기해 봅니다.

Tip 1 그리스도인이라면 청소년이라고 하더라도 이미 큐티에 대해서 많이 알고 있을 것입니다. 각자가 알고 있는 큐티의 개념이나 방법 등이 틀리지는 않겠으나 같은 영적 공동체 안에서 동일한 개념과 방법으로 큐티를 정리해 본다면 청소년들의 영적 성장에 도움이 될 것입니다.

Tip 2 큐티는 수학공식처럼 정해진 개념이 없습니다. 날마다 하나님에 대해 생각하며 각자에게 허락하신 하나님의 말씀이 학생들에게 적용된다면 그것은 넓은 의미로 큐티라고 할 수 있습니다. 이번 과에서는 큐티의 개념을 아는 시간으로서 이미 각론화 되어 있는 교사들의 큐티 방법을 학생들에게 주입하는 일이 없도록 유의하시기 바랍니다.

큐티는 최근에 도입된 새로운 기도 방법이나 성경공부 또는 초월 명상 같은 의식화 운동이 아닙니다. 큐티는 말씀을 통해 하나님께 나아가는 것으로 경건의 시간, 조용한 시간, 또는 경건예배, 영어로 Quite Time, 약자로 큐티 등의 용어들이 사용되고 있습니다. '경건의 시간'이란 '하나님과 나와 개인적으로 날마다 말씀과 기도를 통해 교제하는 시간'이라고 정의할 수 있습니다.

에녹의 동행

"에녹은 육십오 세에 므두셀라를 낳았고 므두셀라를 낳은 후 삼백 년을 하나님과 동행하며 자녀들을 낳았으며 그는 삼백육십오 세를 살았더라 에녹이 하나님과 동행하더니 하나님이 그를 데려가시므로 세상에 있지 아니하였더라"(창 5:21-24).

에녹은 어떻게 하나님과 동행했을까요?

함께할 때 서로의 마음을 이해하지 못한다면 그와 동행한다고 할 수 없습니다. 에녹이 하나님과 300년을 동행했다는 것은 그만큼 하나님의 마음을 잘 알고 있었으며, 하나님과 함께함이 즐거웠다고 볼 수 있습니다.

모세의 지도력

"여호와께서 모세에게 이르시되 네가 말하는 이 일도 내가 하리니 너는 내 목전에 은총을 입었고 내가 이름으로도 너를 앎이니라 모세가 이르되 원하건대 주의 영광을 내게 보이소서 여호와께서 이르시되 내가 모든 선한 것을 네 앞으로 지나가게 하고 여호와의 이름을 네 앞에 선포하리라 나는 은혜를 베풀 자에게 은혜를 베풀고 긍휼히 여길 자에게 긍휼을 베푸느니라"(출 33:17-19).

"사람이 자기의 친구와 이야기함 같이 여호와께서는 모세와 대면하여 말씀하시며 모세는 진으로 돌아오나 눈의 아들 젊은 수종자 여호수아는 회막을 떠나지 아니하니라"(출 33:11).

모세의 지도력은 어디서 나왔을까요?

모세의 지도력은 하나님의 말씀을 들음에서 나왔고, 하나님의 임재가 있는 곳에서 시작되었습니다.

베뢰아 사람들의 묵상

"베뢰아에 있는 사람들은 데살로니가에 있는 사람들보다 더 너그러워서 간절한 마음으로 말씀을 받고 이것이 그러한가 하여 날마다 성경을 상고하므로"(행 17:11).

베뢰아 사람들의 성경 보는 태도는 어떠했습니까?

베뢰아 사람들은 간절한 마음으로 말씀을 받고, 이것이 그러한가 하여 날마다 성경을 묵상하였습니다.

» Standard of Life

본문탐구

성경에 복 있는 사람은 어떤 사람인가요?(시 1:1-2)

(1) 악인의 꾀를 따르지 아니하며
(2) 죄인들의 길에 서지 아니하며
(3) 오만한 자들의 자리에 앉지 아니하고
(4) 여호와의 율법을 즐거워 하여 그의 율법을 주야로 묵상하는 자로다

우리가 하나님의 말씀을 알지 못하면 세상의 가치 기준이나 내가 무조건 옳다는 죄 된 생각으로 악한(옳지 못한) 사람의 꾀(속임수)를 따르기를 즐겨하며, 하나님을 잊고 세상 사람들이(죄인들이) 가는 길을 따라 가면서, 남을 배려하지 않는 이기적인 사람이 됩니다. 하지만 하나님의 말씀을 즐거워하며 밤낮으로 묵상하고 생각하는 사람은 위와 같은 일에 물들지 않습니다.

날마다 하나님의 말씀을 묵상하는 사람은 어떤 복을 받습니까?(시 1:3)

"그는 시냇가에 심은 나무가 철을 따라 열매를 맺으며 그 잎사귀가 마르지 아니함 같으니 그가 하는 모든 일이 다 형통하리로다"(시 1:3).

그리스도인들은 "모든 일이 다 형통하다"라는 개념을 간혹 학생들이 질문하는 경우가 있습니다. 특히 큐티를 하면 3절처럼 다 형통하느냐 라는 질문을 한다면 일단 '그렇다'라는 답을 하되 하나님과 가까워지거나 자신의 성품이 하나님이 원하시는 성품으로 바뀌지 않는다면 아무런 의미가 없다는 것을 알게 해야 합니다. 큐티를 한다는 것은 자신의 고정된 생각 속에 하나님의 말씀을 얹는 것이 아니라 자신의 죄 된 속성을 벗어 버리고 오직 하나님의 말씀으로 자신을 비워 하나님이 원하시는 사람으로 변화되는 것을 의미합니다. 처음에는 어렵지만 큐티가 깊어질수록 자기중심적인 생각에서 하나님 중심적인 생각으로 바뀌어갈 것입니다. 큐티는 나의 시각으로 세상과 이웃을 바라보는 것이 아니라 하나님의 시각으로 세상과 이웃을 바라보는 성숙한 사람으로서의 변화를 기대하는 것입니다.

» Change of Life

큐티 따라하기

성경본문(시 1:1-6)으로 각자 묵상을 해 봅시다.

1. 기도로 시작해 봅니다.

하나님! 이 시간 하나님의 말씀을 읽고 묵상하고자 합니다. 이 시간 제가 알아야 할 말씀을 알게 하여 주옵소서. 예수님의 이름으로 기도합니다. 아멘!

2. 본문을 3회 정도 읽습니다.

3. 나에게 가장 감동적인 말씀

"오직 여호와의 율법을 즐거워하여 그의 율법을 주야로 묵상하는도다."

4. 적용할 점

지금까지 성경을 읽을 때는 무조건 졸렸지만 이제부터는 성경을 자발적이고 즐거운 마음으로 읽고 오늘 하루 동안 그 말씀을 틈나는 대로 되새기겠다.

» Decision of Life

큐티는 성령 안에서 말씀을 통해 하나님과 대화하는 것입니다. 큐티는 우리의 산만하고 분주한 일상 속에서도 삶의 우선순위를 상기시켜 꼭 한 번이라도 말씀 묵상에 임하게 하는 탁월한 생활의 지혜를 줍니다. 따라서 큐티는 모든 그리스도인들에게 꼭 필요한 경건훈련입니다.

우리가 사는 이 세상에는 큐티를 통해서 얻는 하나님의 말씀보다 더 자극적이고, 호기심을 끄는 감각적인 것들과 바쁜 시간, 갑작스런 학업(밀린 숙제나 학원수강) 등이 우리를 큐티할 수 있는 환경에서 점점 더 멀어지게 합니다. 이런 일에 큐티가 우선순위에서 밀린다면 우리의 길은 형통(시 1:3)할 수 없으며, 하나님을 믿는 것이 자랑거리가 되지 않고, 전도를 해도 능력이 나타나지 않으며, 하나님을 믿는 것과 믿지 않는 것의 차이를 발견할 수 없게 됩니다. 하지만 큐티를 통해 날마다 말씀과 기도로 하나님과 대화하고 하나님의 뜻을 발견하여 그 뜻대로 살려고 노력할 때 큐티를 통해 묵상했던 말씀들이 내 몸에 배고 스며들어 우리를 변화시킬 것이며 우리의 말 한 마디가 주위 사람들에게 영향을 미칠 것입니다.

제6과 왜 큐티 해야 할까?

신앙편

학습목표 : 하나님의 말씀으로 온전하게 하는 큐티의 필요를 알게 한다.
중심진리 : 큐티는 하나님의 말씀으로 온전케 되는 사람으로 성장할 수 있게 한다.
본문말씀 : 디모데후서 3:15-17

본과를 소개합니다

이번 과에서는 청소년들의 신앙생활 중에 "큐티의 필요성"에 해당하는 영역으로 큐티의 필요성을 인식하고, 청소년 시절부터 경건훈련을 통해 오직 하나님의 말씀을 삶의 가치 기준으로 정립하여 바르고 건전한 청소년이 되는 데 그 목적이 있습니다. 청소년들 마음에 하나님 모셔두기를 통해 분별력이 약한 그들에게 분명한 기준을 제시함으로 그리스도인으로서 세상에서 승리하는 생활이 어떤 것인지를 알게 할 것입니다. 본과를 통해 큐티의 필요성을 이해하여 생활 속에서 말씀을 실천함으로 세상의 문화를 분별하고 뛰어넘는 기회가 되기를 바랍니다.

» Story of Life

큐티는 어떻게 시작되었을까요?

1882년 영국의 케임브리지 대학에 다니던 후퍼(Hooper)와 도르톤(Thorton) 등 7명의 학생들이 '경건훈련 운동'을 시작했는데 이 운동은 세계를 변화시킨 영적 운동이 되었습니다. 이들은 기독교인임에도 불구하고 마음과 생활이 세상적인 생각으로 가득 찬 자신들을 발견하고 기도를 하면서 해결방법을 찾기 시작했습니다. 그들이 '거룩함'을 유지하기 위해 찾아낸 방법은 하루 중의 일부를 성경읽기와 기도로 보내는 것이었습니다. 그들은 이것을 'Quiet Time'(경건의 시간, Q.T)이라고 불렀고 '경건의 시간을 기억하자'라는 표어를 외치며 신앙생활을 했습니다. 결국 경건의 시간을 함께 했던 케임브리지 대학의 7명은 중국 선교사로 헌신했고, 평생 동안 하나님과 동행하면서 하나님이 주시는 사역을 감당했습니다. 후에 이들의 경건훈련 방법이었던 큐티를 여러 사람이 사용하면서 전 세계에 퍼지게 되었고, 하나님의 말씀을 매일 읽고, 묵상하고 기도하는 사람들이 늘어났으며 놀라운 영적 능력들이 나타났습니다. 그 이후 큐티는 지금까지 이어지며 선교사와 수많은 사역자들의 영적 성장을 이끌어왔고, 평신도들의 경건훈련 방법으로 사용되고 있습니다.

Talk Talk about Life

큐티의 유익

큐티를 하면 어떤 유익이 있을까요?

1. 큐티를 통해 우리는 하나님의 임재를 느낄 수 있습니다.

우리가 하나님의 은혜를 경험했다면 그것을 지속하기 위해 하나님과의 교제가 반드시 필요합니다. 수많은 수련회를 통해 하나님의 사랑을 경험했지만 일상생활로 돌아와 그 감동을 느끼지 못했던 것은 하나님의 임재를 지속시키지 못했기 때문입니다. 큐티를 지속한다면 그 감동을 지속시킬 수 있습니다.

2. 큐티를 통해 범죄의 유혹에서 벗어날 수 있습니다.

우리는 아무리 예수님을 오래 믿었다고 해도 하나님과의 교제가 없으면 너무 쉽게 하나님을 슬프게 하는 죄를 짓게 됩니다. 하지만 날마다 큐티를 한다면 하나님이 원하시는 것을 말씀을 통해 매일 알 수 있기 때문에 잘못된 가치를 분별할 수 있게 해줍니다.

3. 생활 속에서 하나님의 인도하심을 경험할 수 있습니다.

우리가 말씀을 그날그날 묵상하고 그 말씀을 마음에 새기면, 자기의 욕심과 의에 따라 행동하는 것이 아니라 하나님의 뜻을 먼저 생각하게 되고 하나님이 원하시는 결정을 하게 됨으로 마음의 평안을 누리고 하나님과 동행하는 큰 감격을 누리게 됩니다.

큐티 속에 숨겨진 단점이 있을까요? 있다면 이야기해 보세요.

1. 큐티는 보통 성경 몇 구절 정도를 읽고 묵상합니다. 이런 식으로 큐티를 하면 자칫 성경 전체의 흐름을 보지 못하는 위험에 빠질 수 있습니다. 그러므로 성경 전체를 지속적으로 읽어야 합니다.

2. 큐티를 잘못 하다보면 자칫 성경을 지식적으로만 묵상할 수 있습니다. 이렇게 되면 머리만 커지고 마음은 움직이지 않는 형식적인 그리스도인이 될 수 있습니다.

3. 마음의 지나친 상처가 있거나, 시험에 들어있거나, 죄 된 마음을 가지고 있는 상태에서 큐티를 하면 말씀을 통해 하나님의 은혜를 경험하기도 하지만 자신의 틀 속에 하나님의 말씀을 인위적으로 적용하는 위험에 빠질 수 있습니다. 우주적인 하나님을 경험하지 못하고 자신의 틀 속에 갇혀진 하나님을 느끼게 됩니다. 이것은 하나님을 올바르게 경험하고 교제한다고 볼 수 없습니다.

» Standard of Life

본문탐구

성경말씀은 우리에게 어떤 유익을 주나요?(딤후 3:16)

"모든 성경은 하나님의 감동으로 된 것으로 교훈과 책망과 바르게 함과 의로 교육하기에 유익하니" (딤후 3:16).

우리는 위와 같은 유익으로 인해 말씀을 읽어야 합니다. 하지만 말씀을 문자적으로만 읽는 것이 아니라 그 말씀이 우리에게 교훈이 되고, 책망도 되며, 분별력을 갖게 하는 바른 기준을 주는 말씀이 될 수 있도록 깊이 묵상하고 적용시켜야 합니다.

우리가 하나님의 사람으로 온전케 되기 위해서는 어떻게 해야 하나요?(딤후 3:15-17)

"또 어려서부터 성경을 알았나니 성경은 능히 너로 하여금 그리스도 예수 안에 있는 믿음으로 말미암아 구원에 이르는 지혜가 있게 하느니라. 모든 성경은 하나님의 감동으로 된 것으로 교훈과 책망과 바르게 함과 의로 교육하기에 유익하니 이는 하나님의 사람으로 온전하게 하며 모든 선한 일을 행할 능력을 갖추게 하려 함이라"(딤후 3:15-17).

우리는 성경을 통해 예수 그리스도 안에서 구원에 이르게 하는 지혜가 있음을 알 수 있습니다. 또 성경이 주는 교훈으로 온전한 사람이 될 수 있습니다.

» Change of Life

큐티 따라하기

큐티를 시작할 때 우리에게 요구되는 태도는 어떤 것들이 있을까요?

큐티를 시작하기 전에 마음의 준비가 필요합니다.

1. 먼저 정직한 마음이 필요합니다. 정직하다는 것은 자신의 마음을 비우고, 자기에게 있는 죄를 고백한다는 것입니다. 마음에 죄가 있다면 그것은 하나님과의 교제를 막게 됩니다. 먼저 정직한 마음으로 하나님의 말씀을 들을 준비가 되어 있어야 합니다.

2. 하나님의 말씀을 들을 준비가 되어 있어야 합니다. "너희는 귀를 기울이고 내게 나아와 들으라 그리하면 너희 영혼이 살리라 내가 너희에게 영원한 언약을 세우리니 곧 다윗에게 허락한 확실한 은혜니라"(사 55:3). 큐티를 할 때 주의할 점은 이미 가지고 있는 고정관념이나 나의 바람을 말씀 속에 인위적으로 끼워 맞추는 것은 옳지 않습니다. 마음을 비운 상태에서 하나님이 말씀하시도록 들을 준비가 되어야 합니다. 그렇게 되면 하나님의 평강과 은혜를 누리게 될 것입니다.

3. 말씀에 순종하는 자세를 가져야 합니다. 묵상한 말씀이 나에게 맞지 않는다고 해서 애써 외면한다면 바른 큐티를 할 수 없으며 하나님의 말씀을 바로 알 수 없습니다. 그렇게 되면 큐티가 무의미해 집니다.

성경본문(딤후 3:15-17)으로 각자 묵상해 봅시다.

1. 기도로 시작해 봅니다.

2. 본문을 3회 정도 읽습니다.

3. 나에게 가장 감동적인 말씀

4. 적용할 점

» Decision of Life

큐티는 1882년 영국의 케임브리지 대학에 다니던 후퍼(Hooper)와 도르톤(Thorton) 등 7명의 학생들이 기독교인임에도 불구하고 마음과 생활이 세상적인 생각으로 가득 찬 자신들을 발견하고 기도를 하면서 해결방법으로 찾은 것이 바로 '경건훈련 운동'이었습니다. 결국 이들은 하나님의 복음 전도자로 중국 선교사가 되는 너무나도 소중한 하나님의 일군이 되었습니다.

우리는 큐티를 통해 하나님의 놀라운 임재를 경험할 수 있으며, 큐티는 우리를 죄 가운데서 등불처럼 지켜줄 것이고, 생활 속에서 하나님의 인도하심을 경험하게 할 것입니다.

매년 수련회를 통해 하나님께로부터 받았던 무한한 감격과 은혜가 이제는 날마다 이어지는 큐티를 통해 변함없이 우리의 생활 속에서 하나님을 인정하고, 하나님과 동행하는 생활을 하게 할 것입니다.

"모든 성경은 하나님의 감동으로 된 것으로 교훈과 책망과 바르게 함과 의로 교육하기에 유익하니 이는 하나님의 사람으로 온전하게 하며 모든 선한 일을 행할 능력을 갖추게 하려 함이라"(딤후 3:16-17)는 말씀처럼 우리는 세상에서 진리를 찾는 것이 아니라 성경말씀을 생활 속에 적용함으로 하나님의 사람으로 온전게 되는 능력을 가져야 하겠습니다.

신앙편

제7과 어떻게 큐티할까?

학습목표 : 큐티의 방법을 알게 하여 큐티를 실천에 옮기고 하나님과의 교제의 기쁨을 알게 한다.

중심진리 : 큐티를 통해 하나님과 동행하는 사람으로 성장한다.

본문말씀 : 여호수아 1:5-9

본과를 소개합니다

이번 과에서는 청소년들의 신앙생활 중에 "큐티의 방법"에 해당하는 영역으로 큐티에 필요한 요소들을 인식하고 큐티를 실행해 봄으로 하나님과의 교제의 기쁨을 알게 하는 데 그 목적이 있습니다. 청소년들 마음에 하나님 모셔두기를 통해 세상적인 삶을 추구하기보다 하나님과 날마다 교제하는 기쁨이 어떤 것이고, 그것이 삶의 어떤 원동력이 되는지 알게 할 것입니다. 본과를 통해 큐티의 방법을 알고 생활 속에서 큐티를 실천함으로 세상의 문화를 분별하고 뛰어넘는 기회가 되기를 바랍니다.

» Story of Life

묵상과 명상의 차이를 비교해 봅시다.

묵 상	명 상
자신의 욕심과 이기심으로 가득 찬 죄 된 마음을 회개하고 자신의 마음을 비워 하나님의 진리로 가득 채울 준비를 한다.	자신을 비워 아무것도 없는 무(無)를 만든다. 자신의 자아의식까지 버린다. 이를 초월이라고 한다.
자신의 마음을 하나님께 초점을 맞추고 하나님이 하신 말씀과 하신 일들을 생각하며 자신의 적용점을 찾는다.	주문을 반복하며 정신을 집중하고 자기최면(암시) 등을 통해 신비감을 추구한다.
하나님의 말씀에 순종함으로 전인적(몸과 마음) 성장을 이룬다.	우주와 자연과 자신의 합일점을 찾아 신의 경지에 이르고 현실의 고통을 잊으려 한다.

» Talk Talk about Life

큐티의 시작

큐티의 9단계

1. 생각 비우기와 기도하기

"너희는 가만히 있어 내가 하나님 됨을 알지어다"(시 46:10)

큐티를 하기 전에는 먼저 자신 안에 있는 죄 된 마음을 회개하고 비워야 합니다. 그렇지 않으면 하나님이 주시는 말씀이 아니라 자신이 원하는 말씀만 골라서 스스로 위로를 받고, '하나님이 주신 말씀이다.' '하나님이 주신 계시다'라고 말하며 다른 친구들에게 큰 부담을 주게 됩니다. 큐티를 하기 전에는 반드시 본인에게 있는 이기심, 질투, 시험, 시기, 분쟁, 다툼, 욕심, 음란 등의 죄 된 마음을 하나님이 다스려 주시도록 회개를 하고 하나님이 말씀하실 수 있도록 마음의 자세를 준비해야 합니다. 그리고 기도를 합니다.

2. 본문 정하기

청소년 큐티는 대체로 본문이 정해져 있는 큐티 월간지를 사용하는 경우가 많습니다. 그럼 그날그날에 맞는 본문으로 큐티를 하면 됩니다. 간혹 큐티를 놓치는 날이 생기면 그날은 그냥 지나가야 합니다. 아깝다고 이전 날짜의 큐티 본문을 하게 되면 나중에 큐티가 계속 밀리게 되는 경우가 많으며, 하루에 2회 분량의 큐티를 하는 것은 온전한 큐티라고 할 수 없을뿐더러 그날그날 말씀하시고자 하는 하나님의 인도하심을 놓치는 경우가 있습니다.

3. 말씀(본문) 읽기

3~5회 정도를 정독합니다. 성경 말씀은 눈으로 읽기도 하지만 마음으로 듣는 것이기도 합니다. 말씀을 읽을 때는 본문에 있는 의미를 그대로 읽어야 하며 역사, 지리, 풍습의 상황을 알면 도움이 되기도 합니다. 하지만 본문의 의미를 너무 문자적으로만 해석하거나, 지나치게 자기중심적인 해석은 피해야 합니다.

4. 문맥에 따라 내용 파악하기

큐티를 할 때 본문의 문맥이나 역사적 사실, 지리적 상황이나 그 당시의 풍습을 알면 좀더 풍성하게 성경의 의미를 파악할 수 있습니다. 하지만 큐티는 성경연구나 성경공부가 아니므로 지나치게 깊게 들어가거나 많은 시간을 들여 보조 자료를 사용하는 것은 좋지 않습니다. 참고로 역사서, 시가서, 예언서, 서신서 등을 읽을 때는 그 본문이 가지고 있는 독특한 특성을 알고 읽으면 도움이 됩니다. 예를 들어 시가서를 읽을 때는 시인이 된 마음으로 다윗의 심정을 함께 생각해보는 것입니다.

5. 말씀 묵상하기

이제 본격적으로 읽은 말씀을 되새기며 자신에게 어떤 감동과 회개의 마음과 헌신의 마음을 주시는지 묵상합니다.

6. 깨달은 말씀 기록하기

깨달은 말씀을 노트에 기록하는 것과 하지 않는 것은 굉장히 큰 차이가 있습니다. 깨달은 내용을 기록하지 않으면 처음에는 기억이 나지만 조금만 지나거나 오후나 다음날이 되면 대부분 잊어버리게 되는 경우가 많습니다. 그렇게 되면 잠깐 동안의 묵상으로 그치거나 자신을 지속적으로 성장시키는 데 한계가 있습니다. 기록을 남기면 한 달 전, 1년 전에 묵상했던 말씀을 다시 한 번 돌아볼 수 있게 되며 묵상을 하며 했던 기도제목들, 자신의 묵상의 깊이 등의 성장 모습을 알 수 있게 됩니다. 그리고 나중에 자녀들에게 물려준다면 큰 축복과 선물이 될 것입니다.

7. 적용하기

큐티에 있어서 적용이야말로 가장 중요한 부분이라고 해도 과언이 아닙니다. 묵상으로 끝나면 머릿속과 마음의 감동으로 그칠 수 있지만 적용을 한다면 자신을 변화시키는 직접적인 계기가 되기도 합니다. 적용으로 인해 나타나는 변화야말로 말씀의 능력이라고 할 수 있습니다. 다만 적용에 있어서 유의할 점이 있다면 그것은 지나치게 행동 중심적일 필요는 없다는 것입니다. 행동의 결단과 변화가 필요하지만 단지 적용을 위한 묵상이 된다면 큐티의 본질을 해치는 것입니다. 자연스럽고 구체적인 적용이 나오면 좋지만 때로는 본문의 특성상 적용이 잘 안 되는 본문도 있습니다.(예를 들어 레위기, 민수기, 시편 등) 그러한 본문을 만나면 그냥 묵상으로 끝나는 것도 괜찮습니다.

8. 헌신의 기도

보편적으로 큐티라고 하면 적용에서 대부분 끝나는 경우가 많습니다. 하지만 적용을 하겠다고 헌신을 하고난 후에 기도로 하나님의 인도하심과 동행을 간구해야 합니다.

9. 나누기

큐티를 한 내용은 사실 자신의 영적인 일기와도 같은 것이기에 나눈다는 것이 참 어려울 수 있습니다. 하지만 기회가 된다면 큐티는 나누는 것이 더 좋습니다. 큐티를 하고나서 가족이나 친구들, 모임의 지체들에게 나눈다면 깨달음은 배가 될 것입니다. 그리고 큐티의 나눔으로 중보기도의 기회가 되기도 합니다.

그 외에 시간과 장소를 정하는 것도 중요합니다. 시간은 조용한 시간으로 아침이 좋으며, 스스로 자신과 약속한 시간, 일정하고 규칙적인 시간이면 좋습니다. 장소는 조용한 곳이 좋습니다. 상황이 안 되는 것을 고려해 반드시 조용한 장소일 필요는 없지만 본문 말씀에 집중하고 하나님의 조명(말씀)을 받기 위해서는 주위가 산만하거나 시끄럽지 않은 곳이 좋습니다. 특히 사람의 방해가 없는 곳이어야 합니다. 아침에 바로 잠에서 깰 수 있는 장소이거나 학교에 조금 일찍 등교해 조용한 교실을 이용하는 것도 좋습니다. 장소와 시간을 정해 놓으면 삶의 일부 중에 고정적으로 우선순위를 둘 수 있으나 그렇지 않으면 급한 일로 인해 큐티를 놓치는 경우가 많습니다.

» Standard of Life

본문탐구

모세에게 주셨던 하나님의 은혜와 지도력을 이제는 누구에게 위임한다고 말씀하고 있으며 어떤 말씀으로 격려하고 있나요?(수 1:5-6)

"네 평생에 너를 능히 대적할 자가 없으리니 내가 모세와 함께 있었던 것 같이 너와 함께 있을 것임이니라 내가 너를 떠나지 아니하며 버리지 아니하리니 강하고 담대하라 너는 내가 그들의 조상에게 맹세하여 그들에게 주리라 한 땅을 이 백성에게 차지하게 하리라"(수 1:5-6).

하나님은 여호수아에게, 모세에게 주었던 동일한 은혜와 능력, 지도력을 주시겠다고 말씀하셨습니다.

이스라엘 백성이 어디로 가든지 형통하기 위해서 하나님은 어떻게 하라고 말씀하고 있나요?(수 1:7-8)

"오직 강하고 극히 담대하여 나의 종 모세가 네게 명령한 그 율법을 다 지켜 행하고 우로나 좌로나 치우치지 말라 그리하면 어디로 가든지 형통하리니 이 율법책을 네 입에서 떠나지 말게 하며 주야로 그것을 묵상하여 그 안에 기록된 대로 다 지켜 행하라 그리하면 네 길이 평탄하게 될 것이며 네가 형통하리라"(수 1:7-8).

결국 율법을 지키기 위해서는 말씀을 알아야 하고 몸에 배어야 하는데 큐티가 그 일을 할 수 있게 해 줍니다.

» Change of Life

큐티 따라하기

큐티 서약서 작성

> **큐티(Quite Time) 서약서**
>
> 나는 예수님을 구주로 영접(요 5:24)한 하나님의 자녀(요 1:12)로서 하나님의 말씀을 읽고 듣는 청소년이 되기 위해 날마다 조용한 장소 ( )와 조용한 시간 ( )에 우선순위를 두고 큐티를 할 것을 교회와 친구들 앞에서 서약합니다.
>
> 20 년 월 일
>
> 서약자 : ______________________ (인)
>
> 중보자 : ______________________ (인)

* 서약자는 큐티를 서약한 본인이 되며 중보자는 보통 교회학교 교사나 담당 목회자가 된다.

성경본문(수 1:1-9)으로 각자 묵상을 해 봅시다.

1. 기도로 시작해 봅니다.

2. 본문을 3회 정도 읽습니다.

3. 나에게 가장 감동적인 말씀

4. 적용할 점

» Decision of Life

큐티는 하나님 생각(동경, 경외, 간구, 충성, 약속, 감사, 찬양)으로 시작되는 경건훈련입니다. 그러므로 하나님과의 만남이라는 자세를 항상 가져야 합니다. 하나님이 눈이 보이지 않아 고민을 하거나 부정적인 마음을 가졌던 사람들도 큐티를 통해 내면의 깊은 곳에서부터 찾아오셔서 마음에 위로와 격려를 주시고, 새 힘을 주시고, 때로는 질책하시는 하나님을 만나게 될 것이며 날마다의 말씀 묵상을 통해 항상 나와 동행하시는 하나님을 경험하게 될 것입니다.

처음 큐티를 시작하거나 큐티를 오래한 사람들도 큐티를 날마다 지속한다는 것은 매우 힘든 일입니다. 처음부터 무거운 짐으로 생각하지 말고 하나님을 만날 수 있는 약속이라고 생각하여 우선순위를 둔다면 큐티는 습관이 되어 생활 속에 자리매김할 수 있을 것입니다. 지금부터 큐티를 시작한다면 여러분은 평생 하나님과의 동행을 시작하는 것입니다.

신앙편

제8과 큐티 활용하기

학습목표 : 구체적인 큐티의 활용으로 생활에 경건시간을 정착시킨다.
중심진리 : 큐티를 통해 흔들리지 않는 굳건한 믿음을 가진 사람으로 성장한다.
본문말씀 : 마태복음 7:24-27

본과를 소개합니다

이번 과에서는 청소년들의 신앙생활 중에 "큐티의 활용"에 해당하는 영역으로 큐티의 개념, 필요, 방법 등을 인식하고 큐티를 실천해 봄과 동시에 묵상의 다양한 접근을 통해 하나님과의 교제의 기쁨을 알게 하는 데 그 목적이 있습니다. 큐티를 통해 하루하루 하나님의 말씀을 알아가고, 본인에게 말씀하시는 말씀을 적용하여 하나님의 약속이 성취되는 놀라운 경험들을 할 것입니다. 본과를 통해 큐티를 활용해 보고 이를 습관화시켜 베뢰아 사람들처럼 생활 속에서 말씀을 실천함으로 청소년 시기에 혼란스러운 자아정체감을 하나님의 말씀으로 세우는 기회가 되기를 바랍니다.

» Story of Life

하나님과의 단절	일상생활	하나님과 교제
• 고의적인 불순종 • 남을 미워함 • 죄책감 • 하나님을 거부함 • 호기심이나 본능에 의해 행동함	• 학교나 학원 공부 • TV 시청이나 게임 • 친구들과 대화 • 쇼핑	• 큐티, 기도, 찬양 • 성경공부 • 예배, 전도

* 사람의 상황을 기계적으로 구분할 수 없으나 이해를 돕기 위해 세 가지로 구분한다면 도표와 같으며 일상생활은 하나님과의 단절과 교제가 혼합되어 나타나는 상태로 보면 된다.

우리는 예배나 봉사, 성경공부 등으로 신앙 성장을 하게 됩니다. 견고한 믿음은 이와 같은 활동이 우리에게 습관이 되어 앉으나 서나 성경적 가치관이 우리의 생각과 행동을 지배해야 하는데 일주일에 한두 번씩 갖는 교회에서의 생활만으로는 한계가 있습니다. 하지만 큐티를 통한다면 이 한계를 극복할 수 있습니다. 우리가 날마다 묵상한 큐티는 가정에서 가족끼리, 학교에서 친구끼리, 교회에서 선생님과 나눌 수 있으며, 묵상할 때 주시는 말씀을 통해 점점 하나님이 원하시는 사람으로 변화되어 갈 것입니다. 위 도표를 통해 자신이 어느 쪽에 속하고 있는지, 어느 쪽으로 이동해야 하는지에 대해 생각해 봅시다.

» Talk Talk about Life

큐티의 활용

[Story of Life]에 있는 도표를 통해 자신이 현재 어느 쪽에 속해 있는지를 생각해 보고 어느 쪽으로 이동해야 하는지 발표해 봅니다.

사람의 상태를 세 가지로 구분할 수 없으나 이해를 돕기 위해 구분해 보았습니다. 구분의 목적은 자신이 어느 쪽에 속해 있는지를 아는 것이 아니라 신앙의 성장을 위해 자신이 어떤 마음을 가져야 하는지 날마다 세상 속에서 범죄하지 않고 하나님의 거룩한 자녀가 되기 위해 어떻게 해야 하는지에 초점을 맞추었습니다. 청소년 시절 자아정체감의 혼란이, 날마다 이루어지는 큐티를 통해 올바른 말씀 중심의 가치관으로 변화된다면 참으로 행복한 청소년 시절이 될 것입니다. 도표를 통해 자신의 위치를 확인하고 큐티를 통해 성장할 수 있도록 동기를 부여받기를 바랍니다.

하나님과의 단절 상태에 있어도 이 순간부터 얼마든지 하나님과 교제하는 단계로 넘어 올 수 있습니다. 예배와 성경공부를 통할 때만 교제가 이루어진 친구들은 지속적으로 하나님과 교제할 수 있도록 노력해야 하며, 큐티를 통해 그것을 더 빨리 이룰 수 있습니다.

묵상의 실제

묵상에는 세 가지 원리가 반드시 들어가야 합니다.

첫째, 본문을 통해 하나님이 어떤 분인지 아는 것입니다. 성경은 결국 하나님에 관한 계시의 말씀입니다. 그러므로 하나님의 의도와 계시, 약속 등에 마음을 맞추고 하나님의 모습을 그려나가야 합니다.

둘째, 성경은 전설이나 문학책이 아니라 하나님의 말씀입니다. 그 말씀에는 반드시 나에게 주시는 메시지가 있습니다.

셋째, 말씀을 통해 나를 변화시킬 적용점을 찾아내는 것입니다. 말씀을 읽고 좋은 말씀이라고 감탄만 하면 변화되지 않습니다. 말씀을 묵상하고 그 말씀을 이루기 위해 나를 변화시키야 합니다.

적용의 실제

적용에도 묵상처럼 세 가지 원리가 있습니다.

첫 번째 적용은 개인적(personal)이어야 합니다. '이 나라(우리, 우리 고등부)가 변하게 도와주세요'가 아니라 '내가 변하게 도와주세요'이어야 합니다.

두 번째 적용은 구체적(practical)이어야 합니다. 막연하게 추상적으로 '하나님의 뜻대로 살겠습니다' 라고 적용하는 것이 아니라 '오늘 하루는 거짓말을 하지 않겠습니다.' '오늘 하루는 친구에게 상처를 주는 말은 하지 않겠습니다.' '하루 동안 두 친구에게 복음을 전하겠습니다'처럼 구체적이어야 합니다.

세 번째 적용은 가능한(possible) 것이어야 합니다. '일주일동안 신약 1독을 하겠습니다'가 아니라 '하루에 한 장씩 읽겠습니다'이어야 합니다.

Standard of Life

본문탐구

예수님의 말을 듣고 행하는 자는 집을 어느 곳에 지은 것 같으며, 어떤 사람 같다고 했습니까?(마 7:24-25)

"그러므로 누구든지 나의 이 말을 듣고 행하는 자는 그 집을 반석 위에 지은 지혜로운 사람 같으리니 비가 내리고 창수가 나고 바람이 불어 그 집에 부딪치되 무너지지 아니하나니 이는 주추를 반석 위에 놓은 까닭이요"(마 7:24-25).

예수님의 말을 듣고 행하는 자는 반석 위에 지은 지혜로운 사람이라고 말씀하셨습니다.

예수님의 말을 듣고 행하지 아니하는 자는 집을 어느 곳에 지은 것 같으며, 어떤 사람이라고 했습니까?(마 7:26-27)

"나의 이 말을 듣고 행하지 아니하는 자는 그 집을 모래 위에 지은 어리석은 사람 같으리니 비가 내리고 창수가 나고 바람이 불어 그 집에 부딪치매 무너져 그 무너짐이 심하니라"(마 7:26-27).

예수님의 말을 듣고 행하지 아니하는 자는 그 집을 모래 위에 지은 어리석은 사람이라고 말씀하셨습니다.

말씀을 듣고 행하는 자와 그렇지 않은 자의 차이가 무엇입니까?(마 7:25, 27)

말씀을 날마다 듣고 행하는 자는 비가 내리고, 창수가 나고, 바람이 불어도 무너지지 아니하고 반석 위에 굳건히 서 있지만, 말씀을 날마다 듣고 행하지 아니하는 자는 비가 내리고, 창수가 나고, 바람이 불면 집이 심하게 무너져 남는 것이 없는 것과 같습니다.

» Change of Life

큐티 활용하기

큐티에 관한 Q/A

1. 왜 큐티를 '경건훈련' 이라고 하나요?

큐티는 조용함 속에서 하나님의 말씀을 듣는 시간입니다. 매일 우리의 마음을 하나님께 맞추고 거룩한 말씀으로 우리의 영혼과 인격을 채우면 하나님을 닮아가는 자녀가 될 것입니다. 이러한 변화는 하루아침에 이루어지지 않으며 매일 하나님의 말씀을 듣는 훈련을 통해 가능합니다. 그래서 큐티를 '경건훈련' 이라고 합니다.

2. 큐티를 아침에 하기가 힘듭니다. 학교도 가야 하고 학교에 가서는 바로 수업을 해야 하는데 어떻게 하면 좋을까요?

예수님도 새벽에 항상 하나님을 만나셨습니다. 아침에 큐티를 하면 하루 동안 하나님의 말씀을 경험하고 이룰 수 있는 기회와 축복을 가지게 됩니다. 그리고 하나님의 말씀을 이루고 적용하는 감격을 누리게 될 것입니다. 시간이 안 되면 저녁에 해도 좋으나, 날마다 하나님의 말씀을 듣고 적용한다는 측면에서 아침에 하면 더욱 좋을 것입니다. 저녁에 30분 일찍 자고 아침에 30분 일찍 일어나면 가능할 것입니다.

3. 큐티를 하려고 계획은 자주 세우는데 지속적으로 하기가 힘듭니다. 어떻게 할까요?

큐티에서 중요한 것은 날마다 하는 지속성입니다. 그런데 아침 시간을 놓치면 하루 동안 급한 일이 자주 생기거나 집중력이 떨어져 깊은 묵상을 하기가 힘듭니다. 또 친구나 선생님과 큐티 나눔을 하면 서로에게 힘이 되어 큐티를 지속할 수 있습니다. 그리고 하나님과 형식적인 관계가 아닌 깊은 사랑의 관계를 맺으면 그 사랑이 좋아서 날마다 큐티를 하게 되기도 합니다.

4. 꼭 큐티 교재를 사용해야 하나요?

본래 큐티 교재는 사용하지 않는 것이 좋습니다. 때로는 교재에 있는 설명이 하나님이 주시는 감동을 제한하기도 하기 때문입니다. 하지만 처음 큐티를 한다면 교재의 도움을 받는 것도 괜찮습니다. 훈련이 된 다음에는 성경책만 가지고 큐티를 하는 것이 더 큰 하나님의 은혜의 감격을 누리게 할 것입니다.

성경본문(마 7:24-27)으로 각자 묵상을 해 봅시다.

1. 기도로 시작해 봅니다.

2. 본문을 3회 정도 읽습니다.

3. 나에게 가장 감동적인 말씀

4. 적용할 점

» Decision of Life

큐티는 조용함 속에서 하나님의 말씀을 듣는 시간입니다. 매일 우리의 마음을 하나님께 맞추고 거룩한 말씀으로 우리의 영혼과 인격을 채우면 하나님을 닮아가는 자녀가 될 것입니다. 이러한 변화는 하루아침에 이루어지지 않으며 매일 하나님의 말씀을 듣는 훈련을 통해 가능합니다. 그래서 큐티를 경건훈련이라고 합니다. 예수님은 새벽에 항상 하나님을 만나셨습니다. 하루 일과를 시작하기 전에 큐티를 한다면 하루 동안 하나님의 말씀을 경험하고 이룰 수 있는 기회와 축복을 가지게 될 것입니다. 큐티에서 중요한 것은 날마다 꾸준히 하는 것입니다. 아침 시간을 놓치면 하루 동안 급한 일이 자주 생기거나 집중력이 떨어져 깊은 묵상을 하기가 힘듭니다. 그럴 때는 친구나 선생님과 큐티 나눔을 하면 서로에게 힘이 되어 큐티를 지속할 수 있습니다. 이제 여러분은 큐티를 통해 캠브리지 대학의 7명의 기독 학생들처럼 교회를 변화시키고 학교를 변화시키고, 사회를 변화시키는 힘을 가지게 될 것입니다.

Introduce

단원주제	성경
단원해설	본 단원을 통해 성경은 어떤 책인지, 성경의 내용, 성경의 암송, 성경의 읽기에 대해 배움으로 흔들리지 않는 그리스도인으로 성장하게 합니다.
중심구절	"모든 성경은 하나님의 감동으로 된 것으로 교훈과 책망과 바르게 함과 의로 교육하기에 유익하니"(딤후 3:16).
단원학습목표	성경은 하나님의 감동으로 된 책임을 알게 하고 성경의 암송, 읽기 등을 통해 이 세대를 본받지 않는 굳건한 믿음의 사람이 되게 한다.
단원핵심정리	성경이 하나님의 말씀임을 알고 그 말씀으로 구원을 얻는다.

신앙편_ 3단원

성경을 읽어요

단원소개

성경은 인간이 자의적으로 쓴 책이 아닌 온전히 하나님의 계획에 의해 하나님의 감동으로 쓰인 책임을 알아야 합니다. 또한 성경은 과학책도, 윤리 책도, 역사책도 아닌 하나님의 마음을 아는 책임을 알아야 합니다. 따라서 본 단원에서는 성경을 우리가 어떻게 읽을 것인가에 초점을 맞추고 있습니다. 성경을 무조건 읽는 것이 아니라 그 당시의 배경, 기록시기, 저자의 의도를 알고 성경을 읽는다면 하나님과의 교제의 기쁨을 더욱 누리게 될 것입니다. 성경읽기를 통해 하루하루 하나님의 말씀을 알아갈 때 우리를 향하신 하나님의 놀라운 신비와 은혜들을 경험할 것입니다.

신앙편

제9과 성경은 어떤 책인가요?

학습목표 : 성경이 하나님의 말씀이라는 사실을 이해한다.
중심진리 : 성경은 하나님의 말씀이며 그 말씀으로 구원을 얻는다.
본문말씀 : 고린도전서 2:12-14

본과를 소개합니다

이번 과에서는 청소년들의 신앙생활 중에 "성경은 어떤 책인가요?"에 해당하는 영역으로 성경이란 무엇이고 누구를 위해 쓰인 책인지를 알고 성경을 통해 하나님을 아는 데 목적이 있습니다. 성경은 하나님을 모르는 사람들에게 하나님을 소개하는 책이기도 하지만 하나님을 믿는 그리스도인들에게 성경을 통해 하나님을 더욱 깊이 알게 하는 책이기도 합니다. 본과를 통해 성경이 어떤 책인지를 이해하고 어떤 기준으로 보아야 하는지 아는 기회가 되기를 바랍니다.

» Story of Life

그 사람은 그들에게 다가왔다. 그의 이름은 무신론자였다. 그는 크리스천과 소망에게 어딜 가느냐고 물었다.

크리스천 : 시온산에 가는 중입니다.

무신론자는 몸을 흔들며 웃었다.

크리스천 : 왜 웃으시지요?

무신론자 : 당신이 하도 어리석어서 그럽니다. 그런 지루한 여행을 해봤자 수고와 고통 밖에 얻는 게 없으니까요.

크리스천 : 우리가 얻는 게 없을 것이라고 생각하십니까?

무신론자 : 어디서 얻는단 말입니까? 이 세상 어디를 뒤져봐도 당신들이 꿈꾸는 곳은 없어요.

크리스천 : 하지만 다가오는 세상이 있지요.

무신론자 : 나도 고향 집에서 당신이 말하는 시온산을 찾아봤는데 지금껏 길에서 본 것은 수많은 바보들 뿐이었어요.

크리스천 : 우리는 하나님의 말씀을 들었을 뿐만 아니라 믿기도 하지요. 우리 안에 증거가 있어요(요일 5:10).

무신론자 : 나도 그렇게 믿었었소. 하지만 그렇게 멀리까지 갔었는데 아무 것도 보지 못해서 이렇게 되돌아가는 길입니다.

크리스천 : (소망에게) 이 사람 말이 사실입니까?

소　　망 : 조심하세요. 이 사람은 사기꾼입니다. 우리가 길에서 사기꾼의 말을 들었다가 혼이 났던 것을 기억하십시오. 전도자와 목자들의 말씀을 잊으셨습니까? 우리가 말씀을 믿을 때 평화를 얻지 않았던가요? 우리는 믿음으로 행해야 합니다. "내 아들아 지식의 말씀에서 떠나게 하는 교훈을 듣지 말지니라"(잠 19:27).

크리스천 : 이 사람은 세상의 신에 의해서 눈이 멀었을 것입니다. 우리는 믿음이 불완전하지만 "진리는 어떤 거짓도 만들지 않는다는 것(요일 2:21)을 믿지요.

» Talk Talk about Life

성경 이해하기

[Story of Life]의 글은 존 번연의 '천로역정'이라는 책의 일부분입니다. 위의 글을 읽고 말하고자 하는 의미가 무엇인지 이야기해 봅시다.

위의 글은 순례자 크리스천이 시온산을 향해 가던 중 무신론자를 만나 이야기하는 장면입니다. 무신론자는 크리스천에게 자신도 예전에는 시온산을 향해 가는 것이 진리인 줄 알고 열심히 갔었지만 '그 모든 것이 헛된 것이었다. 그래서 이제는 과거의 길로 다시 돌아가려고 한다'고 크리스천의 어리석음을 비웃고 있습니다. 하지만 함께 동행했던 소망은 무신론자는 사기꾼이며, 전도자와 목자들의 말씀을 기억하고 말씀을 믿을 때 평화를 얻었던 것을 생각하라고 말했습니다. 이는 전도자나 목자들이 진리를 상기시켜 주고 평화를 얻게 해주었던 것은 성경 말씀이었음을 우리는 알 수 있습니다.

성경이란 무엇인지 각자의 생각대로 발표해 봅시다.

성경이란 하나님이 인간을 구원하시려고 당신의 뜻을 계시한 책으로 정의할 수 있습니다. 성경은 성경 기자들에 의해 구약은 히브리어로, 신약은 헬라어로 기록되어졌습니다. 따라서 성경은 하나님의 구원방법인 예수 그리스도를 중심으로 해석될 때 오류 없이 해석될 수 있습니다.

성경은 성경만이 가지고 있는 특성이 있습니다. 그 특성을 각자의 생각대로 발표해 봅시다.

1. 성경은 신자용입니다.

성경은 하나님을 계시하는 책이기는 하지만 하나님을 모르는 사람이 성경책을 읽고 하나님을 온전히 알기는 쉽지 않습니다. 하나님을 떠났던 죄인들이 그들의 죄 된 생각을 바꾸지 않고는 하나님을 온전히 바라볼 수 없기 때문입니다. 하나님을 모르는 사람이 하나님의 특별한 은혜를 입어 성경을 깨닫기도 하지만 대체로 성경은 하나님을 믿는 사람들이 성령에 의해 진리를 깨닫게 됩니다.

2. 성경은 연구하라고 주신 책이 아니라 순종하라고 주신 책입니다.

자기가 스스로 똑똑하다고 생각하는 사람들이 이성과 합리성을 따지며 그들이 생각하는 이치에 맞으면 성경을 믿겠다고 합니다. 하지만 성경은 높은 학문의 위치에 있기 때문에 믿는 것이 아니라, 하나님의 말씀이기 때문에 믿는 것이며 그 믿음은 순종을 전제로 합니다.

3. 성경은 이스라엘의 역사를 말하고 있지만 역사책은 아닙니다.

성경은 특히 구약성경은, 이스라엘의 역사를 중심으로 많은 부분 쓰였습니다. 그렇다고 성경이 역사책은 아닙니다. 많은 조상들의 지나간 흔적을 교훈 삼는 것이 아니라 역사 속에서 일하신 하나님을 소개하고 있는 책입니다.

4. 성경은 한 가정의 족보를 말하는 족보 책이 아닙니다.

성경은 아담 이후에 등장하는 아브라함과 다윗의 계보를 말하는 족보 책이 아니라 인간을 통해 드러나는 하나님의 놀라운 능력을 보여줍니다.

5. 성경은 과학책이 아닙니다.

많은 사람들이 과학적이면 합리적이고 이성적이라고 생각합니다. 그래서 사람들이 판단하기에 세상의 가장 많은 사람들이 읽은 책이라면 분명히 가장 과학적이고, 가장 합리적이고, 이성적일 것이라고 생각합니다. 그리고 성경을 과학적으로, 합리적으로 접근합니다. 하지만 그렇게 접근한다면 하나님의 공의를 이해하지 못합니다. 예수님의 부활을 과학적으로 증명할 수 없으며, 창세기 1:1절은 과학적 증명보다 우리의 고백으로 표현될 때 우리 안에서 놀라운 능력이 발휘됩니다.

6. 성경은 위인전이 아닙니다.

다윗이 위대했던 것은 인간으로서 완벽했기 때문이 아니라 하나님의 마음에 합한 사람이었기 때문에 위대했습니다. 그는 실수도 했으며 인간으로 돌이킬 수 없는 죄도 저질렀습니다. 하지만 그는 하나님이 아니라고 했을 때 추호의 여지없이 하나님께 돌이켰던 사람입니다. 이것이 다윗을 위대하게 만들었습니다.

7. 성경은 윤리 책이 아닙니다.

성경책은 인간의 도리를 찾는 윤리 책이 아닙니다. 오히려 하나님은 이스라엘 백성이 가나안 땅에 들어갈 때 우리의 시각에서 비윤리적인 행동을 많이 요구하셨습니다. 성경은 절대로 윤리적인 책이 아니며 하나님을 계시하고 드러내는 신앙고백서라고 할 수 있습니다.

» Standard of Life

본문탐구

우리가 하나님의 말씀을 바로 이해하기 위해서는 어떻게 되어야 합니까?(고전 2:12)

> "우리가 세상의 영을 받지 아니하고 오직 하나님으로부터 온 영을 받았으니 이는 우리로 하여금 하나님께서 우리에게 은혜로 주신 것들을 알게 하려 하심이라"(고전 2:12).

우리가 하나님께로부터 온 영, 즉 성령을 받을 때 하나님의 말씀을 바로 이해할 수 있게 됩니다. 성경은 영적인 것이기 때문입니다.

육에 속한 사람은 성경을 어떤 관점으로 보는지 말해보고, 왜 그렇게 보는지 발표해 봅니다.(고전 2:14)

> "육에 속한 사람은 하나님의 성령의 일들을 받지 아니하나니 이는 그것들이 그에게는 어리석게 보임이요, 또 그는 그것들을 알 수도 없나니 그러한 일은 영적으로 분별되기 때문이라"(고전 2:14).

육에 속한 사람은 성경을 믿는 사람들을 어리석다고 생각합니다. 그 이유는 그들의 이성으로 이해가 안 되기 때문입니다. 성경은 영적인 일이기에 영적으로 분별해야 합니다.

» Change of Life

성경을 대하는 태도

성경 말씀을 통해 우리가 성경을 어떤 태도로 대해야 하는지 발표해 봅시다.

(1) 살전 2:13- 하나님의 말씀으로 대할 것

"이러므로 우리가 하나님께 끊임없이 감사함은 너희가 우리에게 들은 바 하나님의 말씀을 받을 때에 사람의 말로 받지 아니하고 하나님의 말씀으로 받음이니 진실로 그러하도다 이 말씀이 또한 너희 믿는 자 가운데서 역사하느니라."

(2) 행 17:11- 간절한 마음으로 대할 것

"베뢰아에 있는 사람들은 데살로니가에 있는 사람들보다 더 너그러워서 간절한 마음으로 말씀을 받고 이것이 그러한가 하여 날마다 성경을 상고하므로."

(3) 고전 2:14- 하나님께서 영적으로 깨닫게 해주시길 기대하는 것

"육에 속한 사람은 하나님의 성령의 일들을 받지 아니하나니 이는 그것들이 그에게는 어리석게 보임이요, 또 그는 그것들을 알 수도 없나니 그러한 일은 영적으로 분별되기 때문이라."

(4) 약 1:22- 말씀을 행함

"너희는 말씀을 행하는 자가 되고 듣기만 하여 자신을 속이는 자가 되지 말라."

» Decision of Life

성경이란 하나님이 인간을 구원하시려고 당신의 뜻을 계시한 책으로 정의할 수 있습니다. 성경은 성경 기자들에 의해 우리가 읽을 수 있는 언어로 기록되어졌습니다. 따라서 성경은 하나님의 구원 방법인 예수 그리스도를 중심으로 해석될 때 오류 없이 해석될 수 있습니다. 성경은 하나님을 계시하는 책이기는 하지만 하나님을 모르는 사람이 성경책을 읽고 하나님을 온전히 알기는 쉽지 않습니다. 하나님을 떠났던 죄인들이 그들의 죄 된 생각을 바꾸지 않고는 하나님을 온전히 바라볼 수 없기 때문입니다. 하나님을 모르는 사람이 하나님의 특별한 은혜를 입어 성경을 깨닫기도 하지만 대체로 성경은 하나님을 믿는 사람들이 성령님에 의해 진리로 인도되는 길이라 할 수 있습니다. 때로는 자기가 스스로 똑똑하다고 생각하는 사람들이 이성과 합리성을 따지며 그들이 생각하는 이치에 맞으면 성경을 믿겠다고 합니다. 하지만 성경은 높은 학문의 위치에 있기 때문에 믿는 것이 아니라 하나님의 말씀이기 때문에 믿는 것이며 그 믿음은 순종을 전제로 합니다.

신앙편

제10과 성경의 저자는 하나님

학습목표 : 성경은 하나님의 감동으로 된 '책'임을 알게 한다.
중심진리 : 성경의 내용을 이해함으로 우리는 성숙한 사람으로 성장한다.
본문말씀 : 디모데후서 3:15-17

본과를 소개합니다

이번 과에서는 청소년들의 신앙생활 중에 "성경의 내용"에 해당하는 영역으로 성경의 의미를 알고 난 후에 성경을 인간이 자의적으로 쓴 책이 아닌 온전히 하나님의 계획에 의해 하나님의 감동으로 쓰인 책임을 아는 데 그 목적이 있습니다. 성경을 이제는 과학책이나, 윤리 책이나, 역사책이 아닌 하나님의 마음을 아는 책으로 알게 될 것입니다. 본과를 통해 성경의 내용을 바로 이해하여 생활 속에서 말씀을 실천함으로 삶의 가치 기준을 바로 아는 기회가 되기를 바랍니다.

» Story of Life

성경의 순서를 적어보세요.

• 구약성경

창(창세기)–출(출애굽기)–레(레위기)–민(민수기)–신(신명기)–수(여호수아)–삿(사사기)–룻(룻기)–삼상(사무엘상)–삼하(사무엘하)–왕상(열왕기상)–왕하(열왕기하)–대상(역대상)–대하(역대하)–스(에스라)–느(느헤미야)–에(에스더)–욥(욥기)–시(시편)–잠(잠언)–전(전도서)–아(아가)–사(이사야)–렘(예레미야)–애(예레미야애가)–겔(에스겔)–단(다니엘)–호(호세아)–욜(요엘)–암(아모스)–옵(오바댜)–욘(요나)–미(미가)–나(나훔)–합(하박국)–습(스바냐)– 학(학개)–슥(스가랴)–말(말라기)

• 신약성경

마(마태복음)–막(마가복음)–눅(누가복음)–요(요한복음)–행(사도행전)–롬(로마서)–고전(고린도전서)–고후(고린도후서)–갈(갈라디아서)–엡(에베소서)–빌(빌립보서)–골(골로새서)–살전(데살로니가전서)–살후(데살로니가후서)–딤전(디모데전서)–딤후(디모데후서)–딛(디도서)–몬(빌레몬서)–히(히브리서)–약(야고보서)–벧전(베드로전서)–벧후(베드로후서)–요일(요한일서)–요이(요한이서)–요삼(요한삼서)–유(유다서)–계(요한계시록)

» Talk Talk about Life

성경의 내용

성경의 주제가 무엇인지 아는 대로 이야기해 봅시다.

성경은 하나님이 인간을 향해 어떤 계획을 가지고 계신지, 죄인들을 구원하시기 위해 역사 속에서 어떤 활동을 하셨는지, 하나님은 어떤 분이신지, 그리고 궁극적으로 인간의 구원은 예수 그리스도를 통해 이루어졌음을 선포하고 있습니다.

성경이 하나님의 말씀이라는 사실을 어떻게 믿을 수 있는지 이야기해 봅시다.

성경은 성경 자체가 하나님의 말씀임을 증거하고 있습니다. 성경을 쓴 저자들은 자신들의 말이라고 하기보다 하나님의 말씀임을 동일하게 주장합니다. "모세가 여호와의 모든 말씀을 기록하고 이른 아침에 일어나 산 아래에 제단을 쌓고 이스라엘 열두 지파대로 열두 기둥을 세우고"(출 24:4), "이스라엘의 하나님 여호와께서 이와 같이 말씀하여 이르시기를 내가 네게 일러준 모든 말을 책에 기록하라"(렘 30:2), "모든 성경은 하나님의 감동으로 된 것으로 교훈과 책망과 바르게 함과 의로 교육하기에 유익하니"(딤후 3:16).

성경은 사람의 관점이 아닌 하나님의 관점에서 쓰였습니다. 인간의 좋은 점만 쓴 것이 아니라 비윤리적인 부분도 언급하고 있습니다. 성경은 인간을 소개하기보다 하나님을 소개하고 있기 때문입니다.

성경은 그 내용에 있어 무려 1,000년 이상의 내용의 통일성을 갖고 있습니다. 성경은 1,000~1,500년 이상에 걸쳐 40명 이상의 저자에 의해 다른 언어와 다른 사회적 배경을 가지고 기록되었으나 그 내용의 중심에는 인간의 창조와 하나님의 지극한 사랑, 예수 그리스도를 통한 구원의 계획에 초점을 맞추고 있습니다. 성경은 인간을 변화시키는 힘을 가지고 있습니다.

» Standard of Life

본문탐구

성경 말씀은 어떤 지혜가 있습니까?(딤후 3:15)

"또 어려서부터 성경을 알았나니 성경은 능히 너로 하여금 그리스도 예수 안에 있는 믿음으로 말미암아 구원에 이르는 지혜가 있게 하느니라"(딤후 3:15).

우리가 읽는 성경은 어떻게 쓰였나요?(딤후 3:16)

"모든 성경은 하나님의 감동으로 된 것으로 교훈과 책망과 바르게 함과 의로 교육하기에 유익하니"(딤후 3:16).

성경을 이성이 아닌 하나님의 감동으로 받아들이면 우리는 어떤 사람으로 변하게 되나요?(딤후 3:17)

"이는 하나님의 사람으로 온전하게 하며 모든 선한 일을 행할 능력을 갖추게 하려 함이라" (딤후 3:17).

» Change of Life

성경의 구성

(1) 히브리 정경

토라	네비임	케투빔
창세기 출애굽기 레위기 민수기 신명기	여호수아 사사기 사무엘서 열왕기서 이사야 예레미야 에스겔 열두 예언자	시편 욥기 잠언 룻기 아가서 전도서 애가 에스더 다니엘 에스라, 느헤미야 역대기

유대교의 구약배열은 우리와 조금 다르게 구성되어 있습니다. 원래는 24권으로 사무엘, 열왕기, 역대기가 상하의 구분이 없으며, 12소예언서가 한 권으로 되어 있고, 에스라, 느헤미야가 한 권으로 되어 있습니다.

토라– 흔히 율법이라고 번역하지만 '가르침'이란 뜻이 적절합니다. 네비임– 예언서, 케투빔– 글들.

(출처 : 「신앙생활 입문」, 요단)

(2) 연대기적으로 본 구약성경

시대구분	역사서(17권)		시가서(5권)	예언서(17권)
	주류(11권)	비주류(6권)		
1. 창조시대	창세기 1-11장			
2. 족장시대	창세기 12-50장		욥기	
3. 출애굽과 광야시대	출애굽기, 민수기	레위기, 신명기		
4. 정복시대	여호수아			
5. 사사시대	사사기	룻기		
6. 단일왕국시대	사무엘상, 사무엘하 열왕기상 1-11장	역대상	시편, 잠언 전도서, 아가서	
7. 분열왕국시대	열왕기상 12-22장 열왕기하	역대하		이사야, 예레미야 예레미야애가 호세아, 요엘 아모스, 오바댜 요나, 미가 나훔, 하박국 스바냐
8. 포로시대				다니엘, 에스겔
9. 포로귀환시대	에스라, 느헤미야	에스더		학개, 스가랴, 말라기
10. 침묵시대				

구약은 오실 메시아에 대한 예언을 기록하고 있습니다.

(3) 신약성경

복음서	역사서	서신서		
		바울서신(13)		일반서신(9)
마태복음 마가복음 누가복음 요한복음	사도행전	**수신자 – 교회** 로마서 고린도전후서 갈라디아서 에베소서 빌립보서 골로새서 데살로니가전후서	**수신자 – 개인** 디모데전후서 디도서 빌레몬서	히브리서 야고보서 베드로전후서 요한1서 요한2서 요한3서 유다서 요한계시록

(출처 : 「성경탐구 40일」, 두란노)

신약은 오신 메시아의 약속의 성취에 대해 기록하고 있습니다.

» Decision of Life

성경은 하나님이 인간을 향해 어떤 계획을 가지고 계신지, 죄인들을 구원하시기 위해 역사 속에서 어떤 활동을 하셨는지, 하나님은 어떤 분이신지, 그리고 궁극적으로 인간의 구원이 예수 그리스도를 통해 이루어졌음을 선포하고 있습니다.

성경은 그 내용에 있어 무려 1,000년 이상의 내용의 통일성을 가지고 있습니다. 성경은 1,000~1,500년 이상에 걸쳐 40명 이상의 저자에 의해 다른 언어와 다른 사회적 배경을 가지고 기록되었으나 그 내용의 중심에는 인간의 창조와 하나님의 지극한 사랑, 예수 그리스도를 통한 구원의 계획에 초점을 맞추고 있습니다. 그러므로 성경을 이성과 역사, 윤리적 측면에서만 바라본다면 우리는 진리를 모르는 미련한 사람이 될 것입니다.

신앙편

제11과 성경을 암송해요

학습목표 : 성경 암송을 통해 생활 속에서 승리하는 삶을 살게 한다.
중심진리 : 성경 암송을 통해서 어떠한 상황에도 말씀으로 이겨내는 성숙한 그리스도인으로 성장할 수 있다.
본문말씀 : 히브리서 4:12-13

본과를 소개합니다

이번 과에서는 청소년들의 신앙생활 중에 "성경의 암송"에 해당하는 영역으로 성경 암송을 통해 청소년들이 생활 속에서 선택을 해야 하는 시점이나 성경적 가치기준을 필요로 할 때 말씀을 통해 하나님의 자녀로서 당당하고 자신감 있게 살아가게 하는데 그 목적이 있습니다. 본과를 통해 성경 암송으로 얻는 유익을 알고 실제로 성경을 암송해 봄으로써 하나님을 아는 지식이 늘어나는 기회가 되기를 바랍니다.

» Story of Life

십계명(출 20:1-17)

"하나님이 이 모든 말씀으로 말씀하여 이르시되

나는 너를 애굽 땅, 종 되었던 집에서 인도하여 낸 네 하나님 여호와니라

① 너는 나 외에는 다른 신들을 네게 두지 말라

② 너를 위하여 새긴 우상을 만들지 말고 또 위로 하늘에 있는 것이나 아래로 땅에 있는 것이나 땅 아래 물 속에 있는 것의 어떤 형상도 만들지 말며

그것들에게 절하지 말며 그것들을 섬기지 말라 나 네 하나님 여호와는 질투하는 하나님인즉 나를 미워하는 자의 죄를 갚되 아버지로부터 아들에게로 삼사 대까지 이르게 하거니와

나를 사랑하고 내 계명을 지키는 자에게는 천 대까지 은혜를 베푸느니라

③ 너는 네 하나님 여호와의 이름을 망령되게 부르지 말라 여호와는 그의 이름을 망령되게 부르는 자를 죄 없다 하지 아니하리라

④ 안식일을 기억하여 거룩하게 지키라 엿새 동안은 힘써 네 모든 일을 행할 것이나

일곱째 날은 네 하나님 여호와의 안식일인즉 너나 네 아들이나 네 딸이나 네 남종이나 네 여종이나 네 가축이나 네 문안에 머무는 객이라도 아무 일도 하지 말라

이는 엿새 동안에 나 여호와가 하늘과 땅과 바다와 그 가운데 모든 것을 만들고 일곱째 날에 쉬었음이라 그러므로 나 여호와가 안식일을 복되게 하여 그 날을 거룩하게 하였느니라

⑤ 네 부모를 공경하라 그리하면 네 하나님 여호와가 네게 준 땅에서 네 생명이 길리라

⑥ 살인하지 말라

⑦ 간음하지 말라

⑧ 도둑질하지 말라

⑨ 네 이웃에 대하여 거짓 증거하지 말라

⑩ 네 이웃의 집을 탐내지 말라 네 이웃의 아내나 그의 남종이나 그의 여종이나 그의 소나 그의 나귀나 무릇 네 이웃의 소유를 탐내지 말라."

» Talk Talk about Life

성경 암송

[Story of Life]의 십계명을 암송해 보세요.

지난 시간에 미리 십계명에 대한 암송을 과제로 내주거나 성경공부에 들어가기 전에 일정한 시간을 주어 암송하게 합니다. 중학생의 경우는 십계명만 암송하게 하고, 고등학생은 출애굽기 20:1-17절까지 성경본문을 암송하게 합니다.

성경 암송이 주는 유익은 무엇입니까?

1. 시험을 이길 수 있습니다.

"내가 주께 범죄하지 아니하려 하여 주의 말씀을 내 마음에 두었나이다"(시 119:11).

2. 바른 결정을 내릴 수 있도록 도와줍니다.

"주의 말씀은 내 발의 등이요, 네 길의 빛이니이다"(시 119:105).

3. 고난을 받을 때 강함을 주십니다.

"주의 종에게 하신 말씀을 기억하소서, 주께서 내게 소망을 가지게 하셨나이다. 이 말씀은 나의 고난 중의 위로라, 주의 말씀이 나를 살리셨기 때문이니이다"(시 119:49-50).

4. 슬플 때 위로가 됩니다.

"만군의 하나님 여호와시여 나는 주의 이름으로 일컬음을 받는 자라 내가 주의 말씀을 얻어 먹었사오니 주의 말씀은 내게 기쁨과 내 마음의 즐거움이오나"(렘 15:16)

5. 전도에 도움이 됩니다.

"너희 속에 소망에 관한 이유를 묻는 자에게 대답할 것을 항상 예비하되 온유와 두려움으로 하고"(벧후 3:15).

언제 성경을 암송하는 것이 좋을까요?

경건의 시간에 핵심 구절을 암송하거나, 자투리 시간에 성구 암송카드를 가지고 암송을 한다면 좋은 방법이 될 것입니다. 잠자리에 들기 직전도 좋은 기회가 될 수 있습니다. 그 외에 포스트 잇 같은 것으로 여러 곳에 붙여 두고 무시로 암송할 수도 있습니다. 중요한 것은 '어떻게 하면 효과적으로 암송을 할 수 있을까' 보다 암송을 하는 이유를 지속적으로 상기시켜 준다면 학생들에게 좋은 결과를 얻을 수 있을 것입니다.

» Standard of Life

본문탐구

히브리서 저자는 하나님의 말씀의 능력을 어떻게 표현하고 있습니까?

"하나님의 말씀은 살아있고 활력이 있어 좌우에 날선 어떤 검보다도 예리하여 혼과 영과 및 관절과 골수를 찔러 쪼개기까지 하며 또 마음의 생각과 뜻을 판단하나니 지으신 것이 하나도 그 앞에 나타나지 않음이 없고 우리의 결산을 받으실 이의 눈앞에 만물이 벌거벗은 것 같이 드러나느니라"(히 4:12-13).

히브리서 4:12절의 말씀 중에 '살아있고 활력이 있어 어떤 검보다도 예리하고 혼과 영과 관절과 골수를 찔러 쪼개기까지 하고 마음의 생각과 뜻을 판단하신다'는 뜻이 무엇인지 자신의 말로 이야기해 봅시다.

모세는 신명기에서 하나님의 말씀을 어떻게 대하라고 말씀하고 있습니까?(신 6:5-9)

"너는 마음을 다하고 뜻을 다하고 힘을 다하여 네 하나님 여호와를 사랑하라 오늘 내가 네게 명하는 이 말씀을 너는 마음에 새기고 네 자녀에게 부지런히 가르치며 집에 앉았을 때에든지 길을 갈 때에든지 누워 있을 때에든지 일어날 때에든지 이 말씀을 강론할 것이며 너는 또 그것을 네 손목에 매어 기호를 삼으며 네 미간에 붙여 표로 삼고 또 네 집 문설주와 바깥문에 기록할지니라"(신 6:5-9).

» Change of Life

성경 암송하기

다음 성경 말씀을 찾아보고, 암송해 봅시다.

롬 6:23	(“죄의 삯은 사망이요, 하나님의 은사는 그리스도 예수 안에 있는 영생이니라.”)
(사 53:6)	“우리는 다 양 같아서 그릇 행하여 각기 제 길로 갔거늘 여호와께서는 우리 모두의 죄악을 그에게 담당시키셨도다.”
롬 3:23	(“모든 사람이 죄를 범하였으매 하나님의 영광에 이르지 못하더니.”)
(사 41:10)	“두려워하지 말라 내가 너와 함께 함이라 놀라지 말라 나는 네 하나님이 됨이라 내가 너를 굳세게 하리라 참으로 너를 도와주리라 참으로 나의 의로운 오른 손으로 너를 붙들리라.”
빌 4:13	(“내게 능력 주시는 자 안에서 내가 모든 것을 할 수 있느니라.”)
(수 1:8)	“이 율법책을 네 입에서 떠나지 말게 하며 주야로 그것을 묵상하여 그 안에 기록된 대로 다 지켜 행하라 그리하면 네 길이 평탄하게 될 것이며 네가 형통하리라.”
딤후 3:16	(“모든 성경은 하나님의 감동으로 된 것으로 교훈과 책망과 바르게 함과 의로 교육하기에 유익하니.”)
(요 5:24)	“내가 진실로 진실로 너희에게 이르노니 내 말을 듣고 또 나 보내신 이를 믿는 자는 영생을 얻었고 심판에 이르지 아니하나니 사망에서 생명으로 옮겼느니라.”
요 1:12	(“영접하는 자 곧 그 이름을 믿는 자들에게는 하나님의 자녀가 되는 권세를 주셨으니.”)
(빌 4:6–7)	“아무 것도 염려하지 말고 다만 모든 일에 기도와 간구로 너희 구할 것을 감사함으로 하나님께 아뢰라 그리하면 모든 지각에 뛰어난 하나님의 평강이 그리스도 예수 안에서 너희 마음과 생각을 지키시리라.”

Tip 위의 구절은 네비게이토 주제별 성경암송 60구절 중에 A와 B에 해당하는 말씀으로 학생들에게 꼭 필요한 말씀 10구절을 뽑아 놓은 것입니다. 본과의 주제가 성경 암송이기에 실제로 암송을 하는 것에 초점을 맞추었습니다.

» Decision of Life

신명기 6:5-9절까지의 내용을 보면 "너는 마음을 다하고 뜻을 다하고 힘을 다하여 네 하나님 여호와를 사랑하라. 오늘 내가 네게 명하는 이 말씀을 너는 마음에 새기고 네 자녀에게 부지런히 가르치며 집에 앉았을 때에든지 길을 갈 때에든지 누워 있을 때에든지 일어날 때에든지 이 말씀을 강론할 것이며 너는 또 그것을 네 손목에 매어 기호를 삼으며 네 미간에 붙여 표로 삼고 또 네 집 문설주와 바깥문에 기록할지니라"고 말씀하고 있습니다. 성경은 우리에게 하나님의 말씀을 지키라는 명령을 넘어 마음에 새기고, 앉아 있을 때나, 길을 갈 때나, 누워 있을 때나, 일어날 때나, 하나님의 말씀을 손목에 메고, 이마에 붙이고, 문설주에 기록하라고 말씀합니다. 이 말씀대로라면 말씀을 몸의 일부처럼 배도록 암송하라는 것입니다. 왜 그렇게 해야 합니까?

성경 암송이 발휘하는 능력은 그 상상을 초월합니다. 성경을 암송해 두면 순간순간 내 자의로 선택해야 하는 상황에서 반사적으로 하나님의 말씀대로 선택을 하게 되며, 어려운 상황이 닥칠 때 생각나는 말씀이 큰 위로가 되거나 능력으로 나타나기도 합니다. 성경 암송은 자신의 생활을 당당하고 자신감 있게 만들어 줄 것입니다.

제12과 성경 읽기

학습목표 : 지속적인 성경 읽기를 통해 이 세대를 본받지 않는 굳건한 믿음의 사람이 되게 한다.

중심진리 : 지속적인 성경 읽기를 통해 굳건하고 거룩한 그리스도인으로 성장한다.

본문말씀 : 시편 119:9-11

본과를 소개합니다

이번 과에서는 청소년의 신앙 중에 "성경 읽기"에 해당하는 영역으로 성경을 우리가 어떻게 읽을 것인가에 초점을 맞추고 있습니다. 성경을 무조건 읽는 것이 아니라 당시의 배경, 기록시기, 저자의 의도를 알고 성경을 읽는다면 더욱 성경을 잘 이해할 수 있을 뿐 아니라 성경을 통한 풍성한 은혜를 얻게 될 것입니다. 성경 읽기를 통해 하루하루 하나님의 말씀을 알아갈 때 우리를 향하신 놀라운 하나님의 신비와 사랑을 경험할 것입니다.

» Story of Life

현대를 살고 있는 사람들은 하루하루를 너무 바쁘게 지내고 있습니다. 직장생활을 하는 어른들도, 공부하는 학생들도 하루 24시간이 모자랄 정도로 바쁘게 하루를 살아가고 있습니다. 하나님이 어떤 분이신지, 그리고 그분을 날마다 만나야 한다고 생각은 하지만 지금 눈앞에 있는 일들이 너무 급하고 바빠서 하나님을 만나기를 잠시 미뤄둡니다. 특히 우리 학생들은 성경 읽을 시간도 없고, 기도할 시간도 없습니다. 심지어는 주일에 예배를 드릴 시간도 없습니다. 시험 공부도 해야 하고, 학원 숙제도 해야 하고, 게임도 해야 하고, 하루에 300건이 넘는 문자도 주고받아야 하고, 다른 학교와 대면식도 해야 하고, 노래방도 가야하고, 친구들과 만나서 수다도 떨어야 하고, TV도 봐야 합니다. 이런 상황에서 성경을 읽고 하나님을 생각할 짬이 나지 않습니다.

그렇다면 이렇게 생각해 보면 어떨까요? 시간이 없으니까 성경을 보고, 시간이 없으니까 기도를 하고, 시간이 없으니까 주일만이라도 교회에 가는 겁니다. 시간이 날 때까지 기다리는 것이 아니라 성경을 보고, 기도를 하고 교회에 나오는 것이 생활 자체가 된다면 신앙생활을 한다는 것이 부담스럽지 않을 것입니다.

그리스도인이 성경을 읽을 시간이 없을 만큼 바쁘다면 그것은 하나님이 원하시는 바른 생활이 아니며 우리가 성경을 읽지 않으면 하나님을 빼놓고 믿음생활을 하는 것과 마찬가지입니다. 하나님이 빠진 믿음생활은 그리스도인의 온전한 삶이라고 볼 수 없습니다.

» Talk Talk about Life

성경 읽기

성경을 읽을 때 다음과 같은 사항을 고려하여 읽으면 도움이 됩니다. 맞다고 생각하는 부분을 연결하세요.

[고린도전서]

• 상황과 배경	• 이교도 사회로부터 드러난 교회의 문제점들 즉 분열, 소송, 부도덕, 문제가 되는 관습들, 성만찬의 오용, 영적인 은사 등 다양한 문제들이 나타남
• 동 기	• 바울은 교회에서 발생한 성적인 부도덕을 다루면서 교회의 규율과 순결의 중요성을 강조함
• 저 자	• AD 55~56년
• 수 신 자	• 고린도교회 교인
• 저 작 시 기	• 바울
• 저 작 장 소	• 바울의 3차 전도 여행 시

아래 글은 무디 목사님이 하신 말씀입니다. 어떤 의미일까요?

> 성경은 지식을 증가시키기 위해 주어진 것이 아니라 생활을 변화시키기 위해 주어진 것이다.
> – 드와이트 L. 무디(D. L. Moody) –

성경을 읽는 것은 지식을 넓히기 위해서 읽는 것이 아니라 하나님의 말씀을 읽고 그 뜻을 깨달아서 하나님이 나에게 무엇을 원하시는지를 알기 위함입니다. 따라서 말씀을 읽는 것은 나의 모든 것을 하나님께 맞추는 생활의 변화를 목적으로 하는 것입니다.

» Standard of Life

본문탐구

성경을 읽는 우리의 태도는 어떠해야 합니까?

(1) 두렵고 떨리는 마음으로 읽는다.

"두려운 마음으로 주를 섬기고, 떨리는 마음으로 주를 찬양하여라"(시 2:11).
"주의 말씀을 떨리는 마음으로 받아들이는 사람들아, 너희는 그의 말씀을 들어라"(사 66:5).
"나는 그분 앞에서 떨리는구나. 이런 것을 생각할 때마다, 그분이 두렵구나"(욥 23:15, 표준새번역).

(2) 신앙은 증명에서 시작하지 않고 고백에서 시작한다.

"믿음은 바라는 것들의 실상이요 보이지 않는 것들의 증거니 선진들이 이로써 증거를 얻었느니라"(히 11:1-2).

우리는 왜 성경을 읽어야 하나요?

"또 어려서부터 성경을 알았나니 성경은 능히 너로 하여금 그리스도 예수 안에 있는 믿음으로 말미암아 구원에 이르는 지혜가 있게 하느니라. 모든 성경은 하나님의 감동으로 된 것으로 교훈과 책망과 바르게 함과 의로 교육하기에 유익하니"(딤후 3:16-17).
"하나님의 말씀은 살아 있고 활력이 있어 좌우에 날선 어떤 검보다도 예리하여 혼과 영과 및 관절과 골수를 찔러 쪼개기까지 하며 또 마음의 생각과 뜻을 판단하나니"(히 4:12).
"내가 주께 범죄하지 아니하려 하여 주의 말씀을 내 마음에 두었나이다"(시 119:11).

사람이 살아가기 위해서는 알맞은 영양분을 섭취해야 합니다. 이처럼 그리스도인들도 바른 신앙생활을 하기 위해서는 영적인 영양분을 섭취해야 바른 성장을 할 수 있습니다. 어린아이에게 모든 일을 할 때 부모가 필요하듯 거듭난 성도들은 영적으로 성장하기 위해서 말씀이 꼭 필요합니다. 물론 교회에서의 예배나 봉사, 목회자나 교사들을 통한 설교도 훌륭한 양식이 되지만 가장 좋은 영양분은 하나님이 직접 성경을 통해서 자신에게 공급하시는 말씀의 깨달음이라 할 수 있습니다. 하나님은 모든 사람들이 성경을 통해 개인적인 유익과 성장을 얻도록 하셨습니다.

» Change of Life

성경 읽기의 유익

성경 읽기를 통해 우리가 얻을 수 있는 유익은 무엇일까요?

(1) 우리의 길이 평탄하게 되며 형통하게 됨

"이 율법책을 네 입에서 떠나지 말게 하며 주야로 그것을 묵상하여 그 안에 기록된 대로 다 지켜 행하라 그리하면 네 길이 평탄하게 될 것이며 네가 형통하리라"(수 1:8).

(2) 범죄치 않음

"청년이 무엇으로 그의 행실을 깨끗하게 하리이까 주의 말씀만 지킬 따름이니이다 내가 주께 범죄하지 아니하려 하여 주의 말씀을 내 마음에 두었나이다"(시 119:9,11)

(3) 내 발의 등이요 내 길의 빛이 됨

"주의 말씀은 내 발에 등이요 내 길에 빛이니이다"(시 119:105).

(4) 기쁨과 즐거움이 됨

"내가 주의 말씀을 얻어 먹었사오니 주의 말씀은 내게 기쁨과 내 마음의 즐거움이오나"(렘 15:16).

(5) 든든히 세워주시고 기업을 주심

"지금 내가 여러분을 주와 및 그 은혜의 말씀에 부탁하노니 그 말씀이 여러분을 능히 든든히 세우사 거룩하게 하심을 입은 모든 자 가운데 기업이 있게 하시리라"(행 20:32).

» Decision of Life

현대를 살고 있는 사람들은 하루하루를 너무 바쁘게 지내고 있습니다. 직장생활을 하는 어른들도, 공부하는 학생들도 하루 24시간이 모자랄 정도로 바쁘게 하루를 살아가고 있습니다. 그렇기에 생활의 여유가 없습니다. 하지만 그리스도인에게 성경을 읽을 시간이 없을 만큼 바쁘다면 그것은 하나님이 원하시는 것이 아니며, 우리가 성경을 읽지 않으면 하나님을 빼놓고 믿음생활을 하는 것과 마찬가지입니다. 하나님이 빠진 믿음생활은 그리스도인의 삶이라고 할 수 없습니다.

성경을 읽는 것은 단순히 지식을 넓히기 위해서 읽는 것이 아니라 하나님의 말씀이 무엇이고 하나님이 나에게 무엇을 요구하시는지를 아는 것입니다. 따라서 말씀을 읽는 것은 나의 모든 것을 하나님께 맞추는 생활의 변화를 목적으로 합니다.

TEEN TEEN POWER IN JESUS

청·소·년·핵·심·공·과

틴틴파워 인지저스 4권

생활편

Introduce

단원주제	청소년들의 내면의 공간
단원해설	그리스도인이 힘든 일을 겪으면서도 그것을 이길 수 있는 힘을 갖는 것은 바로 자신의 존재가 어디서 왔으며 무엇을 목적으로 살아가느냐를 아는 것입니다. 또 우리는 친구를 통해 나를 발견하게 됩니다. 친구의 도움을 받는 사람은 나의 연약함을 알게 되는 것이고, 친구를 도와주는 사람은 하나님의 사랑을 이루는 사람인 것입니다. 본 단원을 통해 자신의 정체성을 이해하여 생활 속에서 분명한 목적을 가지고 살아감으로 하나님을 영광스럽게 하는 하나님의 소중한 자녀가 되도록 합니다.
중심구절	"너희는 말씀을 행하는 자가 되고 듣기만 하여 자신을 속이는 자가 되지 말라 누구든지 말씀을 듣고 행하지 아니하면 그는 거울로 자기의 생긴 얼굴을 보는 사람과 같아서 제 자신을 보고 가서 그 모습이 어떠했는지를 곧 잊어버리거니와 자유롭게 하는 온전한 율법을 들여다보고 있는 자는 듣고 잊어버리는 자가 아니요 실천하는 자니 이 사람은 그 행하는 일에 복을 받으리라"(약 1:22-25).
단원학습목표	자신의 내면을 돌아봄으로 참 모습을 찾고 생활을 통해 그리스도를 드러내도록 한다.
단원핵심정리	성경을 통해 자신의 참 모습을 찾고 흔들리지 않는 믿음의 사람으로 성장하여 복음을 전하는 전도자로서의 삶을 살도록 한다.

생활편_ 1단원

나와 너 그리고 우리

단원소개

1과에서는 청소년들이 생활 속에서 자신의 존재의 의미를 바로 이해하고, 자신이 하나님의 선물이자 소중한 존재임을 깨닫게 될 것입니다. 2과에서는 친구(너)를 통해 자신의 존재의 의미를 바로 이해하고, 사랑의 관계를 맺는 것이 어떤 것이지 아는 데 목적이 있습니다. 또 다른 내가 있어야 내가 누구인지, 하나님 앞에 어떤 존재인지를 알게 될 것입니다. 3과에서는 학생들이 신앙은 머리에만 머무르는 것이 아니라 마음과 영혼에 들어와 삶이 변하고 그 변화된 삶을 통해 잃어버린 영혼을 찾을 수 있음을 깨닫게 되는 데 목적이 있습니다.

생활편

제1과 내가 누구인지 알았어요

학습목표 : 말씀을 통해 자신의 참 모습을 찾아본다.

중심진리 : 말씀을 통해 자신의 참 모습을 찾고 흔들리지 않는 믿음의 사람으로 성장한다.

본문말씀 : 고린도후서 2:12-17

본과를 소개합니다

이번 과에서는 청소년의 생활 중에 "내가 누구인지 알았어요"에 해당하는 영역으로 자신의 존재의 의미를 바로 이해하고, 생활 속에서 자신은 하나님의 선물이자 소중한 존재임을 아는 데 그 목적이 있습니다. 그리스도인이 힘든 일을 겪으면서도 이것을 이길 수 있는 힘을 가지는 것은 바로 자신의 존재가 어디서 왔으며 무엇을 목적으로 살아가느냐를 아는 것입니다. 본과를 통해 자신의 참 모습을 이해하여 생활 속에서 분명한 목적을 가지고 살아감으로 하나님을 영광스럽게 하는 우리 자신이 되기를 바랍니다.

» Story of Life

자신이 누구인지 아는 것은 매우 중요합니다. 이 질문은 철학적인 주제가 되기도 하는데, 그만큼 자신이 누구인지 아는 것은 매우 어려운 문제입니다. 그래서 대부분의 사람들은 자신이 누구인지 모른 채 살아갑니다. 그러다가 위기를 만나면 "나는 누구인가?"를 스스로에게 물으며 인생의 근본적인 문제를 고민하기 시작합니다. 여러 가지 환경, 특히 자신을 비난하는 환경에 처했을 때 자신이 누구인지를 아는 것은 매우 중요합니다. 자칫 자신이 얼마나 소중한 존재인지를 모른 채 자신을 한없이 비하하여 무의미한 존재로 만들어 버리기 때문입니다. 또한 어려운 환경에 처할 때 그 환경을 이기지 못하고 다른 사람에게 책임을 전가시키거나 자신을 필요 없는 존재라고 여기기도 합니다. 또는 자신의 의지와 상관없이 엄마, 아빠가 좋아서 낳았다고 말합니다. 하지만 나란 존재는 누구의 소원으로 태어날 수 있는 존재가 아닙니다. 우연히 생겨난 존재는 더더욱 아닙니다. '나'는 내 마음대로 처리할 수 없는 존재입니다. 이 세상의 어떤 것도 나보다 우선할 수 없으며, 하나님은 나를 위해 독생자 아들을 죽여서 재물로 삼으시기까지 나를 소중히 여겨 주셨습니다. 그래서 하나님을 떠나서는 나를 제대로 발견할 수 없습니다. 오만과 편견으로 나를 포장하고 하나님보다 더 높고 똑똑한 존재인양 우쭐대지만 우리는 결코 그럴 수 없는 존재입니다. 우리는 하나님 안에 있을 때 비로소 진정한 자신의 존재를 알 수 있으며, 살아가는 목적을 발견할 수 있습니다.

» Talk Talk about Life

나는 누구인가요?

나는 어디서 왔나요? 서로 나누어 봅시다.

질문이 추상적이면 '나는 어떻게 태어났는지', '누구에게서 왔는지'로 질문을 바꾸어도 됩니다. 영적인 측면에서 대답을 하는 학생들도 있겠지만, 장난으로 대답하거나 생물학적으로 대답하는 학생들에게는 그가 어떻게 태어났으며, 어떤 존재인지 [Story of Life]를 다시 언급하며 존재감을 높여 줍니다.

예수님은 어디서 오셨나요? 바리새인들이 예수님을 비난할 때 예수님은 어떤 태도를 취하셨나요?

"내가 아버지 안에 거하고 아버지는 내 안에 계신 것을 네가 믿지 아니하느냐 내가 너희에게 이르는 말은 스스로 하는 것이 아니라 아버지께서 내 안에 계셔서 그의 일을 하시는 것이라"(요 14:10).
"아버지여, 아버지께서 내 안에 내가 아버지 안에 있는 것 같이 그들도 다 하나가 되어 우리 안에 있게 하사 세상으로 아버지께서 나를 보내신 것을 믿게 하옵소서"(요 17:21).

예수님은 자신이 어디서 오셨는지, 왜 오셨는지를 분명히 아시는 분이었습니다. 그래서 예수님은 그의 존재 목적을 분명히 아셨습니다. 어느 누가 예수님을 비난해도 예수님은 거기에 휘둘리지 않으시고 분명한 목표 의식이 있으셨습니다.

남이 나의 약점을 잡고 비난한다면 나는 어떤 기분이 드나요?

우리에게 비난이나 좌절, 절망이 없다면 항상 평안하며, 모두를 용서하고, 모두를 사랑할 수 있을 것 같다고 생각할 것입니다. 하지만 우리의 생활은 행복과 즐거움보다는 비난과 절망, 좌절을 더 많이 경험합니다. 이럴 때 우리 안에 하나님이 계시지 않다면 우리는 다른 사람들에게 그 책임을 전가시키거나 자기학대로 상황을 합리화할 것입니다. 그리고 인생의 목적이 자기 성공이나 자기의 행복이기 때문에 그 목표를 잃게 되면 극단적으로 생명을 포기하는 상황까지 가게 됩니다. 하지만 우리 안에 하나님이 계시다면 인생의 목적은 '하나님의 영광'이 되어 비난이나 좌절, 절망이 와도 능히 이겨낼 수 있는 힘을 갖게 됩니다.

본문탐구

먼저 성경 본문을 학생들과 읽기를 바랍니다. 사도 바울은 어떤 상황에 처해져도 그의 본분인 전도자의 사명을 잊지 않았습니다. 그리고 전도자의 사명을 감당하기 위해 최선을 다했습니다. 학생들도 자신이 있는 자리에서 최선을 다할 때 자신의 진정한 모습을 발견할 수 있을 것입니다.

성경은 우리가 세상 모든 사람들 앞에 어떤 존재라고 말씀하고 있습니까?(고후 2:15)

"우리는 구원 받은 자들에게나 망하는 자들에게나 하나님 앞에서 그리스도의 향기니"(고후 2:15)

그리스도의 향기를 발하는 자라고 말씀하고 있습니다. 본과의 목적이 '나'라는 존재를 하나님 안에서 발견하는 것인데, 학생들에게 그리스도의 향기를 발하는 사람이 되어야 한다는 과제를 부여하기보다 그리스도인들은 하나님을 믿으면 자연스럽게 그리스도의 향기를드러내는 사람이라는, 존재적 측면에서 접근하기 바랍니다.

고린도 교회는 교회의 잘못을 권면하는 바울에게 사도 직분에 대해 반론을 제기하며 비난했습니다. 바울은 이 상황을 어떻게 극복했습니까?(고후 1:4)

"우리의 모든 환란 중에서 우리를 위로하사 우리로 하여금 하나님께 받는 위로로써 모든 환난 중에 있는 자들을 능히 위로하게 하시는 이시로다"(고후 1:4).

사도 바울은 고린도 교회의 문제를 보며 마음이 아프기는 했지만 자신을 비난하는 것에 대해 서운해 하지 않았습니다. 바울은 분명한 존재 목적을 가지고 있었습니다. 자신을 비난할 때 화가 나지 않는 사람은 없지만 바울은 자신이 존재하는 목적이 오로지 하나님의 영광을 위한 것이고 어떤 힘든 일이 생겨도 하나님이 충분히 위로하여 주실 것을 믿었기 때문에 결코 힘들지 않았습니다.

» Change of Life

내면의 모습

우리의 내면의 모습에서 잘못된 신앙적 자세는 어떤 것인지 고르시오.

1) 나의 육신과 내면이 어디서 왔는지 안다.	
2) 나의 외적인 의지와 행위만을 강요한다.	0
3) 나의 심리적 현상을 영적인 것이라고 생각한다.	0
4) 사람의 원죄는 마음의 내면에서 시작된 것임을 안다.	
5) 인간의 심리와 감정을 죄악시한다.	0

1) 자신의 육신과 영혼이 어디서 왔는지 아는 것은 자신의 존재감을 높이는 데, 나아가 자존감을 높이는 데 굉장히 중요한 역할을 합니다. 이것은 위기 상황에서 더 중요한 역할을 하게 되는데, 자신이 어디서 왔는지 또 누구인지를 아는 것은 안락함이 있는 돌아갈 집이 있는 것, 자신을 품어 주는 부모가 있는 것, 함께할 수 있는 친구가 있는 것과 같은 것입니다.

2) 우리가 믿기지 않는 것을 강요할 때 그것이 억압이 될 수 있습니다. 내면의 동의 없이 외적인 현상과 헌신을 강요하면 마음과 가슴이 없이 머리만 있는 율법주의자로 굳어질 수 있습니다. 우리는 학생들을 단기간에 최정예 군인으로 만드는 것이 목표가 아니라 학생들이 평생을 살아가면서 자신의 내면에서부터 겉모습까지 전인적으로 하나님을 섬기며 그 분의 소중한 자녀로 살아가게 하는 것이 목표이어야 할 것입니다.

3) 우리는 자칫 심리적인 현상들을 마치 신비한 영적인 것으로 해석하는 경향이 있습니다. 하지만 심리적인 현상들이 모두 영적인 것은 아닙니다. 좋은 것은 성령님이 주신 것이고, 나쁜 것은 사탄이 주는 것으로 생각합니다. 간혹 교사들이 학생들에게 좋지 못한 일이 생길 때 '그것은 모두 사탄과의 싸움이다. 우리 모두 기도하자' 라고 하면 학생들에게 왜곡된 신앙을 가르쳐 주는 것입니다. 좋지 못한 일이 생길 때 그것이 영적인 싸움일 수 있지만 아닐 수도 있으며, 대부분의 문제가 본인이 직면해야 할 문제인 경우가 많습니다.

4) 원죄는 우리가 행위로만 짓는 죄가 아니라 아담으로부터 내려오는 피할 수 없는 죄의 경향성에서 시작되었습니다. 즉 최초의 인간 아담이 하나님의 말씀을 거역한 마음(인격 혹은 영혼)에서 시작한 것입니다.

5) 우리는 우리의 부정적인 심리와 감정을 죄악시 하는 경향이 있습니다. 물론 부정적인 것은 신앙의 과정에서 보면 좋은 것만은 아닙니다. 하지만 우리는 본래부터 죄인이기 때문에 좋은 것만을 소유할 수 없으며 항상 즐겁고, 행복할 수는 없습니다. 중요한 것은 내가 힘들 때 그것을 속이고 나는 믿음이 좋은 사람이라고 포장하는 것이 아니라 부정적인 감정과 연약한 마음을 통해 하나님을 만나 회복할 수 있는 기회를 갖는 것입니다. 갈등과 아픔은 증상이지 그 자체가 죄가 되는 것은 아닙니다.

Tip 위의 문제는 '나'라는 존재가 세상을 살아가는 데 분명한 목적이 생겼다면 그 목적을 이루기 위해 하나님과 어떻게 관계형성을 해야 하는지에 초점을 맞추고 있습니다.

» Decision of Life

자신이 누구인지 아는 것은 매우 어려운 일입니다. 그래서 대부분의 사람들은 자신이 누구인지 모른 채 살아갑니다. 그러다가 위기를 만나면 "나는 누구인가?"를 물으며 인생의 근본적인 문제를 고민하기 시작합니다. 그러나 성경은 오직 나는 하나님의 선물로 주어진 존재라고 말합니다. 이 세상의 어떤 존재도 나보다 우선할 수 없으며, 하나님은 나를 위해 독생자 아들을 죽여서 재물로 삼으시기까지 소중히 여겨 주셨습니다. 그래서 하나님을 떠나서는 나를 제대로 발견할 수 없습니다. 오만과 편견으로 나를 포장하고 하나님보다 더 높고 똑똑한 존재인양 우쭐대지만 환경이 조금만 어려워지면 자신은 무의미한 존재라고 한없이 비하하는 것이 우리입니다. 우리는 하나님 안에 있을 때에 비로소 진정한 자신의 존재를 알 수 있으며, 살아가는 목적을 발견할 수 있습니다.

생활편

제2과 나를 완성시키는 너

학습목표 : 친구(너)를 통해 자신의 참 모습을 찾아본다.

중심진리 : 친구(너)를 통해 자신의 참 모습을 찾고 사랑의 관계를 맺는 그리스도인으로 성장한다.

본문말씀 : 누가복음 10:29-37

본과를 소개합니다

이번 과에서는 청소년의 생활 중에 "나를 완성시키는 너"에 해당하는 영역으로 친구(너)를 통해 자신의 존재의 의미를 바로 이해하고, 사랑의 관계를 맺는 것이 어떤 것이지 아는 데 그 목적이 있습니다. 또 다른 내가 있어야 내가 누구인지, 하나님 앞에 어떤 존재인지를 알게 될 것입니다.

» Story of Life

그러므로 하늘나라는 마치 자기 종들과 셈을 가리려고 하는 어떤 왕과 같다. 왕이 셈을 가리기 시작하니 일만 달란트 빚진 종 하나가 왕 앞에 끌려왔다. 그가 빚을 갚을 돈이 없으므로 주인은 그 종에게 자신과 그 아내와 자녀들과 그밖에 그가 가진 것을 모두 팔아서 갚으라고 명령하였다. 그랬더니 종이 그 앞에 무릎을 꿇고 "참아주십시오. 다 갚겠습니다." 하고 애원하였다. 주인은 그 종을 가엾게 여겨서 그를 놓아 주고 빚을 없애 주었다. 그러나 그 종은 나가서 자기에게 백 데나리온 빚진 동료 하나를 만나자, 붙들어서 멱살을 잡고 말하기를 "내게 빚진 것을 갚아라"하였다. 그 동료는 엎드려 간청하였다. "참아주게, 내가 갚겠네." 그러나 그는 들어주려 하지 않고 가서 그 동료를 감옥에 집어넣고 빚진 돈을 갚을 때까지 갇혀 있게 하였다. 다른 종들이 이 광경을 보고 매우 딱하게 여겨 가서 주인에게 그 일을 다 고하였다. 그러자 주인이 그 종을 불러다 놓고 말하였다. "이 악한 종아, 네가 애원하기에 나는 너에게 그 빚을 다 없애 주었다. 내가 너를 불쌍히 여긴 것처럼 너도 네 동료를 불쌍히 여겼어야 할 것이 아니냐?" 주인이 노하여 그를 형무소 관리에게 넘겨주고, 빚진 것을 다 갚을 때까지 가두어 두게 하였다.

» Talk Talk about Life

나의 이웃

[Story of Life]의 왕과 종의 이야기에서 '나'와 '너'의 관계를 살펴봅시다. 일만 달란트의 빚을 진 종이 왕에게 상환을 연장해 달라고 애걸했을 때 왕은 아예 빚을 갚지 않아도 좋다고 했습니다. 이것이 어떤 의미인지 나누어 봅시다.

남에게 받아야 할 것을 받지 않는 것은 내가 가진 소유의 마이너스를 의미합니다. 그것이 많은 소유 중에 일부라 할지라도, 사람의 인격에 따라 많은 소유물을 가지고 있으면서도 적은 빚에 에너지를 쏟으며 받아내는 사람이 있는가 하면, 적은 소유물을 가지고 있으면서도 많은 빚을 포기할 줄 아는 사람도 있습니다.

아마도 모든 기준이 자기에게 있으며, 욕심이 지나친 사람은 가지고 있는 양과 상관없이 움켜쥐려고 할 것이고, 남을 배려하며 남의 입장에서 생각할 줄 아는 사람은 상황에 따라 포기할 줄 아는 사람일 것입니다.

왕이 종에게 빚을 갚지 않아도 된다고 말한 것은 왕임에도 불구하고 종을 자기의 친구이자 가족으로 생각했기 때문이라고 볼 수 있습니다. 왕이 종에게 빚을 탕감해 준 것은 물질적인 탕감 그 이상의 의미가 있습니다. 왕은 신분적으로도 종과 큰 차이가 있었지만 종의 마음을 헤아려 종의 입장에서 생각하여 도저히 빚을 갚을 능력이 없다고 판단되어 그 빚을 탕감해 준 것입니다.

상대방의 입장에서 생각하는 것, 그것은 결국 나 자신을 위한 것입니다. 왕은 종의 빚을 탕감해주고 백성들로부터 칭송을 받았습니다.

그 뒤 종은 자기에게 백 데나리온의 빚을 진 친구를 만났는데 빚을 당장 갚지 못한다고 감옥에 넣었습니다. 이것은 위의 내용과 어떻게 다른지 나누어 봅시다.

종은 왕에게 은혜를 받았음에도 그것을 망각하고 말았습니다. 종은 아마도 그것과 이것은 다른 것이라고 생각했을 것입니다. 자신은 당연히 빚을 탕감 받을 자격이 있는 것이고, 자신에게 빚진 자는 반드시 진 빚을 갚을 의무가 있다고 생각한 것입니다.

우리 주위에 이웃이 있는 것은 그 이웃을 통해 나 자신을 발견하고, 자신의 모습이 얼마나 보잘 것 없는 존재인가를 알게 하기 위해서 하나님이 허락하신 것입니다.

옛말에 '나는 나를 사랑한다' 라는 말이 있습니다. 그 뜻은 아래의 의미라고 합니다. 빈칸을 채워 보세요. 그리고 이 말이 가지는 의미를 나누어 봅시다.

나는 (나)를 사랑한다.	너는 (너)를 사랑한다.
나는 (너)를 사랑한다.	너는 (나)를 사랑하다.
나는 (나)의 어떤 것도 의심하지 않는다.	너는 (너)의 어떤 것도 불신하지 않는다.
나는 (너)의 어떤 것도 의심하지 않는다.	너는 (나)의 어떤 것도 불신하지 않는다.

우리는 이웃을 통해 또 다른 나를 발견하고 나를 통해 이웃을 어떻게 대해야 하는지를 알게 됩니다. 결국 이웃을 통해 내가 성장하고 변화된다고 볼 수 있습니다.

» Standard of Life

본문탐구

강도를 만난 사람의 이웃이 되어 준 사람은 누구입니까?(눅 10:33-34)

"어떤 사마리아 사람은 여행하는 중 거기 이르러 그를 보고 불쌍히 여겨 가까이 가서 기름과 포도주를 그 상처에 붓고 싸매고 자기 짐승에 태워 주막으로 데리고 가서 돌보아 주니라"(눅 10:33-34).

사마리아 사람이 강도 만난 사람의 이웃이 되었습니다. 사마리아 사람은 강도 만난 사람에게 진심으로 사랑을 베풀었으며, '나' 와 '너' 의 관계는 경쟁이나 질투의 관계보다 사랑의 관계에서 시작합니다.

생활 속에서 본문과 같이 자신이 힘들 때 도와준 친구가 있거나 힘들어하는 친구를 도와준 적이 있다면 나누어 봅시다.

» Change of Life

모두 용납하기

아래에 빈칸을 채워보고 그 의미를 나누어 봅시다.

자기 (부정)	타인 (긍정)
자기 (부정)	타인 (부정)
자기 (긍정)	타인 (부정)
자기 (긍정)	타인 (긍정)

■ I'm not OK. You're OK.

· 고민의 기원은 열등감에 있습니다. 열등감에 빠져있는 사람은 항상 자기를 죄인 취급합니다.

· 나는 어른보다 열등하다고 생각합니다. 또 나는 또래의 친구들보다 열등하다고 생각합니다.

· 타인이 자기에게 하는 평가에 의해 자신을 평가합니다.

· 능력이 많고 믿음이 좋은 타인에 의해 자신도 위로를 받습니다.

· 항상 자신은 부정에서 시작하기 때문에 행복감이나 존재감을 가질 수 없습니다.

· 타인이 인정받는 것처럼 나도 인정받을 수 있다는 것을 알아야 합니다.

■ I'm not OK. You're not OK.

· 나를 인정해 주는 사람이 없으면 나도 다른 사람을 인정하지 못합니다. 인정이 무엇인지 모르기 때문입니다. 용납과 용서가 무엇인지 모르게 됩니다.

· 설사 남이 나를 인정해도 내가 스스로 그것을 거부해 버립니다.

· 신뢰감이 형성되지 않으며 모든 일을 부정적으로 생각합니다.

· 작은 일에서부터 인정하고 인정받는 연습을 합니다.

■ I'm OK. You're not OK.

· 이 경우는 두 가지입니다. 타인에게 심한 굴욕을 받으면 그 굴욕을 회피하기 위해 스스로 자기를 인정해 버리는 경우입니다.

· 남이 나를 비난할 때 나는 스스로 괜찮은 사람이라고 자긍합니다.

· 또 다른 경우는 옳고 그름을 분별하지 못한 채 인정만 받아온 경우입니다. 이 두 가지 모두 자기 인정, 타인부정으로 나타나며 건강한 모습은 아니라고 볼 수 있습니다.

· 이와 같을 때 공격적 성향을 가지는 경우가 많습니다.
· 내가 소중한 만큼 남도 소중하며, 남이 소중히 여김을 받으면 나도 소중히 여김을 받는 것입니다.

■ I'm OK. You're OK.

· 나도 긍정, 타인도 긍정의 경우입니다.
· 처음 세 가지 입장은 감정에 근거를 두고 만들어집니다. 하지만 이 경우는 가치관과 행동의 결과에 근거하여 형성됩니다.
· 위의 세 가지 경우 '긍정'과 '소중히 여김'을 인정하기 위해 많은 에너지를 소모해야 하지만 '자기긍정, 타인긍정'의 경우는 에너지 소모 없이 자연스럽게 나타납니다. 그것은 자기 스스로 하는 것이 아니라 하나님의 도우심으로 하는 것임을 아는 것입니다. 우리는 자기를 소중히 여길 때 남도 소중히 여길 줄 알며, 남을 소중히 여길 때 자신을 사랑할 줄 알게 됩니다. 이 두 가지는 무엇이 먼저라고 할 것 없이 같이 일어나게 됩니다.

» Decision of Life

우리가 인생을 살아가며 자신이 누구인지 아는 것은 매우 중요합니다. 자신이 누구인지 알아야 자신의 본분과 삶의 목적, 가치 등을 알 수 있기 때문입니다. 하지만 본인 스스로는 자신이 누구인지 잘 알 수 없습니다. 또 다른 내가 있어야 내가 누구인지, 하나님 앞에 어떤 존재인지를 알게 됩니다. 그 또 다른 '나'는 본인 주위에 있는 친구 '너'입니다. 우리는 친구를 통해 나를 발견하게 됩니다. 친구의 부족함, 연약함, 자랑스러움 등이 친구의 모습 속에 비춰진 또 다른 '나'라고 할 수 있습니다. 친구의 도움을 받는 사람은 나의 연약함을 알게 되는 것이고, 친구를 도와주는 사람은 하나님의 사랑을 이루는 사람인 것입니다. 우리는 친구를 통해 나를 알고 하나님을 알게 됩니다.

제3과 예수님을 생각나게 하는 사람

생활편

학습목표 : 자신의 생활을 통해 그리스도를 믿는 자임을 드러낸다.

중심진리 : 자신의 생활을 통해 그리스도를 믿는 자임을 드러내 복음을 전하는 전도자로서의 삶을 살 수 있다

본문말씀 : 야고보서 1:22-25

본과를 소개합니다

이번 과에서는 청소년들의 생활 중에 "예수님을 생각나게 하는 사람"에 해당하는 영역으로 주로 학생들이 생활을 하는 학교 안에서 자신의 삶을 통해 하나님을 드러내고 예수님을 전할 수 있는 기회를 얻게 하는 데 그 목적이 있습니다. 우리가 성경공부를 통해 하나님에 대해 많은 지식을 배우지만 그것이 몸에 배이지 않아 머리에만 머무르는 경우가 많이 있습니다. 본과를 통해 학생들이 신앙은 머리에만 머무르는 것이 아니라 마음과 영혼에 들어와야 삶이 변하고 그 변화된 삶을 통해 잃어버린 영혼을 찾을 수 있음을 깨닫게 되는 소중한 기회가 되기를 바랍니다.

» Story of Life

우리 주위에는 자신의 종교가 기독교라고 말하는 사람들이 많이 있습니다. 하지만 정작 종교는 기독교인데 교회를 나가지 않는 사람들이 있습니다. 이런 사람들의 종교는 무엇일까요? 물론 기독교 신자는 아닙니다. 아마도 이들은 교회와 세상의 경계선에 있는 사람들이지 않을까 생각해 봅니다.

그럼 이 경계선에 있는 사람들에게 또는 하나님을 믿지 않는 사람들에게 하나님을 믿게 하는 방법은 무엇일까요?

가장 우선은 복음을 그들에게 전하는 것이지요. 하지만 이것도 그 영혼이 복음을 들을 준비가 되어있지 않으면 쉽지 않습니다. 사람은 생각하는 존재이고, 또 영적인 존재이기 때문에 즉흥적으로 움직이기 쉽지 않습니다. 그럼 그들에게 어떻게 하나님을 믿게 할 수 있을까요? 그것은 내가 전하고자 하는 사람들에게 나를 통해 예수님이 생각나게 하는 생활을 하는 것입니다. 하나님을 전하는 데 이보다 더 확실한 방법은 없습니다. 완벽하지는 않지만 나를 통해 친구들이 예수님을 생각할 수 있다면 나는 참 행복한 사람일 것입니다.

» Talk Talk about Life

나는 어떤 사람인가요?

나는 어떤 사람일까요? 스스로를 돌이켜 이야기해 봅시다.

- 예수님을 생각나게 하는 모습

예) 안 믿는 친구를 보면 하나님을 소개하고 싶거나 교회에 데리고 가고 싶어 하는 모습, 하나님만 생각하면 마음이 편안해지고 앞일에 대한 걱정이 없어지며 소망을 잃지 않는 모습, 남을 배려할 줄 아는 모습, 언행이 거칠지 않은 모습, 하나님을 믿거나 교회에 다니는 것에 자부심을 느끼는 모습, 온유한 모습, 남을 긍휼히 여길 줄 아는 모습 등.

- 예수님을 생각나지 않게 하는 죄 된 모습

예) 친구의 물건에 욕심을 내는 모습, 순간의 잘못을 모면하기 위해 자기 스스로 속이는 모습, 하나님을 믿는 것이 친구들 앞에서 때로는 부끄러운 모습, 남을 배려하고 높이기보다 남을 무시하고 비난하는 모습 등.

주위에 예수님을 생각나게 하는 사람이 있다면 누구이며, 어떤 삶의 모습을 하고 있는지 이야기해 봅시다.

예수님을 생각나게 하는 사람의 모습은 성경에서도 많이 찾아 볼 수 있습니다.

"예수께서 무리를 보시고 산에 올라가 앉으시니 제자들이 나아온지라 입을 열어 가르쳐 이르시되 심령이 가난한 자는 복이 있나니 천국이 그들의 것임이요 애통하는 자는 복이 있나니 그들이 위로를 받을 것임이요 온유한 자는 복이 있나니 그들이 땅을 기업으로 받을 것임이요 의에 주리고 목마른 자는 복이 있나니 그들이 배부를 것임이요 긍휼히 여기는 자는 복이 있나니 그들이 긍휼히 여김을 받을 것임이요 마음이 청결한 자는 복이 있나니 그들이 하나님을 볼 것임이요 화평하게 하는 자는 복이 있나니 그들이 하나님의 아들이라 일컬음을 받을 것임이요 의를 위하여 박해를 받은 자는 복이 있나니 천국이 그들의 것임이라 나로 말미암아 너희를 욕하고 박해하고 거짓으로 너희를 거슬러 모든 악한 말을 할 때에는 너희에게 복이 있나니 기뻐하고 즐거워하라 하늘에서 너희의 상이 큼이라 너희 전에 있던 선지자들도 이같이 박해하였느니라 너희는 세상의 소금이니 소금이 만일 그 맛을 잃으면 무엇으로 짜게 하리요 후에는 아무 쓸 데 없어 다만 밖에 버려져 사람에게 밟힐 뿐이니라 너희는 세상의 빛이라 산 위에 있는 동네가 숨겨지지 못할 것이요 사람이 등불을 켜서 말 아래에 두지 아니하고 등경 위에 두나니 이러므로 집 안 모든 사람에게 비치느니라 이같이 너희 빛이 사람 앞에 비치게 하여 그들로 너희 착한 행실을 보고 하늘에 계신 너희 아버지께 영광을 돌리게 하라"(마 5:1-16).
"오직 성령의 열매는 사랑과 희락과 화평과 오래 참음과 자비와 양선과 충성과 온유와 절제니 이 같은 것을 금지할 법이 없느니라"(갈 5:22).

» Standard of Life

본문탐구

말씀을 듣고 행하지 않는 사람은 어떤 사람인가요?(약 1:22-24)

"너희는 말씀을 행하는 자가 되고 듣기만 하여 자신을 속이는 자가 되지 말라 누구든지 말씀을 듣고 행하지 아니하면 그는 거울로 자기의 생긴 얼굴을 보는 사람과 같아서 제 자신을 보고 가서 그 모습이 어떠했는지를 곧 잊어버리거니와"(약 1:22-24).

자기 스스로 속이는 사람입니다. 말씀을 듣기만 하는 사람은 말씀이 머리에만 머물러 있어 그 말씀으로 다른 사람을 판단하고 자신이 마치 말씀을 이루는 신앙인인 것처럼 착각을 합니다.

말씀을 잊지 않고 행하는 사람은 무엇을 얻게 됩니까?(약 1:25)

"자유롭게 하는 온전한 율법을 들여다보고 있는 자는 듣고 잊어버리는 자가 아니요 실천하는 자니 이 사람은 그 행하는 일에 복을 받으리라"(약 1:25).

하나님이 주시는 복을 받게 됩니다.

하나님을 머리로만 아는 사람은 어떤 결과를 가져오나요?(딛 1:16)

"그들이 하나님을 시인하나 행위로는 부인하니 가증한 자요 복종하지 아니하는 자요 모든 선한 일을 버리는 자니라"(딛 1:16).

본문을 표준새번역으로 보면 그 답이 더욱 명확합니다. "그들은 입으로는 하나님을 안다고 말하지만, 행동으로는 부인하고 있습니다. 그들은 가증하고 완고해서, 전혀 선한 일을 하지 못합니다."

» Change of Life

예수님을 생각나게 하는 사람의 삶

예수님의 삶의 모습 중에 가장 닮고 싶은 모습이 무엇인지 이야기해 봅시다.

예) 죄와 외식, 교만 앞에서 단호하게 타협하지 않으시는 모습, 용서와 격려가 필요한 사람에게 무한 용납과 용서, 격려를 해주시는 모습, 도움이 필요한 사람들에게 무한한 긍휼을 베풀어 주시는 모습.

예수님을 생각나게 하는 사람의 삶은 모습은 어떠해야 할까요?

성령님의 임재를 경험하는 사람: 성령의 임재를 경험하지 못한 사람은 예수님의 삶을 온전히 알고 있다고 볼 수 없습니다. 기도가 끊어지지 않는 사람: 기도가 끊어지고서는 하나님과 동행할 수가 없습니다. 기도가 지속될 때 세상과 구별되는 삶을 살게 되며 그분의 성품을 닮아가게 됩니다.

하나님의 뜻대로 생각하고 말하는 사람: 생각하고 말하는 것 모두 하나님의 뜻대로 원하시는 대로 생각하고 말해야 합니다.이외에 여러 가지 모습들이 있을 것입니다.

» Decision of Life

우리 주위에는 자신의 종교가 기독교라고 말하는 사람들이 많이 있습니다. 하지만 정작 종교는 기독교인데 교회를 나가지 않는 사람들이 있습니다. 이런 사람들의 종교는 무엇일까요? 물론 기독교 신자는 아닙니다. 이들은 아마도 교회와 세상의 경계선에 있는 사람들이지 않을까 생각합니다. 또 하나님을 믿는다고 말하면서 믿는 자로서의 행동을 하지 않는 사람 역시 선한 일을 하지 않는 사람들이라고 성경은 말씀하고 있습니다. 하나님을 머리로만 아는 것과 마음과 영혼으로 믿어 삶으로 드러나는 것은 분명 다릅니다. 우리는 하나님을 머리로만 알고 판단과 교만으로 사는 것이 아니라 마음과 영혼으로 믿어 그것이 삶 속에 드러나 다른 사람들로 하여금 나를 통해 예수님을 생각나게 하는 삶을 살아야 할 것입니다.

Introduce

단원주제	청소년들의 가정의 공간
단원해설	그리스도인이 힘든 일을 겪으면서도 이것을 이길 수 있는 힘을 가지는 것은 바로 자신을 무조건적으로 지지해주는 가정이 있기 때문입니다. 본 단원을 통해 자신이 얼마나 귀한 존재이고 부모님에게 소중한 선물인지를 아는 귀한 기회가 될 것입니다. 또 형제들과는 갈등과 경쟁의 관계에서 동역의 관계로 변화되어 갈 수 있도록 형제사랑을 다시 한 번 생각하게 할 것입니다.
중심구절	"곧 너와 네 아들과 네 손자들이 평생에 네 하나님 여호와를 경외하며 내가 너희에게 명한 그 모든 규례와 명령을 지키게 하기 위한 것이며 또 네 날을 장구하게 하기 위한 것이라"(신 6:2).
단원학습목표	가정에서 자신의 자존감을 높이고, 부모를 공경하며, 형제간의 우애를 통해 성숙한 그리스도인으로 성장한다.
단원핵심정리	가정의 소중함을 알고 아버지, 어머니를 공경함으로 하나님의 뜻을 이루고 형제간에 동역하는 그리스도인으로 성장할 수 있다.

생활편_ 2단원

가정을 선물로 주셨어요

단원소개

본 단원은 청소년들의 생활 중에 "가정의 공간"에 해당하는 영역으로 4과에서는 자신의 존재의 의미를 바로 이해하고, 가정에서 하나님의 선물이자 소중한 존재임을 아는 데 그 목적이 있습니다. 또 5과에서는 아버지, 어머니를 다시 한 번 생각하고 그분들을 어떻게 공경하고 순종해야 하는지를 알게 될 것입니다. 6과에서는 혈육 간 형제와의 관계에서 갈등과 경쟁의 관계가 아닌 동역과 사랑의 관계를 회복하게 하는 데 그 목적이 있습니다.

제4과 나는 선물이에요

생활편

학습목표 : 우리 자신이 가정의 선물임을 안다.

중심진리 : 우리 자신이 가정의 선물임을 알 때 영육 간에 건강한 그리스도인으로 성장할 수 있다.

본문말씀 : 누가복음 1:41-44

본과를 소개합니다

이번 과에서는 청소년들의 생활 중에 "나는 선물"에 해당하는 영역으로 자신의 존재의 의미를 바로 이해하고, 가정에서 자신이 하나님의 선물이자 소중한 존재임을 아는 데 그 목적이 있습니다. 우리 학생들이 힘든 일을 겪으면서도 그것을 이길 수 있는 힘을 얻는 것은 바로 자신을 무조건적으로 지지해주는 가정이 있기 때문입니다. 본과를 통해 자신이 얼마나 소중한 존재이고 부모님에게 선물 같은 존재인지를 아는 기회가 되기를 바랍니다.

» Story of Life

아래 내용을 채워 보세요.

- 가족 구성원 소개:

- 우리 집 주소:

- 집에서 나의 역할:

- 가족 분위기:

- 가정에서 가장 많이 쓰는 말:

- 이번 달 가족계획:

» Talk Talk about Life

가정에서의 나의 위치

자신이 생각할 때 가정에서의 자신의 중요도가 어느 정도의 위치에 있다고 생각합니까?

학생들이 가정에서 자신의 중요도를 말할 때 '좋다, 나쁘다', '중요하다, 별로다'라는 대답보다는 좀 더 구체적인 대답을 할 수 있도록 유도합니다.

이 질문을 통해 학생들의 자존감이나, 가정에서 어느 정도 영향을 받고 있는지 정보를 얻을 수 있습니다. 이 정보들을 통해 학생들을 위한 기도제목과 신앙교육에 대한 방향이 설정되기도 합니다.

또한 이 질문은 가족 내의 구성원들에 따라 생각하는 중요도가 크게 달라질 수 있습니다. 가족 내에 특별히 돌봄을 받아야 할 연약한 구성원이 있거나 본인과 여러 가지 면에서 비교 우위에 있는 구성원이 있으면 가족 내의 자신의 중요도를 말할 때 크게 영향을 받게 됩니다.

부모님이 생각할 때 가정에서의 자신의 중요도가 어느 정도의 위치에 있다고 생각합니까?

이 대답은 부모님의 생각과는 달리 자신이 생각할 때 아마 '부모님은 나에 대해 이렇게 생각할 거야' 라는 가정에서 나오는 대답입니다. 부모님이 생각하는 중요도와 크게 차이가 있다고 하더라도 자신의 생각을 솔직하게 답할 수 있도록 합니다.

내가 생각하는 중요도와 부모님이 생각하는 중요도가 차이가 난다면 그 이유는 무엇일까요?

위의 질문들은 가정 안에서 편안하고, 안식을 누리는, 또 겉으로 표현은 안 하지만 관계적으로 가장 깊이 연결되어 있는 구성원들 간에 미치는 영향이 어떤지를 알아보는 질문이라고 할 수 있습니다.

학생들 대부분 자신을 하나님이 자신의 가정에 선물로 주신 축복이라고 대답하는 사람은 그리 많지 않을 것입니다. 그것은 부모님의 책임이 크며, 학생들이 생각하는 축복과 피부로 느끼는 축복과 거리가 멀기 때문입니다. 이 간격을 무시할 수 없지만 진정 학생들이 부모님은 자신에게 걸림돌이 된다고 생각하는 친구들이 있을 수 있기에 부모님이 현재 자신에게 많은 부분 제한을 두는 점에 대한 이유를 언급하면 좋을 것입니다.

» Standard of Life

본문탐구

예수님의 탄생은 온 인류의 축복이자 우리에게 가장 큰 선물이 되셨습니다. 그분의 탄생으로 우리에게 어떤 선물이 주어졌습니까?(눅 1:41-44)

그분의 탄생으로 영원한 생명을 얻을 수 있는 길이 생겼고, 하나님이 우리를 얼마나 사랑하시는지를 알게 되었습니다.

생명의 탄생은 그 가정에 가장 큰 기쁨이자 선물입니다. 우리가 태어날 때 부모님이 얼마나 기뻐하셨을지 부모의 입장에서 생각해보고 왜 선물이라고 했는지 이야기해 봅시다.

사랑하는 남녀가 만나 가정을 이루고 그 가정을 통해 자녀를 얻게 되면 그 가족은 온전한 가족이 되는 것입니다. 그리고 인격적, 육체적 사랑의 열매로 얻게 되는 자녀들은 세상의 그 어떤 것보다도 소중하고 귀한 존재인 것입니다.

» Change of Life

하나님의 선물

자녀는 그 가정의 선물이라고 할 때 선물의 의미는 무엇일까요?

선물의 의미는 말 그대로 덤으로 얻게 되는 것을 말합니다. 본인의 노력과 의지와 상관없이 얻게 되는 축복이라 할 수 있습니다.

나는 하나님의 선물이라고 생각합니까? 그렇지 않다면 그 이유는 무엇일까요?

아마도 부모와의 관계에서 갈등이 있을 때 자신이 그 가정에 하나님이 주신 선물이라는 생각을 하지 못할지도 모릅니다. 우리 인간은 모두 죄인이면서 연약한 존재이기에 부모라 할지라도 생각과는 달리 나타나는 태도는 자녀들에게 오해를 살 수 있는 태도를 보일 수 있습니다. 물론 눈에 나타나는 태도가 중요하기는 하지만 하나님을 바라보고 하나님을 창조주와 영적인 아비로 소망할 때 눈에 보이는 육적인 아버지의 연약한 모습도 용납해 줄 수 있습니다. 하나님이 주시는 은혜로 생각이 변화될 때 부모와의 갈등 관계가 바뀔 수 있습니다.

» Decision of Life

세상에서 자신의 능력과 상관없이, 자신이 얼마나 큰 잘못을 저질렀는지와 상관없이 존재 자체로 기쁨과 즐거움을 느끼는 사람들과 공동체가 있습니다. 그 사람들은 바로 부모님과 가정이라는 공동체입니다. 가정이라는 공동체와 부모라는 존재는 '자유'를 추구하고 세상 속에서 호기심을 다 채워보고자 하는 청소년들에게 때로는 부담스러운 부분이기도 합니다. 그리고 자신의 부족함 때문에 자신이 부모에게서 환영받지 못하는 존재라고 생각하기도 합니다. 하지만 부모에게 자녀라는 존재는 학교성적이나 능력과 상관없이 존재 그 자체로 기쁨이자 행복을 가져다주는 존재입니다.

우리는 부모에게 인정받을 때만 존재감을 느끼는 것이 아니라 우리의 존재 그 자체로 우리 가정의 선물인 것입니다.

제5과 아버지, 어머니

학습목표 : 아버지, 어머니는 내가 믿고 따라야 할 공경의 대상임을 안다.
중심진리 : 아버지, 어머니를 공경함으로 하나님의 뜻을 이루고 성숙한 그리스도인으로 성장한다.
본문말씀 : 에베소서 6:1-3

본과를 소개합니다

이번 과에서는 청소년들의 생활 중에 "아버지, 어머니"에 해당하는 영역으로 하나님이 허락하신 가정이라는 공동체의 의미를 바로 이해하고, 자신에게 아버지, 어머니가 얼마나 소중한 존재인가를 아는 데 그 목적이 있습니다. 본과를 통해 아버지, 어머니를 다시 한 번 생각하고 그분들을 어떻게 공경하고 순종해야 하는지를 아는 기회가 되기를 바랍니다.

» Story of Life

아래의 기도는 믿음의 선배이자 자녀를 향한 아버지의 간곡한 바램입니다. 함께 읽어보고 자녀를 향한 아버지의 마음이 어떤지 나누어 봅시다.

오, 주여!

약할 때에 자기를 분별할 수 있는 강한 힘과 무서울 때에 자신을 잃지 않을 수 있는 담대성을 가지고 정직한 패배에 부끄러워하지 않고 태연하며, 승리에 겸손하고 온유한 자녀를 나에게 주시옵소서.

생각해야 할 때에 고집하지 말게 하시고 주를 알고 자신을 아는 것이 지식의 기초임을 아는 자녀를 나에게 허락하옵소서.

바라옵건대 그를 쉼과 안락의 길로 인도하지 마시고 고난과 도전에 대하여 분투, 항거할 줄 알도록 인도하여 주시옵소서. 그리하여 폭풍 속에서 용감히 싸울 줄 알고 패자를 긍휼히 여길 줄 알도록 가르쳐 주시옵소서.

그 마음이 깨끗하고 그 목표가 높은 자녀, 남을 정복하려고 하기 전에 먼저 자기 자신을 생각하는 자녀, 장래를 바라보는 동시에 과거를 잊지 않는 자녀를 나에게 주시옵소서.

이것을 다 주신 다음 이에 더하여 유머를 알게 하시며 인생을 엄숙하게 살아감과 동시에 삶을 즐길 줄 알게 하시어 자기 자신을 너무 중대하게 여기지 말고 겸손한 마음을 가지게 하여 주시옵소서. 그리하여 참으로 위대하다는 것은 소박하다는 것과 참된 지혜는 개방된 것이요, 참된 힘은 온유한 것이라는 것을 명심하도록 하여 주시옵소서. 아멘.

– 맥아더 장군 –

» Talk Talk about Life

아버지, 어머니의 역할

자신에게 있어서 아버지, 어머니는 어떤 존재입니까?

아래 빈칸을 채워 보고 서로 발표해 봅시다.

어머니에게 가장 듣기 싫은 말 세 가지	어머니에게 가장 듣고 싶은 말 세 가지
예) 1. 공부해라 2. 그 친구하고 놀지 마라 3. 옆집에 00는 이번에 회장됐다는데 너는? 등.	예) 1. 용돈 올려줄게 2. 마음껏 컴퓨터하렴 3. 늦게 들어와도 돼 등.
아버지에게 가장 듣기 싫은 말 세 가지	**아버지에게 가장 듣고 싶은 말 세 가지**
예) 1. 나중에 뭐가 될래? 2. 너는 인생의 낙오자야 3. 네가 하는 일은 다 그래 등.	예) 1. 아빠는 널 믿어 2. 아빠는 네가 자랑스럽다 3. 너는 뭐든지 할 수 있어 등.

학생들의 대답을 들어보면 주로 어머니는 현상 자체에 대해 언급을 하는 경우가 많고, 아버지는 존재 자체에 대해 언급을 하는 경우가 많습니다.

위의 빈칸 외에 우리는 어떤 말로 아버지, 어머니에게 상처를 받습니까?

» Standard of Life

본문탐구

아버지, 어머니는 우리가 어떻게 해야 할 대상입니까?(엡 6:1-2)

"자녀들아 주 안에서 너희 부모에게 순종하라 이것이 옳으니라. 네 아버지와 어머니를 공경하라 이것은 약속이 있는 첫 계명이니"(엡 6:1-2).

우리는 아버지, 어머니에게 순종하는 것이 옳은 일입니다.

아버지, 어머니에게 순종하면 어떤 복을 누리게 됩니까?(엡 6:3)

"이로써 네가 잘되고 땅에서 장수하리라"(엡 6:3).

장수의 복을 누리게 됩니다.

우리의 아버지, 어머니도 연약한 존재이기에 자녀들에게 상처를 주기도 합니다. 하지만 하나님이 그 자녀인 우리를 생각하시는 것처럼 아버지, 어머니도 자녀들에 대해 무엇이라고 고백하고 있습니까?(살전 2:19-20)

"우리의 소망이나 기쁨이나 자랑의 면류관이 무엇이냐 그가 강림하실 때 우리 주 예수 앞에 너희가 아니냐 너희는 우리의 영광이요 기쁨이니라"(살전 2:19-20).

부모와 관련된 성경구절을 더 찾아봅시다.

(골 3:20)
"자녀들아 모든 일에 부모에게 순종하라 이는 주 안에서 기쁘게 하는 것이니라."

(출 20:12)
"네 부모를 공경하라 그리하면 네 하나님 여호와가 네게 준 땅에서 네 생명이 길리라."

(잠 20:20)
"자기의 아비나 어미를 저주하는 자는 그의 등불이 흑암 중에 꺼짐을 당하리라."

» Change of Life

인생의 선배

아버지, 어머니는 부모이면서 우리의 인생의 선배라고 할 수 있습니다. 어떤 도움을 받을 수 있습니까?

우리는 부모님을 통해 1차적인 양육을 받게 됩니다. 의식주를 부모님을 통해 해결받기도 하지만 그것보다 더 중요한 것은 부모님을 통해 우리가 어떻게 살아야할지를 조명 받을 수 있게 됩니다. 인생의 시행착오를 줄일 수 있으며 많은 부분에서 지혜를 얻을 수 있습니다.

아버지, 어머니는 우리의 안식처이기도 합니다. 어떤 경우에 안식처임을 느끼게 되는지 나누어 봅시다.

부모는 우리의 안식처가 되기도 합니다. 부모는 그 존재 자체로 자녀들에게 무한한 안식을 제공할 수 있습니다. 부모가 나에게 무엇을 해주었기 때문에 부모를 인정하는 것이 아니라 하나님이 부모를 공경하라 말씀하시고 관계로 맺어주셨기 때문에 우리는 부모를 인정하고 공경해야 합니다.

우리는 부모와의 관계를 통해서 하나님을 알아가기도 합니다.

» Decision of Life

하나님이 우리 인간들에게 주신 축복 중에 하나가 '가정'이라는 공동체입니다. 동물들도 가족이라는 무리를 통해 가족 구성원의 의미를 알아가지만 인간들은 그 한계를 넘어 '가족'의 무리 안에 '가정'이라는 관계성을 주셨습니다. 그 가정 안에는 하나님을 경험하고 그분의 뜻을 알아가며, 이 세상에서 생육하고 번성하여 땅에 충만하고 땅을 정복할 수 있는 영육간의 권위를 주셨는데 그 권위가 바로 아버지, 어머니에게 있습니다. 그리스도인들에게 아버지, 어머니는 낳아주신 혈육의 관계 그 이상입니다. 하나님은 예수 그리스도 안에서 가정을 통해 천국을 경험케 하시고 하나님의 성품을 보게 하셨습니다. 우리 부모가 완벽할 수는 없지만 하나님이 가정에 권위자로 주셨기에 그분들을 공경하고 순종해야 합니다. 그것이 하나님의 뜻이고 하나님을 기쁘시게 해드리는 길입니다.

제6과 형제, 협력자인가 경쟁자인가?

생활편

학습목표 : 혈육 간의 형제는 갈등과 경쟁의 관계가 아닌 동역의 관계임을 안다.

중심진리 : 혈육 간의 형제는 갈등과 경쟁 관계에서 벗어나 서로 조력하므로 더욱 소중한 관계로 발전해 간다.

본문말씀 : 사무엘상 18:1-4

본과를 소개합니다

이번 과에서는 청소년들의 생활 중에 "형제들"에 해당하는 영역으로 가장 갈등이 많을 수 있는 혈육 간 형제들의 관계를 성경적 가르침으로 바로 이해하고, 생활 속에서 서로 조력하며 함께 동역할 때 가장 소중한 존재가 됨을 아는 데 그 목적이 있습니다. 사실 형제는 가장 가까운 관계이기도 하지만 가장 먼 관계가 되기도 합니다. 물론 형제 관계에서 좋은 관계를 맺고 있는 청소년들도 많이 있지만 형제들끼리 관계가 원만치 못한 청소년들은 신앙적으로도 많은 갈등과 어려움을 겪을 수 있습니다. 본과에서는 좋은 관계를 맺고 있는 형제들에게 초점을 맞추기보다 갈등관계로 인해 일상생활을 비롯해 신앙생활에서도 어려움을 겪는 청소년에 초점을 맞추었습니다. 본과를 통해 청소년들이 갈등과 경쟁의 관계에서 동역의 관계로 발전해가며, 분명한 목적을 가지고 하나님을 영광스럽게 하는 진정한 하나님의 자녀가 되는 기회가 되기를 바랍니다.

» Story of Life

가족의 역할

우리 가족의 별명을 붙여 보세요. 그리고 친구들에게 가족들에 대해 소개해 보세요.

- 아버지 :
- 어머니 :
- 형, 누나(오빠, 언니) :
- 동생 :

학생들에게 왜 그런 별명을 붙였는지 발표하게 합니다. 그리고 가족 간에 갈등관계에 있으면 그것이 무엇인지, 그것이 별명과 관계가 있는지 연결해서 발표하게 합니다.

» Talk Talk about Life

강자와 약자

나는 우리 집에서 강자에 속하나요? 약자에 속하나요?

우리는 모두 사람을 강자와 약자 두 부류로 나누는 버릇이 있습니다. 계속해서 사람들과의 관계 속에서 패배를 당하고 짓밟히기만 하는 사람이 있는데 그런 사람들은 이 세상의 경쟁 속에서 번번이 실패하기 때문에 자신이 또 실패할 것이라고 생각합니다. 가족 구성원 중에 형제들과의 관계 속에서 자기의 의견을 관철시키지 못하면 이 역시 자신은 실패할 것이라고 생각하고 자기보다 강한 형제에 대해 분노를 가지게 됩니다. 이러한 구조를 아는 사람들 즉 가족 내의 강자라고 생각하는 사람들은 그 상황을 예상하고 자신이 또 이겼다는 자신감과 자기 확신을 얻게 됩니다. 이 구조를 모르는 사람들조차도 가족 구성원 중에 약한 사람을 인식하여 공격적인 태도를 취하거나 일부러 겸손한 체하여 '나는 너보다 낫다'라는 인식을 심어주어 가족 내의 약자에게 분노를 가지게 합니다. 이러한 역학관계는 늘 가족 내에 팽팽한 긴장감을 주고 서로간의 분노를 가지게 합니다. 특히 형제들 간에는 이런 부분이 심하게 나타날 수 있습니다. 강자는 강자대로 또 약자는 약자대로 분노를 가지게 됩니다.

가족 중에 형제가 나의 약점을 잡고 비난한다면 어떤 기분이 드나요? 아니면 형이기 때문에 (또는 누나이기 때문에, 언니이기 때문에) 강자로 군림한다면 어떨까요?

형제간의 감정싸움은 신앙으로도 극복이 잘 안 되는 독특한 문제를 가지고 있습니다. 우리는 서로간의 이해관계가 깊을수록 신앙적인 결단을 내리기가 어려워집니다. 그러기에 우리에게 하나님을 향한 깊은 신앙심이 있어야 합니다.

형제간의 갈등은 결국 어떤 결과를 가져왔습니까?

창 4:8 "가인이 그의 아우 아벨에게 말하고 그들이 들에 있을 때에 가인이 그의 아우 아벨을 쳐죽이니라."

창 27:41 "그의 아버지가 야곱에게 축복한 그 축복으로 말미암아 에서가 야곱을 미워하여 심중에 이르기를 아버지를 곡할 때가 가까웠은즉 내가 내 아우 야곱을 죽이리라 하였더니."

창 45:4 "요셉이 형들에게 이르되 내게로 가까이 오소서 그들이 가까이 가니 이르되 나는 당신들의 아우 요셉이니 당신들이 애굽에 판 자라."

» Standard of Life

본문탐구

비록 혈족은 아니지만 다윗과 요나단의 형제간의 우애는 어떠했나요?

"다윗이 사울에게 말하기를 마치매 요나단의 마음이 다윗의 마음과 하나가 되어 요나단이 그를 자기 생명 같이 사랑하니라 그 날에 사울은 다윗을 머무르게 하고 그의 아버지의 집으로 다시 돌아가기를 허락하지 아니하였고 요나단은 다윗을 자기 생명 같이 사랑하여 더불어 언약을 맺었으며 요나단이 자기가 입었던 겉옷을 벗어 다윗에게 주었고 자기의 군복과 칼과 활과 띠도 그리하였더라"(삼상 18:1-4).

형제간의 갈등이 생길 때 가장 좋은 방법은 무엇인가요? 사도들은 이 문제를 어떻게 해결했습니까?(행 6:1-6)

"그 때에 제자가 더 많아졌는데 헬라파 유대인들이 자기의 과부들이 매일의 구제에 빠지므로 히브리파 사람을 원망하니 열두 사도가 모든 제자를 불러 이르되 우리가 하나님의 말씀을 제쳐 놓고 접대를 일삼는 것이 마땅하지 아니하니 형제들아 너희 가운데서 성령과 지혜가 충만하여 칭찬 받는 사람 일곱을 택하라 우리가 이 일을 그들에게 맡기고 우리는 오로지 기도하는 일과 말씀 사역에 힘쓰리라 하니 온 무리가 이 말을 기뻐하여 믿음과 성령이 충만한 사람 스데반과 또 빌립과 브로고로와 니가노르와 디몬과 바메나와 유대교에 입교했던 안디옥 사람 니골라를 택하여 사도들 앞에 세우니 사도들이 기도하고 그들에게 안수하니라"(행 6:1-6).

» Change of Life

협력자인가 경쟁자인가?

형제간의 우애를 높이기 위해 필요한 자질이 있나요?

형제간의 우애를 높이기 위해 특별한 자질이 요구되지는 않습니다. 단지 형제를 자신의 경쟁 관계로 생각하거나 자신의 길을 막는 가해자로 생각할 때 형제간의 우애를 높이기 쉽지 않습니다. 형제는 경쟁자가 아니라 함께 도와줄 협력자이어야 합니다.

형제(친구)와 갈등이 생길 때 성경은 먼저 무엇을 해결하라고 말씀하고 있습니까?(마 5:23-24)

"그러므로 예물을 제단에 드리려다가 거기서 네 형제에게 원망들을 만한 일이 있는 것이 생각나거든 예물을 제단 앞에 두고 먼저 가서 형제와 화목하고 그 후에 와서 예물을 드리라"(마 5:23-24).

» Decision of Life

현대를 사는 그리스도인의 큰 고민 중에 하나가 자신의 감정에서 오는 생각과 성경에서 말하는 바가 다를 때입니다. 특히 정서적 변화가 심한 청소년기에는 그 문제가 더욱 크게 나타납니다. 이러한 측면에서 형제간의 사랑의 감정과 분노와 미움의 감정이 뒤섞여 신앙적 양심과 갈등을 일으키며 어려움을 겪기도 합니다. 하지만 성경은 우리에게 분명하게 말씀하고 있습니다. "너희를 박해하는 자를 축복하라 축복하고 저주하지 말라 즐거워하는 자들과 함께 즐거워하고 우는 자들과 함께 울라 서로 마음을 같이하며 높은 데 마음을 두지 말고 도리어 낮은 데 처하며 스스로 지혜 있는 체 하지 말라 아무에게도 악을 악으로 갚지 말고 모든 사람 앞에서 선한 일을 도모하라. 할 수 있거든 너희로서는 모든 사람과 더불어 화목하라"(롬 12:14-18)라고 말씀합니다.

Tip 형제간에 박해라는 표현은 적절하지 않지만 관계가 좋지 않은 형제들은 때로 감정적으로 매우 격하게 분노를 가지고 있는 경우가 있습니다. 혹시 형제(혈육) 사이에 분노를 가지고 있다면 그리스도인으로서의 모습이 어떠해야 하는지 가르칠 수 있기를 바랍니다.

Introduce

단원주제	청소년들의 생활의 공간
단원해설	본 단원은 생활의 공간에 해당하는 영역으로 나의 예배처, 학교, 나의 선교지, 학교, 비전을 나누는 곳, 교회로 구분하여 주로 청소년들이 생활하는 학교 안에서 하나님을 찬양하고 예배를 드리는 생활을 강조하면서 그와 함께 생활 속에서 많은 비중을 차지하는 교회에서 함께 비전을 나누고 서로 중보할 수 있는 진정한 인격적 관계를 키워나가도록 강조 하고 있습니다.
중심구절	"이는 너희가 흠이 없고 순전하여 어그러지고 거스르는 세대 가운데서 하나님의 흠 없는 자녀로 세상에서 그들 가운데 빛들로 나타내며 생명의 말씀을 밝혀 나의 달음질이 헛되지 아니하고 수고도 헛되지 아니함으로 그리스도의 날에 내가 자랑할 것이 있게 하려 함이라. 만일 너희 믿음의 제물과 섬김 위에 내가 나를 전제로 드릴지라도 나는 기뻐하고 너희 무리와 함께 기뻐하리니 이와 같이 너희도 기뻐하고 나와 함께 기뻐하라"(빌 2:15-18).
단원학습목표	청소년들이 가장 많이 생활하는 공간인 학교와 교회에서 그리스도의 향기를 드러내고, 비전과 꿈을 갖고 살게 한다.
단원핵심정리	학교생활을 통해 하나님을 찾고 예배를 드림으로 생활이 곧 예배임을 알며 학교에서 하나님을 소개하고 복음을 증거함으로 학교선교사로서의 자부심을 갖는다.

생활편_ 3단원

학교와 교회

단원소개

7과에서는 주일만 예배를 드리는 것이 아니라 주중 학교생활을 통해서도 하나님을 찾고 하나님께 예배를 드림으로 생활이 곧 예배임을 알게 합니다. 그리고 교회와 학교의 이중적인 생활에서 벗어나 학교에서도 하나님을 찬양하고 예배를 드리는 삶을 살도록 합니다. 또 8과에서는 학교에서도 자신에게 있는 신앙적 모습을 통해 친구들에게 복음을 증거하고 하나님께 영광을 돌리게 됨을 알게 합니다. 9과에서는 믿는 자들의 인격적 관계 속에서 사랑과 배려와 중보가 있는 곳이 진정한 교회임을 알고 교회를 통해 자신의 비전(꿈)을 만들고 나누고 성장시키는 데 목적이 있습니다.

생활편

제7과 나의 예배처, 학교 (1)

학습목표 : 학교생활을 통해서 하나님을 찾고 예배드리는 생활을 한다.
중심진리 : 학교에서도 하나님을 찾고 예배드리는 생활을 할 수 있다.
본문말씀 : 빌립보서 2:15-18

본과를 소개합니다

이번 과에서는 청소년들의 생활 중에 "나의 예배처, 학교"에 해당하는 영역으로 예배의 의미를 바로 이해하고, 주 생활 장소인 학교 안에서 하나님을 찬양하고 생활 속의 예배를 드리는 데 그 목적이 있습니다. 주일만 예배를 드리는 것이 아니라 주중에도 학교 생활을 통해 하나님을 찾고 예배를 드림으로 생활이 곧 예배임을 알게 될 것입니다. 본과를 통해 교회와 학교의 이중적인 생활에서 벗어나 학교에서도 하나님을 찾고 예배를 드리는 기회가 되기를 바랍니다.

» Story of Life

000 목사님께

목사님 저는 1학년 2반에 00입니다. 저는 모태 신앙으로 교회를 다니는 것과 하나님을 믿는 것에 대해 한 번도 의심을 하거나 힘들어 하지 않았습니다. 하지만 요즈음은 많이 힘이 듭니다. '하나님이 정말 계신가' 라는 의심도 들기 시작했고, 학교에서의 생활과 친구들과의 대화에서는 내가 정말 '하나님을 믿는 사람이 맞나' 라는 의심이 들 정도로 언행이 거칠어집니다. 그나마 주일날 교회에 가서 찬양을 하면 '내가 하나님 안에 들어와 있구나' 라는 생각이 듭니다. 그러다가 학교에 가면 똑같은 생활이 반복됩니다. 이러다가 '하나님이 나를 버리시겠구나', '하나님은 살아계시기는 한 거야?' 라는 생각이 저를 괴롭힙니다. 학교에서 큐티를 하고 싶어도 친구들이 '바보 같은 놈' 이라고 놀려서 하지 못하고, 저 자신도 친구들과 어울리다 보면 어느새 '성경은 교회에서나 읽으면 돼' 라고 생각하고 친구들과 세상적인 이야기를 하기 시작합니다.

목사님! 눈에 보이지 않는 하나님을 믿는 것이 정말 힘드네요. 학교도 너무 재미없어요.

» Talk Talk about Life

예배처

[Story of Life]의 내용을 읽고 어떤 해결점이 있을지 나누어 봅시다.

내담자의 이야기 중 하나님에 대한 부정적인 이미지는 청소년의 발달 특성상 있을 수 있는 일입니다. 문제는 하나님의 자녀로서의 정체성이 너무 약하다는(전혀 없거나) 것입니다. 이럴 경우 '기도로 극복해'라는 추상적인 접근은 내담자에게 더 큰 좌절을 맛보게 하는 것입니다. 구체적이고 실현 가능한 대안이 좋을 듯합니다. 교실에서 큐티를 하거나 찬양을 하는 것이 어려우면 교내의 빈 공간이나 학생들이 별로 없는 한적한 곳에서 찬양이나 묵상을 하는 것이 좋으며, 혼자 하는 것보다 함께할 수 있는 친구들이 생기면 서로 의지할 수 있을 것입니다. 목회자가 일정한 시간에 이를 도울 수도 있습니다. 생활 속에서 하나님을 만날 수 있도록 상황을 만들어 주고 지속적인 격려를 통해 학교에서의 예배가 외로운 혼자만의 길이 아닌을 알게 해 줄 수 있습니다.

우리가 흔히 알고 있는 예배의 장소는 어디입니까?

많은 학생들이 교회라고 대답할 것입니다. 어떤 면에서 그 말이 맞지만 교회와 학교는 별개라고 생각하는 학생들에게 학교도 예배를 드릴 수 있는 장소이고, 학교에서 드리는 예배도 하나님이 함께하신다는 것을 가르치는 것이 필요합니다. 물론 교회처럼 예배의 형식을 가지기는 힘들지만 아침에 하는 큐티나 성경읽기, 친구들에게 하나님의 말씀을 전하고 복음을 전하는 모습은 생활 속의 예배라고 할 수 있습니다.

예배의 장소가 왜 교회이어야만 한다고 생각하십니까?

이와 같이 생각하는 학생들은 형식과 절차를 중요시하거나 우리나라의 기복신앙에 치우쳐 감정적으로 예배를 생각하는 경우일 수 있습니다. 청소년 시절에는 성인들과는 달리 감정에 많은 영향을 받습니다. 그래서 자기 느낌에 교회행사를 훌륭히 해내면 과정에는 상관없이 하나님께서 영광을 받으셨다고 생각을 합니다. 그리고 예배는 꼭 교회에서 드리는 것만 하나님이 받으신다고 생각합니다. 믿는 자들이 모여 하나님의 이름을 높이고 그 분을 경외하고, 그 분을 찬양하고 그 속에서 자신의 죄를 회개하면 그것이 예배입니다. 그래서 우리는 학교에서도 얼마든지 예배를 드릴 수 있습니다.

학교가 만약 예배의 장소가 된다면 여러분은 그곳에서 예배를 드리겠습니까?

우리가 하나님을 믿고 그 분의 자녀가 되었다면 하나님과 관계가 맺어진 것입니다. 그렇다면 우리는 우리의 삶 전체를 하나님께 드리는 삶을 살아야 합니다. 학교에 있을 때나 집에 있을 때나 교회에 있을 때 모두 하나님 앞에 예배를 드리는 삶을 살아야 합니다. 예배는 정해진 시간에 정해진 절차를 거쳐 드리기도 하지만, 넓은 의미로 하나님과 만나고 교제하며 동행하는 것도 예배입니다. 하나님의 자녀로서 우리가 있는 모든 곳에는 하나님이 임재하고 계십니다. 학생들이 주로 생활하는 학교에서 정해진 예배의 형식이 없다고 하더라도 큐티를 하고 기도를 하고 찬양을 하는 그 시간도 예배의 시간이 될 수 있습니다. 학생들이 학교에서도 하나님이 함께하시고 자신을 지켜보고 계신다는 생각을 갖게 하면 학생들의 생활도 달라질 것입니다. 소그룹이 모여 함께 큐티를 나누고 점심시간에 함께 모여 찬양하고 기도한다면 학생들에게 잊을 수 없는 소중한 시간이 될 것입니다.

» Standard of Life

본문탐구

바울은 구부러지고 뒤틀린 세대에 어떤 사람이 되어야 한다고 말하고 있습니까? 그 후에는 어떤 사람이 될 것이라고 격려하고 있습니까?(빌 2:15)

"이는 너희가 흠이 없고 순전하여 어그러지고 거스르는 세대 가운데서 하나님의 흠 없는 자녀로 세상에서 그들 가운데 빛들로 나타내며"(빌 2:15).

흠 없고 순결하여져서 하나님의 흠 없는 자녀가 되어야 합니다. 그러면 이 세상에서 별처럼 빛날 것입니다.

말씀을 굳게 잡기 위해서는 많은 노력이 필요합니다. 어떤 노력이 필요한지 생활 속에서 나누어 봅시다. 또 성경에서는 어떻게 말씀하고 있습니까?(빌 2:16-18)

"생명의 말씀을 밝혀 나의 달음질이 헛되지 아니하고 수고도 헛되지 아니함으로 그리스도의 날에 내가 자랑할 것이 있게 하려 함이라 만일 너희 믿음의 제물과 섬김 위에 내가 나를 전제로 드릴지라도 나는 기뻐하고 너희 무리와 함께 기뻐하리니 이와 같이 너희도 기뻐하고 나와 함께 기뻐하라"(빌 2:16-18).

생명의 말씀을 붙잡는 것은 하나님의 자녀의 도리이자 의무이고 특권입니다. 하지만 하나님의 말씀을 붙잡는 것은 쉬운 일이 아닙니다. 하나님의 영광을 위해 흠이 없고 순결하게 달음질하고 수고하여야 합니다. 때로는 수고와 헌신의 대가가 필요하기도 합니다. 하지만 그로 인해 하나님께 영광이 되고 귀한 열매를 얻을 수 있기에 기뻐할 수 있습니다.

본문의 말씀과 예배가 어떤 관계가 있을까요?

예배는 형식과 절차에 맞게 하나님을 예배하는 것도 필요하지만 생활 속에서 벌어지는 치열한 영적 전쟁을 이기기 위해 끊임없이 하나님과의 관계를 지속시키는 노력과 헌신과 대가가 필요합니다. 그것이 생활 속의 예배라고 할 수 있습니다. 학생들의 주 생활공간인 학교는 치열한 영적 전쟁의 전쟁터이기도 합니다.

예배드리는 자가 반드시 기억해야 할 것은 무엇입니까?(요 4:24)

"하나님은 영이시니 예배하는 자가 영과 진리로 예배할지니라"(요 4:24).

하나님은 영이십니다. 그러므로 하나님께 예배를 드리는 사람은 영과 진리로 예배를 드려야 합니다. 이는 온전히 하나님을 찬양하고 경배하며 그 분의 성품을 그대로 인정하고 고백한다는 의미입니다.

» Change of Life

학교와 교회 사이

학교에서의 친구들의 모습은 왜 교회 친구들의 모습과 다를까요?

학교에서의 친구들은 교회와는 달리 하나님을 믿지 않는 친구들이 많이 있습니다. 그리고 그 친구들은 하나님의 영광이 아닌 자신들이 옳다고 생각하는 대로 행동합니다. 그것이 하나님 앞에 죄가 되고 친구들에게 피해를 준다고 하더라도 자신이 하고 싶은 일이면 서슴없이 행동하는 것입니다. 이런 곳에서 믿음을 지키며 하나님의 말씀을 증거하는 것이 쉬운 일은 아닙니다. 설사 하나님을 믿는 친구들이라고 하더라도 교회에서의 믿음 생활과 학교에서의 생활을 별개라고 생각하는 친구들도 있습니다. 이것은 하나님 앞에서 우리의 미성숙함을 드러내는 것입니다. 우리가 하나님을 믿는 사람이라면 교회에서의 생활과 학교에서의 생활이 다르지 않아야 합니다.

학교에서 하나님의 말씀을 전하고 예배를 드리고 싶어도 자기 혼자라는 생각이 너무 크다면 어떻게 할까요? 어떻게 하면 학교에서 예배를 드릴 수 있을까요?

먼저 학생들의 생각을 충분히 들어 보고 그 타당성을 함께 나누어 봅니다. 학교에서 예배를 드리고자 한다면 여러 가지의 경우를 생각해 볼 수 있습니다. 먼저 학교 내에 기독 교사가 있다면 그 기독 교사에게 도움을 받을 수 있습니다. 사정 이야기를 하고 큐티를 비롯해 예배를 드리고 싶은데 지도를 해달라고 하면 흔쾌히 지도를 해 줄 수 있을 것입니다. 다음으로는 교회 선생님이나 목회자의 도움을 받을 수 있습니다. 점심시간이나 방과 후에 일주일에 1-2회 정도 학교에서 소그룹으로 큐티와 기도제목을 나눌 수 있으며 이때 믿지 않는 친구들을 편하게 초청할 수 있습니다.

외부의 도움을 받는 것이 여의치 않을 경우 두 사람 이상만 되면 점심시간이나 방과 후에 학교 내의 일정한 장소에서 하나님을 묵상하고 찬양하는 예배를 드릴 수 있습니다.

» Decision of Life

우리가 하나님을 믿고 그 분의 자녀가 되었다면 우리는 하나님과 관계가 맺어진 것입니다. 그렇다면 우리는 우리의 삶 전체를 하나님께 드리는 삶을 살아야 합니다. 학교에 있을 때나 집에 있을 때나 교회에 있을 때 모두 하나님 앞에 예배를 드리는 삶을 살아야 합니다. 예배는 정해진 시간에 정해진 절차를 거쳐 드리기도 하지만 넓은 의미로 우리가 하나님과 만나고 교제하며 동행하는 것도 예배입니다. 하나님의 자녀로서 우리가 있는 모든 곳에는 하나님이 임재하고 계십니다. 학생들이 주로 생활하는 학교에서 정해진 예배의 형식이 없다고 하더라도 큐티를 하고 기도를 하고 찬양을 하는 그 시간도 예배입니다. 학생들이 학교에서도 하나님이 함께하시고 자신을 지켜보고 계신다는 생각을 갖게 되면 학생들의 생활이 달라질 수 있습니다. 소그룹이 모여 함께 큐티를 나누고 점심시간에 함께 모여 찬양하고 기도한다면 학생들에게 잊을 수 없는 소중한 시간이 될 것입니다.

생활편

제8과 나의 선교지, 학교 (2)

학습목표 : 학교생활 속에서 하나님을 소개하고 복음을 증거할 수 있다.

중심진리 : 학교생활을 통해 하나님을 소개하고 복음을 증거함으로 학원선교사로서의 자부심을 가질 수 있다.

본문말씀 : 요한일서 5:10-13

본과를 소개합니다

이번 과에서는 청소년들의 생활 중에 "나의 선교지, 학교"에 해당하는 영역으로 주로 학생들이 생활하는 학교 안에서 하나님을 소개하고 복음을 전하게 하는 데 그 목적이 있습니다. 선교의 의미를 바로 알고 자신에게 있는 증거를 친구들에게 보여줌으로 하나님께 영광을 돌리게 될 것입니다. 본과를 통해 학생들은 학교에 파송된 선교사로 자부심을 갖고 하나님의 말씀을 전하는 소중한 기회가 되기를 바랍니다.

» Story of Life

목사님! 함께 기도해 주세요.

저는 목사님의 집회에 참석했던 고등학교 1학년 000입니다. 목사님이 저희 교회에 오셔서 말씀을 통해 저를 학교 선교사로 세워주시고 선교 사역의 일을 감당케 하셨는데 그 일이 저의 가슴을 뛰게 합니다. 저는 나중에 아프리카 선교사가 되는 게 꿈입니다. 그 꿈을 이루기 전에 저는 학교 선교사가 되었습니다. 저의 부족함을 많이 느끼지만 학교 안에서 복음을 증거하고, 학교에서의 예배의 삶과 봉사활동 등으로 믿는 자의 본이 되고 싶습니다. 또 학교 내에 기도모임을 만들어 학교를 복음화시키는 데 헌신하겠습니다. 목사님의 중보기도가 필요합니다.

2010년 5월 1일

춘천에서 학교 신교사 000 올림

>> Talk Talk about Life

선교의 의미

'선교' 또는 '선교사' 하면 처음 떠오르는 생각은 무엇입니까?

'선교'(mission)라는 의미는 라틴어로 '보내다(missus)'라는 의미로 사용되었습니다. 예수님의 열두 제자와 바울은 초대교회의 선교적 사명을 위해 부르심을 받아 예루살렘과 소아시아 여러 지역에 교회를 세우고 일생을 헌신하며 그들에게 '사도' 즉 '보냄을 받은 자'라는 직분으로 불리는 것을 즐겨했습니다. 그들은 언제나 그들을 보냈던 예수 그리스도의 권위를 대변하는 전권대사와 같이 활동하였습니다.

전통적으로 선교란 비기독교인들 가운데서 교회를 세우고 조직하는 것을 목표로 하는 기독교의 모든 활동을 말합니다. 우리가 '선교'라고 하면 해외에 선교사를 보내어 하나님을 전하는 일만을 생각할 수 있지만 학교에서 같이 생활하는 친구들에게 하나님을 소개하고 믿게 하는 일 또한 선교입니다.

여러분은 어디서 누구에게 복음을 전해 들었습니까? 서로 이야기해 봅시다.

우리가 학교에서 친구들에게 복음을 증거하지 않으면 그 친구들은 졸업할 때까지 어느 누구에게도 하나님에 대해 소개를 받지 못할지도 모릅니다. 물론 그들이 졸업 후에 다른 환경에서 하나님을 믿을 수 있겠지만 지금 기회가 된다면 그 기회 또한 마지막이 될 수도 있습니다.

>> Standard of Life

본문탐구

하나님의 아들을 믿는 여러분에게 증거가 있다면 그 증거가 무엇인지 발표해 봅시다.

"하나님의 아들을 믿는 자는 자기 안에 증거가 있고 하나님을 믿지 아니하는 자는 하나님을 거짓말하는 자로 만드나니 이는 하나님께서 그 아들에 대하여 증언하신 증거를 믿지 아니하였음이라 또 증거는 이것이니 하나님이 우리에게 영생을 주신 것과 이 생명이 그의 아들 안에 있는 그것이니라"(요일 5:10-11).

그 증거는 하나님을 믿으면서 얻게 된 구원, 소망, 위로, 능력 등이 될 것입니다. 그 증거를 학생들이 학교에서 친구들에게 드러낼 수 있도록 격려를 해 줍니다.

마태복음 5:16절 말씀을 찾아보고 그 의미를 되새겨 봅시다.

"이같이 너희 빛이 사람 앞에 비치게 하여 그들로 너희 착한 행실을 보고 하늘에 계신 너희 아버지께 영광을 돌리게 하라"(마 5:16).

그리스도인의 행실이 하나님을 믿지 않는 친구들에게 본이 되고 그것이 하나님께 영광이 될 것입니다.

우리가 친구를 전도하는 궁극적인 목적은 무엇입니까?(요일 5:12-13)

"아들이 있는 자에게는 생명이 있고 하나님의 아들이 없는 자에게는 생명이 없느니라. 내가 하나님의 아들의 이름을 믿는 너희에게 이것을 쓰는 것은 너희로 하여금 너희에게 영생이 있음을 알게 하려 함이라"(요일 5:12-13).

생명을 얻게 하기 위함입니다.

» Change of Life

선교의 장

학교에서 친구들을 어떻게 전도할 수 있을까요? 구체적인 사례를 들어 이야기해 봅시다.

학교 친구들에게 내가 전도하지 않으면 아무도 그 친구들에게 하나님을 소개하지 않는다는 것을 기억해야 합니다. 우리 청소년들은 학교에서 하나님을 전할 책임과 의무가 있습니다. 그것이 믿는 자의 도리라 할 수 있습니다. 힘들어하는 친구에게 함께 교회 갈 것을 권유함으로 그 친구가 자유함을 느끼게 할 수 있으며, 진리를 찾는 친구들에게 하나님을 소개함으로 창조주를 알게 할 수 있습니다. 교회의 전도 프로그램을 활용하는 것도 좋은 방법 중의 하나입니다. 그리고 요즘은 학생들을 교회로 부르는 것이 아니라 교회가 학교로 찾아가 학생들을 직접 만날 수도 있습니다.

넓은 의미로 그리스도인이 믿는 자로서 본이 되는 것 역시 '선교'라고 할 수 있습니다. '본'이 되는 것을 예를 들어 이야기해 봅시다.

학교에서 기독 청소년들이 믿는 자의 본이 되는 사례는 많이 있습니다. 크게는 공부를 열심히 잘하는 것도 본이 될 수 있으며, 비행 청소년이 되지 않고 바르게 생활하는 것, 남을 먼저 생각하고 배려하는 마음으로 친구를 대하는 것, 학교에서도 예배의 삶을 사는 것 등이 있을 수 있으며, 그 외에 봉사활동도 선교의 일부분이라 할 수 있습니다. '월드비전'이나 '유니세프'를 통해 지구촌의 굶주린 아이들을 후원하는 일, 노인 요양시설이나 장애인 복지시설 등에서 봉사하는 일, 낙태반대 운동, 장기기증 운동, 마약 및 약물 퇴치운동 등과 같은 캠페인 활동 등도 얼마든지 생각할 수 있는 영역입니다.

그리스도인들은 이런 일들을 통해 얼마든지 믿는 자의 본을 보일 수 있습니다. 하나님을 모르는 세상 사람들은 윤리적인 삶이 되지만 그리스도인들은 하나님께 영광이 되는 삶입니다.

» Decision of Life

'선교'(mission)라는 의미는 라틴어로 '보내다'(missus)라는 의미로 사용되었습니다. 예수님의 열두 제자와 바울은 초대교회의 선교적 사명을 위해 부르심을 받아 예루살렘과 소아시아 여러 지역에 교회를 세우고 일생을 헌신하며 그들에게 '사도' 즉 '보냄을 받은 자'라는 직분으로 불리는 것을 즐겨했습니다. 그들은 언제나 그들을 보냈던 예수 그리스도의 권위를 대변하는 전권대사와 같이 활동하였습니다.

우리가 '선교'라고 하면 해외에 선교사를 보내어 하나님을 전하는 일이라고 생각할 수 있습니다. 하지만 학교에서 같이 생활하는 친구들에게 하나님을 소개하고 믿게 하는 일 또한 선교입니다. 우리는 하나님께로부터 보냄을 받은 학교 선교사입니다. 해외 선교는 해외 선교사에게, 군 선교는 군인들에게, 학교 선교는 학생들만이 할 수 있는 특권이자 권리입니다.

우리가 학교에서 친구들에게 복음을 증거하지 않으면 그 친구들은 졸업할 때까지 어느 누구에게도 하나님에 대해 소개를 받지 못할지도 모릅니다. 물론 그들이 졸업 후에 다른 환경에서 하나님을 믿을 수 있겠지만 지금 기회가 된다면 그 기회 또한 마지막이 될 수도 있습니다.

생활편

제9과 비전을 나누는 곳, 교회

학습목표 : 자신의 꿈(비전)을 교회 안에서 서로 나누고 중보기도할 수 있다.

중심진리 : 자신의 꿈(비전)을 교회 안에서 만들고 성장시켜 하나님이 원하시는 그리스도인으로 성장할 수 있다.

본문말씀 : 히브리서 10:24-25

본과를 소개합니다

이번 과에서는 청소년들의 생활 중에 "비전을 나누는 곳, 교회"에 해당하는 영역으로 교회의 의미를 바로 이해하고, 교회를 통해 자신의 꿈을 만들고 다듬고 성장시키는 데 그 목적이 있습니다. 지역교회나 예배당을 교회의 전부라고 생각하는 틀에서 벗어나 믿는 자들의 인격적 관계 속에서 사랑과 배려와 중보가 있는 교회가 진정한 교회임을 알게 될 것입니다. 본과를 통해 학생들이 교회를 깊이 생각하고 교회를 통해 꿈을 키워가는 기회가 되기를 바랍니다.

» Story of Life

청소년들에게 교회가 '어떤 곳'인지 물으면 교회는 '하나님이 계신 곳', '죄가 없는 곳', '거룩한 곳'이라고 대답합니다. 그런 그들에게 하나님이 계시고 죄가 없는 그곳에 얼마나 자주 가서 안식을 얻는지를 물으면 주일에 단 하루 간다고 대답을 합니다. 또 교회가 '재미있는지'를 물으면 어느 누구도 교회가 재미있는 곳이라고 대답하는 청소년들은 없습니다.

저는 이런 질문을 해봅니다. '교회는 꼭 재미있어야만 하는가?' '교회가 과연 노래방이나 PC방과 같이 재미있는 곳으로 경쟁해야 하는가?' 아닐 것입니다. 노래방은 노래방만이 가지고 있는 특성과 재미가 있고, PC방은 PC방만이 가지고 있는 재미가 있습니다. 우리가 교회 안에서 노래방이나 PC방에서 느낄 수 있는 재미를 느껴야 한다면 교회는 하나님에 대해 소개하고 하나님의 말씀을 전하는 것보다 더 바쁘게 노래방 기계와 PC방의 프로그램들을 업그레이드해야 할 것입니다. 아마도 엄청난 비용이 들 것입니다.

교회는 교회다워야 합니다. 노래방과 PC방에서는 재미를 찾아야겠지만, 교회에서는 진리를 찾고, 창조주를 찾고, 인생의 주인을 찾고, 자신의 비전을 찾고, 안식을 찾는 곳이어야 합니다.

미래의 자신의 모습을 교회 안에서 찾을 때 가장 행복하고 기쁠 수 있습니다.

» Talk Talk about Life

교회의 의미

'교회' 에 대해서 이야기를 나누어 봅시다. '교회' 라는 단어를 떠올릴 때 가장 먼저 드는 생각이 무엇입니까?

정확한 답을 요구하지는 않습니다. 다양한 대답들이 나올 수 있습니다. 유형의 교회, 무형의 교회, 생명, 구원, 십자가, 예수님, 교육, 봉사 등.

교회라는 단어는 헬라어의 '에클레시아' 를 번역한 것으로서 '회중' 또는 '불러낸 자들' 이라는 뜻을 가지고 있습니다. 그래서 성경은 '믿는 자들의 무리' 를 가리킬 때 '교회' 라는 단어를 사용합니다. 다음 성경구절은 교회의 어떤 의미를 가지고 있습니까?

(고전 1:2) "고린도에 있는 하나님의 교회 곧 그리스도 예수 안에서 거룩하여지고 성도라 부르심을 받은 자들과 또 각처에서 우리의 주 곧 그들과 우리의 주 되신 예수 그리스도의 이름을 부르는 모든 자들에게."

믿는 사람들의 모임과 지역교회

(행 8:1-3) "사울은 그가 죽임 당함을 마땅히 여기더라 그 날에 예루살렘에 있는 교회에 큰 박해가 있어 사도 외에는 다 유대와 사마리아 모든 땅으로 흩어지니라 경건한 사람들이 스데반을 장사하고 위하여 크게 울더라 사울이 교회를 잔멸할 새 각 집에 들어가 남녀를 끌어다가 옥에 넘기니라."

사람들(예루살렘의 그리스도인들)

교회는 예배당을 뜻하는 지역교회와 믿는 사람들의 모임이라 할 수 있는 우주적 교회로 정의할 수 있습니다. 우주적 교회의 의미를 성경을 통해 찾아봅시다.

마 16:18 "또 내가 네게 이르노니 너는 베드로라 내가 이 반석 위에 내 교회를 세우리니 음부의 권세가 이기지 못하리라."

빌 3:6 "열심으로는 교회를 박해하고 율법의 의로는 흠이 없는 자라."

엡 5:25 "남편들아 아내 사랑하기를 그리스도께서 교회를 사랑하시고 그 교회를 위하여 자신을 주심 같이 하라."

골 1:18 "그는 몸인 교회의 머리시라 그가 근본이시요 죽은 자들 가운데서 먼저 나신 이시니 이는 친히 만물의 으뜸이 되려 하심이요."

» Standard of Life

본문탐구

하나님이 원하시는 교회의 모습은 무엇인가요?(히 10:24-25)

"서로 돌아보아 사랑과 선행을 격려하며 모이기를 폐하는 어떤 사람들의 습관과 같이 하지 말고 오직 권하여 그 날이 가까움을 볼수록 더욱 그리하자"(히 10:24-25).

하나님이 원하시는 우주적 교회의 모습은 서로를 돌아보고, 이웃을 내 몸과 같이 사랑하고, 선행함을 격려하고, 하나님의 나라가 가까울수록 예수님이 가신 십자가의 도를 좇는 모습입니다.

다음의 성경말씀들은 '교회' 인 성도의 어떤 모습들을 말하고 있습니까?

(행 4:2-4) "예수 안에 죽은 자의 부활이 있다고 백성을 가르치고 전함을 싫어하여, 그들을 잡으매 날이 이미 저물었으므로 이튿날까지 가두었으나, 말씀을 들은 사람 중에 믿는 자가 많으니 남자의 수가 약 오천이나 되었더라."

십자가와 죽은 자의 부활이 있다고 믿는 자들

(행 3:6-8) "베드로가 이르되 은과 금은 내게 없거니와 내게 있는 이것을 네게 주노니 나사렛 예수 그리스도의 이름으로 일어나 걸으라 하고, 오른손을 잡아 일으키니 발과 발목이 곧 힘을 얻고, 뛰어 서서 걸으며 그들과 함께 성전으로 들어가면서 걷기도 하고 뛰기도 하며 하나님을 찬송하니."

기사와 표적이 나타나 하나님께 영광을 돌리는 자들

(행 2:46) "날마다 마음을 같이하여 성전에 모이기를 힘쓰고 집에서 떡을 떼며 기쁨과 순전한 마음으로 음식을 먹고."

떡을 떼며 같은 생각으로 즐거워하는 사람들

(행 1:14) "여자들과 예수의 어머니 마리아와 예수의 아우들과 더불어 마음을 같이하여 오로지 기도에 힘쓰더라."

함께 같은 마음으로 기도하는 사람들

(행 2:47) "하나님을 찬미하며 또 온 백성에게 칭송을 받으니 주께서 구원 받는 사람을 날마다 더하게 하시니라."

비그리스도인들에게 칭송을 받는 사람들

(행 4:2-3) "예수 안에 죽은 자의 부활이 있다고 백성을 가르치고 전함을 싫어하여 그들을 잡으매 날이 이미 저물었으므로 이튿날까지 가두었으나."

고난을 이겨내는 사람들

» Change of Life

믿는 자들의 모임이 교회라면 우리 주위에 많은 교회들이 있을 수 있습니다. 우리는 그 교회들에서 무엇을 얻을 수 있을까요?

우리가 속해 있는 지역교회의 학생회, 찬양 인도팀, 학교 내의 기독학생반 또는 기도 모임, 등등이 있을 수 있습니다. 우리는 이런 교회들에서 하나님의 말씀을 듣기도 하고, 하나님을 증거하기도 하며, 양육과 훈련을 받기도 하고, 봉사를 하기도 합니다. 하지만 기독 청소년들은 우주적 교회에서만이 얻을 수 있는 소중한 것들을 얻을 수 있습니나.

그것은 바로 인생의 비전과 꿈과 목표, 기쁨, 즐거움, 고통, 슬픔 등이며, 이러한 것들을 함께 나누고 중보할 수 있는 곳이 바로 교회입니다.

반면, 세상은 '경쟁'과 '쟁취(승리)'를 요구하지만 교회는 '더불어'와 '함께함'을 요구합니다.

우리의 꿈을 비롯해 즐거움과 기쁨, 고동과 슬픔을 함께 나누는 곳이 교회라면 이것이 어떻게 가능한지 사례를 중심으로 이야기를 나누어 봅시다.

세상에서 가장 안전한 곳이 가정이라고 합니다. 가정에서 세상으로 나가면 사람 걱정, 차 걱정, 공부 걱정, 따돌림 걱정 등 온갖 걱정에 둘러싸여 살게 됩니다. 이해보다는 비난의 소리를 먼저 듣습니다.

하지만 하나님이 함께하시는 교회만큼은 이런 걱정들을 물리칠 수 있습니다. 우리가 교회를 통해 꿈을 나누고 인생의 목표를 정하고, 서로를 위해 격려하고, 배려하고, 중보하는 훈련을 하여 인격자로 성장한다면 교회는 세상의 어느 곳에서도 경험하고 느낄 수 없는 감격의 장이 될 것입니다.

교회는 자신의 꿈과 비전을 놓고 비하하거나 놀리지 않습니다. 교회는 내가 공부를 못한다고 무시하지 않습니다. 교회는 내가 힘들고 슬퍼해도 나를 버려두지 않습니다. 교회는 나에게 비전을 줍니다. 교회는 나에게 용서를 가르쳐 줍니다. 교회는 나에게 함께함을 가르쳐 줍니다. 마지막으로 교회는 나에게 하나님을 경험하게 해줍니다.

믿는 자의 본분으로 여러분이 원하는 교회의 모습을 나누어 봅시다.

기독교 세계관적으로 문제가 없다면 나누는 모든 이야기들이 모두 정답일 수 있습니다. 평소 학생들이 원하는 교회의 모습을 알아 볼 수 있는 기회입니다.

» Decision of Life

세상에서 가장 안전한 곳이 가정이라고 합니다. 가정에서 세상으로 나가면 사람 걱정, 차 걱정, 공부 걱정, 따돌림 걱정 등 온갖 걱정에 둘러싸여 살게 됩니다. 이해보다는 비난의 소리를 먼저 듣습니다. 우리는 완전한 존재가 아니기에 안전하다고 하는 가정에서도 때로는 불안감을 느끼기도 합니다. 하지만 하나님이 함께하시는 교회만큼은 이런 걱정들을 물리칠 수 있습니다. 우리가 교회를 통해 꿈을 나누고, 인생의 목표를 정하고, 서로를 위해 격려하고, 배려하고, 중보하는 훈련을 하여 인격자로 성장한다면 교회는 세상의 어느 곳에서도 경험하고 느낄 수 없는 감격의 장이 될 것입니다. 교회는 자신의 꿈과 비전을 놓고 비하하거나 놀리지 않습니다. 교회는 내가 공부를 못한다고 무시하지 않습니다. 교회는 내가 힘들고 슬퍼해도 나를 버려두지 않습니다. 교회는 나에게 비전을 갖게 합니다. 교회는 나에게 용서를 가르쳐 줍니다. 교회는 나에게 함께함을 가르쳐 줍니다. 마지막으로 교회는 나에게 하나님을 경험하게 해 줍니다.

Introduce

단원주제	청소년들의 미래의 공간
단원해설	본 단원은 청소년들의 미래의 삶에 관한 것으로 세계관, 소명, 미래의 직업에 관한 것입니다. 세계관을 기독교적 가치와 말씀으로 무장하고 하나님의 부르심에 순종함으로 자신의 인생을 만들어가며, 또 직업은 자신의 능력 때문이 아니라 하나님이 은혜로 허락해 주셔서 소망을 품고 이루는 것임을 알도록 합니다.
중심구절	"우리 주 예수 그리스도의 하나님, 영광의 아버지께서 지혜와 계시의 영을 너희에게 주사 하나님을 알게 하시고 너희 마음의 눈을 밝히사 그의 부르심의 소망이 무엇이며 성도 안에서 그 기업의 영광의 풍성함이 무엇이며 그의 힘의 위력으로 역사하심을 따라 믿는 우리에게 베푸신 능력의 지극히 크심이 어떠한 것을 너희로 알게 하시기를 구하노라"(엡 1:17-19).
단원학습목표	자신의 미래에 가져야 할 바른 세계관을 가지고 하나님의 부르심을 확인하여 건강한 그리스도인으로 성장하게 한다.
단원핵심정리	기독교 세계관을 통해 하나님의 전신갑주를 입고 하나님의 부르심에 순종하여 하나님이 원하시는 그리스도인으로 성장한다.

생활편_ 4단원

세계관과 부르심(소명)

단원소개

10과에서는 기독교적 세계관의 의미를 바로 이해하고, 말씀으로 세계관을 무장하는 데 목적이 있습니다. 11과에서는 부르심의 의미를 바로 이해하고, 그 부르심에 순종하는 데 목적이 있습니다. 12과에서는 청소년 시절부터 하나님의 말씀에 입각하여 직업을 소망하고, 그 직업을 갖기 위해 준비하는 자세를 배우며 '남이 하니까', 아니면 '먹고 살기 위해서 어쩔 수 없어'가 아니라 하나님이 허락해 주신 직업이라는 청지기적 사명을 갖도록 하는 데 목적이 있습니다.

생활편

제10과 세상을 바라보는 눈, 세계관

학습목표 : 말씀을 통해 세상의 그릇된 세계관을 분별하게 한다.
중심진리 : 기독교 세계관을 통해 하나님의 전신갑주를 입은 그리스도인으로 성장한다.
본문말씀 : 에베소서 6:10-17

본과를 소개합니다

이번 과에서는 청소년들의 생활 중에 "세계관"에 해당하는 영역으로 기독교적 세계관의 의미를 바로 이해하고, 말씀으로 세계관을 무장하는 데 그 목적이 있습니다.

우리가 지금 공부하는 것, 미래의 직업에 대한 것 등. 우리가 하고자 하는 모든 것은 성경말씀 안에서 생각하고 행동해야 합니다. 사람의 생각은 행동을 낳습니다. 생각이 옳지 않으면 결과가 아무리 좋아보여도 그 열매는 썩은 열매가 될 것입니다. 본과를 통해 우리 학생들이 기독교 세계관을 갖고 하나님의 전신갑주를 입은 그리스도인으로 성장하는 기회가 되기를 바랍니다.

» Story of Life

세계관이라는 말은 넓은 의미로 세상을 보는 '관점' 또는 '기준'이라는 말로 이해할 수 있다. 모든 사람은 자신이 의식하든 의식하지 못하든 간에 이미 자신의 문화 속에서 형성된 세계관을 소유하고 있다. 기독교인 역시 인간이기 때문에 기독교인 나름의 세계관을 가지고 있다.

구체적으로 '세계관'이라는 용어는 19세기 이후에 네덜란드의 기독교인들에 의해 사용되다가 미국으로 넘어가 'world and life view' 또는 'life system', 'world view'로 번역되어 사용되었다. 이들 기독교인들이 이 단어를 사용한 것은 하나님이 창조하신 세상을 이원론적으로 이해하지 않고, 하나님의 세상 즉 하나님이 지으시고, 다스리시는 세상으로 이해하고, 기독교인들은 하나님이 원하시는 삶을 살아내는 것을 세계관, 즉 기독교적 세계관으로 이해했다.

지금 기독교인들이 세계관을 가진다고 한다면 그것은 우리가 생각하는 기준을 성경에서 말하는 기준에 맞춘다는 것을 의미한다. 즉 지금 우리가 속해 있는 가정, 학교, 교회 등에서 친구들과 말하고 행동하는 모든 것들이 성경말씀에 위배되지 않는다고 한다면 기독교적 세계관을 가지고 있다고 볼 수 있다.

» Talk Talk about Life

세계관

세계관의 의미가 무엇인지 아는 대로 발표해 봅시다.

세계관이라는 말은 넓은 의미로 세상을 보는 '관점' 또는 '기준'이라는 말로 이해할 수 있습니다. 모든 사람은 자신이 의식하든 의식하지 못하든 간에 이미 자신의 문화 속에서 형성된 세계관을 소유하고 있습니다.

기독교인은 기독교 세계관을 가지며 이에 따라 말하고, 생각하고, 행동하게 됩니다. 기독교 세계관은 그리스도인들에게 근본이 되는 가치라고 할 수 있습니다.

기독교 세계관을 말할 때 반드시 언급되어야 할 내용들이 있습니다. 그 내용을 아는 대로 발표해 봅시다.

질문의 내용이 포괄적일 수 있으나 세계관을 언급함에 있어서 꼭 들어가야 할 내용이 있는데 그 내용이 바로 창조, 타락, 구속입니다.

창조 : 하나님의 창조는 완전하였습니다. 7일 동안의 창조와 그것을 보시면서 "심히 좋았더라"는 말씀은 하나님의 의도대로 창조됨을 보여주며, 진화론의 창조를 무의미하게 만드는 증거이기도 합니다. 하나님은 세상의 모든 생물을 계획과 의도에 따라 창조하셨습니다. 그리고 그 창조를 우리가 믿음으로 고백할 때 하나님은 우리를 통해 영광을 받으시게 됩니다. 창조는 그 자체로 창조의 주체자이신 하나님이 피조물과는 다른 존재임을 말합니다. 인간이 아무리 똑똑하여서 이성과 논리성을 주장해도 하나님과는 그 존재 자체가 다른 것입니다. 어떤 경우에도 인간이 하나님의 계획과 의도를 판단할 수 없습니다.

타락 : 아담과 하와의 타락은 단순한 불순종으로 끝나는 것이 아니었습니다. 또한 아담과 하와의 타락은 하나님과의 관계가 끊어지는 것으로 끝나지 않았습니다. 하나님의 피조물들과의 관계도 끊어졌으며, 인간의 공포, 근심, 절망과 좌절, 무의미, 소외, 파괴 등으로 이어졌습니다. 더욱이 하나님과의 관계가 끊어진 인간은 그 빈자리를 하나님이 아닌 다른 우상을 섬김으로, 회복의 희망을 가지지 못하게 되었으며, 결국 하나님의 절대적인 은혜가 없이는 관계 회복이 불가능하게 되었습니다.

구속 : 구속은 오로지 예수 그리스도만이 인류의 죄를 대속할 수 있음을 말합니다. 구속으로 인한 축복은 하나님의 자녀가 되어 인생의 본분을 알고 하나님이 주시는 은혜를 누리는 것입니다. 하나님의 자녀가 되었다는 것은 자신의 삶에 근본적인 변화를 주어 하나님을 경외하고 하나님의 나라를 위한 삶을 사는 것입니다.

» Standard of Life

본문탐구

우리의 싸움의 상대는 누구입니까?(엡 6:12)

"우리의 씨름은 혈과 육을 상대하는 것이 아니요 통치자들과 권세들과 이 어둠의 세상 주관자들과 하늘에 있는 악의 영들을 상대함이라"(엡 6:12).

"우리의 싸움은 피와 살을 가진 사람들을 상대로 하는 것이 아니라, 통치자와 권세자들과 이 어두운 세계의 지배자들과 하늘에 있는 악한 영들을 상대로 하는 것입니다"(표준새번역).

하나님을 대적하는 모든 세상적 가치라고 할 수 있습니다.

우리가 마귀의 간계를 물리치고 승리하기 위해 무엇을 준비해야 합니까?(엡 6:13-17)

"그러므로 하나님의 전신 갑주를 취하라 이는 악한 날에 너희가 능히 대적하고 모든 일을 행한 후에 서기 위함이라. 그런즉 서서 진리로 너희 허리띠를 띠고 의의 호심경을 붙이고 평안의 복음이 준비한 것으로 신을 신고 모든 것 위에 믿음의 방패를 가지고 이로써 능히 악한 자의 모든 불화살을 소멸하고 구원의 투구와 성령의 검 곧 하나님의 말씀을 가지라"(엡 6:13-17).

"그러므로 여러분은 악한 날에 능히 대항할 수 있고 모든 일을 한 뒤에 서 있을 수 있도록, 하나님께서 주시는 장비로 완전무장을 하십시오. 그러므로 여러분은 진리로 허리를 동이고, 정의의 가슴막이를 하고, 버티어 서십시오. 발에다가는 평화의 복음을 전할 채비를 하십시오. 무엇보다도, 믿음의 방패를 손에 드십시오. 여러분은 그것으로, 악한 자가 쏘는 모든 불화살을 막아 끌 수 있을 것입니다. 그리고 구원의 투구와 성령의 칼, 곧 하나님의 말씀을 가지십시오"(표준새번역).

결국 하나님의 말씀을 가져야 합니다.

» Change of Life

세계관 알아보기

요한이와 범수의 대화를 기독교 세계관의 관점에서 토론해 봅시다.

중학교 2학년이자 서로 친구인 요한이와 범수는 하나님께 자기를 헌신하는 꿈(비전)을 가지고 있었다. 그 중에 요한이의 꿈은 훌륭한 의사가 되는 것이었고, 범수의 꿈은 과학자가 되는 것이었다. 의사가 되고 싶다는 요한이는 나중에 훌륭한 의사가 되어 죽은 자를 살리는 놀라운 의술을 펼쳐서 하나님께 영광을 돌리겠다는 것이었고, 범수는 과학자가 되어서 타임머신을 만들어 과거로 돌아가 지금 이 땅에서 나쁜 짓을 하는 사람들을 개조하겠다는 것이다. 필자는 솔직히 이 말을 듣고 소름이 끼칠 정도로 두려움을 느꼈다. 무엇이 문제인가? 무엇이 이들로 하여금 이러한 생각을 갖게 했는가? 그것은 그들이 의사나 과학자가 되고 싶다는 동기가 문제였다. (중략)

필자가 그 학생들과 상담을 하면서 알 수 있었던 것은 그 둘은 하나님을 믿고 있었기 때문에 하나님께 쓰임을 받고 싶은 마음이 컸다. 그러나 그들의 꿈은 대중문화에 의해 영향을 받은 것이었다. 그들은 하나님을 믿으면서 하나님의 영광과 세상의 죄를 알게 되었고, 또 영화라는 매개체를 보면서 죄를 지은 사람들을 하나님 대신 벌을 주고 싶은 마음이 생겨났으며, 그것으로 하나님께 칭찬을 받고 싶었던 것이다.

(침례신문)

훌륭한 의사가 되어 죽은 자를 살리고 하나님께 영광을 돌리겠다는 말과 타임머신을 만들어 과거로 돌아가 나쁜 짓을 하는 사람들을 개조하겠다는 말에 문제가 있습니다. 이 친구들은 아마도 어떤 일을 하든지 자신이 하나님께 영광을 돌리면 하나님이 기뻐하시고 믿음이 좋은 행동이라고 생각했던 모양입니다. 하지만 앞서 말한 이들의 꿈과 계획은 하나님의 창조 원리에는 어긋나는 것들입니다. 이들은 기독교 세계관이 무엇인지 알지 못했습니다. 하나님의 자녀로서 어떻게 생각하고 어떻게 살아야 하는지 전혀 알지 못했습니다. 그리스도인들은 어린 시절부터 하나님의 자녀로서 어떤 책임감을 가지고 살아야 하는지에 대해 분명한 가르침이 있어야 합니다.

아래 글에서 말하는 의미를 나누어 봅시다.

"기독교 세계관은 믿음의 눈으로 성경이란 안경을 쓰고 이 세상을 보는 것과 같습니다. 우리의 생활에 전 영역 곧 학문, 과학, 예술, 정치, 경제, 노동, 교육, 가정, 문화 등 모든 영역에서 하나님의 주권을 인정하고 창조주이신 그 분을 진심으로 예배하고 찬양하는 것입니다."

우리가 하나님을 믿으면 하나님의 자녀가 되고, 개인의 삶 속에서 하나님의 원하시는 뜻을 발견하기 위해 성경을 읽고, 그것으로 인해 삶이 변화되어 갑니다. 삶의 변화는 성경을 한 번 읽는 것으로 되지 않고, 성령님의 도움으로 성경 내용이 마음 깊이 들어와 감동이 되고 변화되고자 하는 헌신과 노력으로 이루어집니다. 이러한 과정이 누적되어 갈 때 우리는 비로소 하나님이 원하시는 그리스도인으로 다듬어지게 됩니다. 그런데 하나님의 말씀을 읽고 순종하고자 하면 거기에 기준이 세워지게 됩니다.

예를 들어 '이웃을 내 몸과 같이 사랑하라' 고 한다면 이웃은 나와 상관없는 또 다른 타인이거나 일단 내 이익을 챙기고 남은 것을 이웃에게 나누어주라는 것이 아니라 내 몸을 돌보듯 이웃을 똑같이 배려하고, 돌보고, 섬기고, 사랑하라는 것입니다.

'네 이웃에 대하여 거짓 증거하지 말라' 고 하면 포괄적으로 우리의 생활에서 거짓말을 하지 말라는 기준이 세워집니다.

'너희는 이 세대를 본받지 말고 오직 마음을 새롭게 함으로 변화를 받아 하나님의 선하시고 기뻐하시고 온전하신 뜻이 무엇인지 분별하도록 하라' 고 하면 일단 하나님을 거부하는 세상의 가치들을 본받지 말아야 합니다. 그리고 하나님의 뜻이 어디에 있는지 분별해야 합니다. 하나님의 형상을 닮은 인간보다 물질을 우선시하거나, 자신의 이익과 욕심을 위해 하나님의 피조물들을 파괴시키거나, 자신의 정욕을 위해 남에게 피해를 주거나, 하나님이 주신 생명을 파괴(낙태 등) 또는 조작하는 행위(배아복제 등)들에 대해 분명한 기준을 세워야 합니다.

학생들에게, 학문에 있어서는 공부를 해야 하는 이유에 대해서–무엇을 위해서 공부하는가?(하나님의 영광을 위해서 한다)–말합니다. 과학에 있어서는 저절로 인간과 자연이 만들어지고 원숭이가 인간이 되었다는 진화론을 말하지 않습니다, 예술에 있어서는 인간의 욕심과 죄, 본능을 마치 아름다움으로 표현하지 않습니다. 정치에 있어서는 자신의 권력과 명예를 위해 사람들을 속이지 않습니다. 경제 및 노동에 관하여는 하나님이 주신 청지기의 소명을 기억해 땀 흘려 수고한 것만 인정하고 부당하게 얻은 이익은 남이 쏟은 눈물임을 기억하도록 합니다. 그리고 교육, 가정, 문화 등에 대해서도 구체적인 예를 들어 언급하길 바랍니다.

» Decision of Life

세계관이라는 말은 넓은 의미로 세상을 보는 '관점' 또는 '기준'이라는 말로 이해할 수 있습니다. 모든 사람은 자신이 의식하든, 의식하지 못하든 간에 이미 자신의 문화 속에서 형성된 세계관을 가지고 있습니다. 우리가 공부하는 목적, 미래의 직업에 대한 가치관 등. 우리가 하고자 하는 모든 것은 성경 말씀 안에서 생각하고 행동해야 합니다. 사람의 생각은 행동을 낳습니다. 생각이 옳지 않으면 결과가 아무리 좋아도 그 열매는 썩은 열매가 될 것입니다.

이러한 기독교 세계관은 믿음의 눈으로 성경이란 안경을 쓰고 이 세상을 보는 것과 같습니다. 우리 생활의 전 영역 곧 학문, 과학, 예술, 정치, 경제, 노동, 교육, 가정, 문화 등 모든 영역에서 하나님의 주권을 인정하고 창조주이신 그 분을 진심으로 예배하고 찬양하는 것입니다.

생활편

제11과 부르심(소명)

학습목표 : 하나님의 부르심의 의미와 자신의 소명을 안다.
중심진리 : 하나님의 부르심에 순종하여 하나님이 원하시는 그리스도인으로 성장한다.
본문말씀 : 에베소서 1:17-19

본과를 소개합니다

이번 과에서는 청소년들의 생활 중에 "부르심(소명)"에 해당하는 영역으로 부르심의 의미를 바로 이해하고, 그 부르심에 순종하는 데 목적이 있습니다. 소명은 '목숨을 요구한다'라는 의미를 가지고 있습니다. 이는 하나님이 사람에게, 왕이 신하에게 전하는 명령을 일컬을 때 쓰는 단어입니다. 하나님이 진정 나의 창조주이시라면 그분의 부르심에 자신의 인생을 만들어가야 합니다. 본과를 통해 소명의 의미를 알고 소명을 이루는 굳건한 믿음의 자녀로 성장하는 기회가 되기를 바랍니다.

» Story of Life

새벽 6시에 일어나서 졸린 눈으로 세수를 하고 어영부영 밥을 먹은 후 여전히 정신이 없는 채로 스쿨버스로 달려가 차 안에서 내내 잠을 자고 겨우 학교 앞에 하차하여 교실로 들어갑니다. 자리에는 앉았지만 피곤을 풀지 못하고 1시간 정도 아침 공부를 합니다. 하지만 대부분의 친구들은 아침 시간을 그냥 흘려보냅니다. 1교시가 시작되었지만 도무지 맑은 정신이 돌아오지 않습니다. 오전 내내 수업을 받고 그나마 점심시간이 조금은 활력을 줍니다. 가장 눈망울이 초롱초롱한 시간, 하루 중 가장 에너지가 넘치는 시간입니다. 다시 시작된 오후시간, 점심식사로 인한 포만감 때문에 집중력은 현저히 떨어집니다. 수업을 마치고 11시까지 자율학습, 바로 이어지는 학원 보충, 집에 돌아오면 새벽 1시, 옷도 제대로 벗지 못하고 지친 몸으로 잠을 청합니다. 얼마 잔 것 같지도 않은데 여지없이 울리는 자명종 소리….

이것이 대부분의 청소년들의 일상적인 삶입니다. 공부를 잘하든 못하든 대부분의 청소년들은 이 같은 생활의 모습을 가지고 있습니다.

여러분의 하루 생활이 이렇다면 한 번쯤 생각해 봅시다. "왜 사는가?", "이렇게 사는 목적이 무엇인가?", "이렇게 살고 있는 나는 누구인가?"

우리는 하나님께 지음을 받았습니다. 무관심하게 우연히 지어진 것이 아니라 분명한 목적을 가지고 지어졌습니다. 우리가 하나님의 계획 속에서 왜 공부를 해야 하는지 어떻게 살아야 하는지를 알고 있다면 우리의 삶은 무의미하게 낭비되지 않을 것입니다.

Tip 위의 내용은 일부 학생들의 경우일 수 있으나 그보다는 우리가 함께 공감할 수 있는 내용으로, 내용 자체에 초점을 맞추기보다 목표를 잃고 무엇 때문에 공부를 하며 사는지 모르는 학생들에게 분명한 삶의 목적이 있다는 것을 이야기하기 위한 사례임을 참고하여 주시기 바랍니다.

» Talk Talk about Life

소명(召命)

소명의 뜻은 무엇입니까?

소명(召命)이라는 단어에는 '부를 소(召)'와 '목숨 명(命)'이 사용되었습니다. 목숨을 요구한다는 뜻입니다. 하나님이 사람에게, 왕이 신하에게 전하는 명령을 일컬을 때 사용되는 단어입니다. 목숨을 드려 부르신 자의 뜻을 이루어 드린다는 의미를 가지고 있습니다.

당신은 하나님의 소명을 받았거나 아니면 소명에 대해 생각해 본 적이 있습니까? 그렇다면 소명을 어떻게 받았고 그 내용은 무엇입니까?

일반적으로 소명은 인간이 이 땅에서 부름을 받아 하나님의 자녀, 하늘나라의 상속자가 되는 것을 말합니다. 이 소명은 교회 안에 있는 모든 사람에게 해당됩니다. 이러한 하나님의 부르심은 구원에로의 부르심을 의미합니다. 예전에는 어둠의 자녀이었고, 나 스스로가 내 인생의 주인이어서 진정한 인생의 목표를 설정하지 못하고 죄악과 어둠의 길로 다녔지만 하나님을 알고 난 이후에는 하나님의 자녀로서의 분명한 부르심을 받고, 하나님의 자녀로 살아가는 것입니다. 어둠의 길로 헤맬 때는 돈과 명예, 권력이 전부였지만 하나님의 부르심을 받은 사람들은 돈을 벌어도, 공부를 해도 '왜' 해야 하는지 분명한 목적이 있습니다.

성경은 우리가 어둠에서 그의 빛으로 부르심을 받았다고 말하며(벧전 2:9), 회개에로 부름을 받았다고 말하고(고전 1:9), 그리스도의 몸 안으로 부르심을 받았다고 말합니다(살전 2:12). 또한 그리스도인으로서 우리는 성도로 부르심을 받았습니다(고전 1:2).

소명에는 일반적인 소명도 있지만 특별한 소명도 있습니다. 어떤 것들이 있을까요?

"그가 어떤 사람은 사도로 어떤 사람은 선지자로 어떤 사람은 복음 전하는 자로 어떤 사람은 목사와 교사로 삼으셨으니 이는 성도를 온전하게 하여 봉사의 일을 하게하며 그리스도의 몸을 세우려 하심이라"(엡 4:11-12).

통상 특별한 소명이라고 하면 전임사역자(전 시간 사역자), 즉 목회자로의 부르심을 뜻합니다.

» Standard of Life

본문탐구

에베소 교회를 향한 바울의 바램처럼 우리에게 똑같이 사도 바울은 이야기하고 있습니다. 본문 말씀을 자신의 신앙으로 고백해 봅시다(엡 1:17-19).

"우리 주 예수 그리스도의 하나님, 영광의 아버지께서 지혜와 계시의 영을 여러분에게 주셔서, 아버지를 알게 하시고, 여러분의 마음의 눈을 밝혀 주시기를 빕니다. 그리하여 하나님께서 여러분을 부르셔서 여러분에게 주신 그 소망이 무엇인지, 하나님께서 성도들에게 주신 상속의 영광이 얼마나 풍성한지, 하나님께서 우리 믿는 사람에게 강한 힘으로 활동하시는 그 능력이 얼마나 큰지를, 여러분이 알게 되기를 바랍니다"(엡 1:17-19, 표준새번역).

하나님이 아브라함에게 말씀하셨던 소명은 무엇이었습니까?(창 12:1-2)

"여호와께서 아브람에게 이르시되 너는 너의 고향과 친척과 아버지의 집을 떠나 내가 네게 보여줄 땅으로 가라. 내가 너로 큰 민족을 이루고 네게 복을 주어 네 이름을 창대하게 하리니 너는 복이 될지라"(창 12:1-2).

아브람은 하나님의 부르심에 따라 인생의 방향을 조정합니다. 메소포타미아에 머무르지 않고 가나안 땅으로 떠납니다. 하나님이 그를 부르신 목적은 하나님을 믿는 사람들의 나라를 만드는 것이었습니다. 그래서 이름도 소명에 걸맞게 아브람(고귀한 아버지)에서 아브라함(많은 무리의 아버지)으로 바꾸어 주십니다.

하나님이 모세에게 말씀하셨던 소명은 무엇이었습니까?(출 3:4)

"여호와께서 그가 보려고 돌이켜 오는 것을 보신지라 하나님이 떨기나무 가운데서 그를 불러 이르시되 모세야, 모세야 하시매 그가 이르되 내가 여기 있나이다"(출 3:4).

소명의 내용은 애굽으로 돌아가서 노예 상태에 있는 동족 히브리인들을 구출해 인도하라는 것이었습니다. 이 소명에 따라 미디안 광야에서 양을 치며 목자가 될 것 같았던 모세의 인생은 전격적으로 변화됩니다. 모세도 상상치 못했던 일이었습니다.

» Change of Life

소명 알아보기

하나님이 자신에게 주신 소명은 무엇인지 성경 말씀에 근거해서 이야기해 봅시다.

[Talk Talk about Life]의 2번 질문은 성경공부 이전에 개인적으로 받았던 소명을 발표하는 것에 초점을 맞추었다면 이번 질문은 '소명'에 대해 공부를 하고 말씀에 근거해 자신의 소명을 새롭게 발견하거나 재정립하는 쪽으로 초점을 맞추시면 될 것입니다.

하나님이 자신에게 주신 소명을 바탕으로 갖게 된(또는 갖게 될) 꿈과 비전은 무엇인지 이야기해 봅시다.

» Decision of Life

일반적으로 소명은 이 땅에서 부름을 받아 하나님의 자녀, 하늘나라의 상속자가 되는 소명을 말합니다. 이 소명은 교회 안에 있는 모든 사람에게 해당됩니다. 이러한 하나님의 부르심은 구원에로의 부르심을 의미합니다. 예전에는 어둠의 자녀이었고, 나 스스로가 내 인생의 주인이어서 진정한 인생의 목표를 설정하지 못하고 죄악과 어둠의 길로 헤맸지만 하나님을 알고 난 이후에는 하나님의 자녀로서의 분명한 부르심을 받고, 하나님의 자녀로 살아가는 것입니다. 어둠의 길로 헤맬 때는 돈과 명예, 권력이 전부였지만 하나님의 부르심을 받은 사람들은 돈을 벌어도, 공부를 해도 '왜' 해야 하는지 분명한 목적이 있습니다.

일반 소명 외에 특별 소명은 전 시간 사역에로의 부르심을 말하는데 목회자, 선교사 등이 있습니다.

생활편

제12과 사명(직업)을 찾아라

학습목표 : 말씀에 근거해 하나님이 원하시는 직업이 무엇인지 안다.

중심진리 : 하나님이 원하시는 직업을 통해 청지기로서의 사명을 감당할 수 있다.

본문말씀 : 마태복음 6:19-20

본과를 소개합니다

이번 과에서는 청소년들의 생활 중에 "직업 찾기"에 해당하는 영역으로 그리스도인으로서 바른 직업을 갖기 위해 어떤 준비와 가치관을 가져야 하는지 아는 데 그 목적이 있습니다. 직업은 자신의 능력 때문이 아니라 하나님이 은혜로 허락해 주시므로 소망을 품고 이루어 나가는 것입니다. 청소년 시절부터 하나님의 말씀에 입각해 직업을 소망하고, 그 직업을 갖기 위해 준비하는 것은 참으로 아름다운 것이라 할 수 있습니다. 학생들에게 본과를 통해 '남이 하니까', 아니면 '먹고 살기 위해서 어쩔 수 없어'가 아니라 하나님이 허락해 주신 직업으로 자신의 인생을 잘 관리하고 지킨다는 생각을 가질 수 있는 기회가 되기를 바랍니다.

» Story of Life

미래의 직업에 대한 설문 조사

1. 이 직업에 종사한지 얼마나 되었습니까?
2. 이 직업을 갖게 된 동기는 무엇입니까?
3. 어떤 경우에 가장 큰 보람을 느낍니까?
4. 이 직업에 종사하기 위해 어떤 공부를 얼마나 하였습니까?
5. 이 직업을 위해 어떤 자격증을 따야 합니까?
6. 이 일에는 어떤 성격이 적합하다고 생각하십니까?
7. 이 직업의 사회적 지위는 어느 정도입니까?
8. 초임자의 월 평균 수입이 어느 정도입니까?
9. 이 직업에 대한 앞으로의 전망은 어떠하다고 생각하십니까?

10. 퇴직 후에도 경험을 살려서 할 수 있는 일이 있습니까?

12. 이후에 자녀들에게도 이 직업을 권해주겠습니까?

13. 이 직업은 하나님의 은혜로 얻은 것이라고 고백할 수 있습니까?

미래에 갖고 싶은 직업을 정한 후에 그 직업에 종사하는 것으로 가정하고 위의 질문에 대해 서로 토론해 봅시다.

» Talk Talk about Life

직업 세계 알아보기

그리스도인이 직업을 선택하기 전에 가져야 할 가치관은 무엇입니까?

그리스도인으로서 직업을 갖는다면 먼저 하나님이 이 직업을 허락하셨다는 소명이 있어야 합니다. 나를 구원하여 주시고 자녀삼아 주신 하나님이 나에게 이 직업을 통해 영광을 받으실 것이라는 확신과 헌신이 없다면 우리는 단지 먹고 살기 위해 직업을 갖거나 자신의 욕심을 위해 직업을 갖게 될 것입니다.

우리가 직업을 가질 때 어떤 것도 가능하지만 무조건 다 하나님이 허락하시는 것은 아닙니다. 하나님의 말씀과 그 분의 존재를 인정하지 않는 직업이나 노력의 대가로 얻어진 것이 아닌 다른 사람의 몫으로 돌아갈 혜택을 가로채거나 부당한 수단으로 이익을 얻는 직업은 하나님을 기쁘시게 하는 직업이라고 볼 수 없습니다.

'직업에 귀천이 없다' 라는 말이 어떤 의미인지 성경적 가치로 이야기해 봅시다.

직업은 하나님이 우리가 이 땅에 있을 동안 하나님의 말씀을 이루기 위해 허락하여 주신 청지기로서의 역할을 하는 것입니다. 청지기는 내가 선택하는 것이 아니라 하나님이 맡겨주시는 것입니다. 직업을 선택할 때 내가 한다고 생각할지 모르지만 하나님이 소망을 주시고, 꿈을 주셔서 하나님이 환경을 만들어주시고 인도해 주셔야 가능한 것입니다. 그래서 청지기라면 주인이 명령한 것만 따르는 것이지 좋고 나쁨을 판단할 수 없습니다. 단지 최선을 다해서 그것을 지키고 이루면 되는 것입니다. 힘들고 고된 일을 하는 사람부터 높은 명예와 큰 힘을 가진 사람까지 하나님 앞에서는 모두 같은 사람입니다. 따라서 하나님이 특별히 큰 은혜를 주셔서 남들이 가질 수 없는 훌륭한 직업을 주셨다는 고백은 옳지 않습니다. 하나님이 높은 지위의 직업을 주시거나 직업을 통해 많은 재물을 허락해 주셨다면 그것은 그만큼 더 큰 의무와 책임이 부여되는 것입니다. 내가 가진 모든 것은 하나님을 위한 것이고 그것을 나눌 때 하나님이 드러나게 될 것입니다.

» Standard of Life

본문탐구

마태복음 6:19절에 나오는 보물의 의미가 무엇인지 발표해 봅시다.

"너희를 위하여 보물을 땅에 쌓아 두지 말라 거기는 좀과 동록이 해하며 도둑이 구멍을 뚫고 도둑질하느니라. 오직 너희를 위하여 보물을 하늘에 쌓아 두라 거기는 좀이나 동록이 해하지 못하며 도둑이 구멍을 뚫지도 못하고 도둑질도 못하느니라"(마 6:19-20).

본문에 나오는 보물의 의미는 물질적인 측면보다 하나님이 그 사람에게 허락하신 청지기 직분을 강조하는 것으로 볼 수 있습니다. 재물은 항상 소유를 위한 축적이 아니라 가치 있는 목적을 위해 이루어져야 합니다. 우리가 직업을 가지고 살아갈 때 자신의 욕심이나 물질에 초점을 맞춘다면 그것은 보물을 땅에 쌓아두는 것과 마찬가지입니다. 우리는 우리의 삶에서 가치 있다고 생각하는 부분을 하나님의 영광을 위해, 하나님 나라 확장을 위해 사용해야 할 것입니다.

다음은 미래에 직업을 가질 때 고려해야 할 말씀들입니다. 빈칸을 채워 보세요.

(빌 4:11-13) "내가 궁핍하므로 말하는 것이 아니니라 어떠한 형편에든지 나는 자족하기를 배웠노니, 나는 비천에 처할 줄도 알고 풍부에 처할 줄도 알아 모든 일 곧 배부름과 배고픔과 풍부와 궁핍에도 처할 줄 아는 일체의 비결을 배웠노라. 내게 능력 주시는 자 안에서 내가 모든 것을 할 수 있느니라."

(벧전 4:10) "각각 은사를 받은 대로 하나님의 여러 가지 은혜를 맡은 선한 청지기 같이 서로 봉사하라."

(요일 3:17-18) "누가 이 세상의 재물을 가지고 형제의 궁핍함을 보고도 도와 줄 마음을 닫으면 하나님의 사랑이 어찌 그 속에 거하겠느냐, 자녀들아 우리가 말과 혀로만 사랑하지 말고 행함과 진실함으로 하자."

» Change of Life

직업 세계 꿈꾸기

나는 미래에 어떤 직업을 갖고 싶은지 발표해 봅시다.

학생들이 직업을 이야기할 때 혹시 다른 친구들이 그 직업을 비하해서 장난치는 일이 없도록 지도가 필요합니다. 격려해 주고 어떻게 이룰 것인지 동기부여 차원에서 물어보고 인정해 줍니다.

미래의 직업을 위해서 무엇을 어떻게 준비해야 하는지 발표해 봅시다.

참고자료

■ 진로 찾아주기의 필요성

진로(career)란 개인이 일생에 걸쳐서 직업과 관련한 일련의 행동의 과정을 나타내는 것이라고 볼 수 있다. 초등학교 단계는 진로 인식단계, 중학교 때는 진로 탐색단계, 그 이후의 청소년은 진로 준비단계에 속한다. 부모(교사)는 자녀들의 진로에 대하여 잘 알고 준비하는 것이 필요하다.

■ 앞으로의 직업 전망

1. 직업이 계속 분화, 다양화되고 있다.
2. 지식정보화의 진전은 새로운 기업환경과 산업구조를 만든다.
3. 사이버 공간을 통한 직업 활동이 증대된다.
4. 삶의 질을 높이는 산업이 증대한다.
5. 지식 기반 산업과 첨단 산업의 발전으로 산업 비중이 변화된다.
6. 직업의 탄생과 소멸은 가속화된다.
7. 평생직장은 사라지고 평생직업만 남는다.

■ 성공한 사람들의 특징

1. 성공한 사람들은 자기가 하는 일을 기쁨과 열정으로 하며, 하는 일 그 자체를 좋아하고 보람과 긍지를 느낀다.
2. 성공한 사람들은 힘과 용기를 북돋아 주는 사람이 주변에 있다.
3. 성공한 사람들은 옛것을 그대로 배우는 것을 넘어서 아무도 하지 않는 것을 새롭게 창출해 내는 사람들이다.

■ 직업의 종류

건설, 기계, 재료, 화학과 관련된 직업– 감리원, 건설 관련 기술자, 건설 기계 공학 기술자, 건설 기계 운전원, 건축사, 건축 시공 기술자, 공작 기계 조작원, 귀금속 가공원, 금속 공학 기술자(엔지니어), 냉동 · 냉장 · 공조기 설치 및 정비원, 도시 계획가, 리노베이션 전문가, 목공 기술자, 방송 장비 운영원, 비파괴 검사원, 산업 공학 기술자(엔지니어), 선박 설계 기술자, 선박 정비원, 용접 기술자, 의료 공학 기술자, 자동차 공학 기술자, 자동차 정비원, 자동차 조립 및 검사원, 자동차 테스트 엔지니어, 재료 공학 기술자, 제도사(컴퓨터 제도사), 조경 기술자, 지적 및 측량 기술자, 철도 차량 정비원, 캐드 리스트, 토목 공학 기술자(엔지니어), 항공기 정비원, 항공 우주 공학 기술자, 화학 공학 기술자, 화학 제품 제조원.

전기 · 전자, 정보 통신과 관련된 직업– 가전제품 수리원, 게임 프로그래머, 네트워크 관리자, 데이터베이스 관리자, 멀티미디어 프로그래머, 시스템 소프트웨어 개발자, 시스템 엔지니어, 시스템 운영 관리자, 응용 소프트웨어 개발자(프로그래머), 전기 기술자, 전자 공학 기술자, 전자 상거래 전문가, 전화 교환원, 정보 검색원, 정보 보안 전문가, 정보 분석원, 정보 중개인, 컴퓨터 공학 기술자(엔지니어), 컴퓨터 · 사무기기 설치 및 수리원, 컴퓨터 속기사, 컴퓨터 시스템 설계 분석가, 통신 공학 기술자(엔지니어), 항공 무선 통신사.

관리, 경영, 금융, 영업과 관련된 직업– 개인 이미지 컨설턴트, 게임 기획자, 결혼 상담사, 경영 컨설턴트, 고객 상담원, 광고 기획가, 구매인(바이어), 국제 협상 전문가, 금융 자산 운용가, 기업 고위 임원, 기업 · 기술 가치 평가사, 리스크 매니저, 매점 · 시장 판매원, 머천다이저, 무역 사무원, 바디 디자이너, 보험 계리사, 북 마케터, 브랜드 매니저, 브리더, 비서, 산업안전 관리원, 상점 판매원, 생활 설계사, 선물 거래사, 소비자 전문 상담사, 숍 마스터, 스크립터, 스포츠 에이전트, 시장 및 여론 조사 전문가, IT 컨설턴트, 애견 트레이너, 애완동물 모델 에이전트, 여행 상품 기획가, 영업사원, 외환 딜러, 우편물 집배원, 웨딩 플래너, 웹 마스터, 웹 마케터, 웹 AE(웹 광고 기획자), 웹 콘텐츠 기획자, 은행 사무원, 의료 비서, 인사 컨설턴트, 인수 · 합병(M&A) 전문가, 자동차 판매원, 증권 중개인, 카지노 딜러, 커리어 코치(경력 관리 전문가), 커뮤니티 가드너, 커플 매니저, 큐레이터(학예사), 텔레마케터, 투자 분석가(애널리스트), 판매 대리인, 펀드 매니저, 페트 시터, 폐백 진행 요원, 포장 디자이너, 포펫 운영자, 프라이빗 전문가, 프리바이저(Freevisor), 해무사, 조련사(핸들러), 헤드헌터.

교육, 연구와 관련된 직업– 고고학자, 과학자, 교수, 기상학 연구원, 동시 통역사, 물리학자, 미생물학자, 보육교사, 사서, 상담교사, 생명공학 전문가, 수학 및 통계 연구원, 심리학자, 언어학 연구원, 역사학 연구원, 유전공학 연구원, 유전자 감식사, 유치원 교사, 정치학자, 중 · 고등학교 교사, 지리학 연구원, 직업 능력 개발 훈련 교사, 전문학 연구원, 초등 학교 교사, 통역사, 학습 매니저, 학습지 교사, 학원 강사, 해양학 연구원, 화학 연구원

문화 · 체육, 연예 · 예술과 관련된 직업– 가수, 감독 및 연출자, 개그맨, 코미디언, 건강관리 지도자, 게임 그래픽 디자이너, 게임 시나리오 작가, 게임 음악 제작자, 게임 해설가, 국악인, 그래픽 디자이너, 기자, 놀이 공원 무용단, 디스플레이 디자이너, 디자이너, 디지털 영상 편집가, 레크리에이션 지도자, 리포터, 마술사, 만화가, 멀티미디어 PD, 모델, 모델리스트, 무대 의상 디자이너, 무술감독, 무용가, 미술가, 방송기자, 방송 연출자(프로듀서), 방송 작가, 백댄서, 번역사, 보석 디자이너, 북 디자이너, 사진작가, 생활 체육 지도자, 서예가, 성악가, 성우, 세트 디자이너, 소설가, 스턴트맨, 스포츠 해설자, 시각 디자이너, 시인, 신문기자, 아나운서, 아트 컨설턴트, 악기 수리원 · 조율원, 악기 제조원, 안무가, 애니메이션 기획자, 애니메이터, 얼음 조각가, 여행 안내원, 연극배우, 연극 연출자, 연예인 매니저, 연주가, 영화감독, 영화배우, 탤런트, 영화 전문 홍보가, 운동 경기 감독 및 코치, 운동 처방사, 웨딩드레스 디자이너, 웹 개발자(웹 엔지니어), 웹 디자이너, 음반 기획자, 음향 기술자, 인터넷 TV 영상 디자이너, 인테리어 디자이너, 자동차 디자이너, 자동차 모형 제작원, 작가, 작곡가, 작사가, 전문 MC, 전산 조판원, 제품 디자이너, 조각가, 지휘자, 직업 운동선수, 촬영 감독, 출판 기획 전문가, 출판 편집자, 치어리더, 카피라이터, 캐디, 캐릭터 디자이너, 컨버터(소재 디자이너), 컬러리스트, 토피어리 디자이너, 패션 디자이너, 패션 에디터, 패션 코디네이터, 편집자, 평론가, 프로 게이머, 프로 바둑기사, 필름 비디오 편집자, 행사 기획자, 행사 도우미, 홈쇼핑 쇼호스트, 화가.

법률, 보건, 사회 복지, 보안과 관련된 직업– 가이드 헬퍼(외출 간호사), 가정의, 간병인, 간호사, 감정평가사, 경찰관, 경찰 특공대, 경호원 · 청원 경찰, 공인중개사, 공인회계사, 관리 영양사, 관세사, 교도관, 국제기구 종사자, 국회의원, 노무사, 노인복지가, 독서 치료사, 리플렉솔로지스트, 물리치료사, 방사선사, 법무사, 변리사, 변호사, 보석 감정사, 부인과 전문의, 불임 수술 전문의, 사회단체 활동가, 사회복지사, 상담 전문가(심리 상담사), 성직자, 성형외과 의사, 세무사, 소방직 공무원, 손해사정사, 실버 시터, 안경사, 애니멀 테라피스트, 약사, 언어 치료사, 외교관, 음악 치료사, 의사, 일반 공무원, 임상병리사, 임상 심리사(심리 치료사), 작업 치료사, 장의사, 저작권 전문 변호사, 전염병 전문의, 정신 보건 사회복지사, 주택 관리사, 지방의원, 직업 군인, 직업 상담 및 취업 알선원, 치과 기공사, 치과 위생사, 치과 의사, 케어 복지사, 탐정, 테마 파크 디자이너, 팀 닥터, 판사 · 검사, 한방 물리 치료 및 교정사, 한의사, 호스피스 전문 간호사.

운송, 섬유, 식품, 환경과 관련된 직업 – 건물 청소원, 공예원, 도선사, 바리스타, 바텐더, 버스 운전기사, 비행기 객실 승무원, 선박 교통 관제사, 선박 및 열차 객실 승무원, 세차원, 소믈리에(와인 감별사), 식품 가공 검사원, 식품 공학 기술자, 아쿠아리스트, 영양사, 재봉원, 전통 병과(떡 · 과자) 전문가, 조리사, 주유원, 철도 및 지하철 기관사, 택배원, 택시 운전기사, 파출부, 파티쉐(제과 · 제빵사), 푸드 스타일리스트, 항공 교통 관제사, 항공 기관사, 항공기 유도원(마샬러), 항공기 조종사, 항공 운항 관리사, 항해사 및 기관사, 해양 공학 기술자, 환경 공학 기술자(엔지니어), 환경 미화원, 환경 영향 평가원.

미용, 숙박, 농림 · 어업과 관련된 직업– 과수 재배자, 나무 치료사, 네일 아티스트, 농업 생산자(농업인), 동물 사육사, 동물 조련사, 메이크업 아티스트, 물고기 질병 치료사, 미용사, 발 관리사, 병아리 감별사, 수의사, 스포츠 마사지사, 안마사, 애완동물 미용사, 어업 종사자, 원예사, 이용사, 임업 종사자, 전답작물 · 채소 재배자, 조향사, 플라노 아티스트(피부 장식 전문가), 플로리스트, 피부 미용사, 체형 관리사, 호텔리어, 호텔 지배인, 호텔 GRO(Gest Relation Office) 화훼 작물 재배원, 환지사.

(출처 : 「직업 세계와 나의 직업 찾기」, 이영대, 교학사)

학생들과 직업에 대한 이야기를 나누다보면 매스컴이나 겉으로 보이기에 좋은 직업들을 선호하는 경향이 있습니다. 그것이 나쁜 것은 아니지만 그보다 더 중요한 것은 본인의 적성과 능력에 맞게 직업을 찾아가는 것이 중요합니다. 현실에서 직업의 내용들이 조금씩 바뀌어 가기도 하지만 대부분의 학생들은 자기 적성에 맞춰 직업을 찾기보다 성적에 맞추다보니 직업 선택에 대한 기복이 심한 것을 볼 수 있습니다. 따라서 교회에서 청지기 직분으로서 하나님이 원하시는 꿈과 비전을 이루어가는 청소년으로 동기부여를 한다면 성적에 대한 기복은 충분히 극복할 수 있을 것이라 봅니다.

직업을 찾는 것도 중요하지만 그 직업을 이루기 위해 지속적으로 동기를 부여하고 구체화시키는 것이 더욱 중요합니다.

위 자료들을 중심으로 되고자하는 직업을 어떻게 준비해야 하는지 학생들과 토론하면 좋을 듯합니다.

10년 뒤 나는 어떤 일에 종사하고 있을지를 가정해 미래의 명함을 만들어 봅시다.

학생들에게 명함을 보이면서 자신을 소개하게 합니다.

» Decision of Life

직업은 자신이 능력이 있다고 다 되는 것이 아니라 하나님이 은혜로 허락해 주시고, 자신이 그 소망을 품고 노력할 때 이루어지는 것입니다. 청소년 시절부터 하나님의 말씀에 입각해 직업을 소망하고, 그 직업을 이루기 위해 준비하는 것은 참으로 아름다운 것이라 할 수 있습니다. '남이 하니까', 아니면 '먹고 살기 위해서 어쩔 수 없어'가 아니라 하나님이 만드신 세상을, 나에게 허락해 주신 직업을 통해 잘 관리하고 지키겠다는 분명한 목표 의식이 있어야 합니다.

청지기라면 주인이 명령한 것만 따르는 사람으로 좋고 나쁨을 판단할 수 없습니다. 단지 내가 최선을 다해서 그것을 지키고 이루면 되는 것입니다. 힘들고 고된 일을 하는 사람부터 높은 명예와 큰 힘을 가진 사람까지 하나님 앞에서는 모두 같은 사람들입니다. 따라서 하나님이 특별히 큰 은혜를 주셔서 남들이 가질 수 없는 훌륭한 직업을 주셨다는 고백은 옳지 않습니다. 하나님이 높은 지위의 직업을 주시거나 직업을 통해 많은 재물을 허락해 주셨다면 그것은 그만큼 더 큰 의무와 책임이 부여되는 것입니다. 우리가 청지기로서의 직분으로 직업에 충실할 수 있다면 어떤 직업을 갖더라도 하나님의 자녀로 하나님께 영광을 돌릴 수 있습니다.

T E E N   T E E N   P O W E R   I N   J E S U S

청·소·년·핵·심·공·과

틴틴파워 인지저스 4권

풍습과 전통편

이스라엘의 풍습과 전통

제1과 할례 | 제2과 자녀교육 | 제3과 식생활 | 제4과 결혼식

제1과 할례

풍습과 전통편

학습목표 : 이스라엘의 독특한 풍습인 할례에 대하여 살펴보고 그 영적인 의미를 이해한다.
중심진리 : 할례 의식과 그 영적인 의미
본문말씀 : 창세기 17:11-14

Memory Verse
"네 하나님 여호와께서 네 마음과 네 자손의 마음에 할례를 베푸사 너로 마음을 다하며 뜻을 다하여 네 하나님 여호와를 사랑하게 하사 너로 생명을 얻게 하실 것이며"(신 30:6).

» View of Bible

출애굽기 12장에는 하나님이 제시하신 구원의 길인 유월절 의식에 대하여 나와 있습니다. 그런데 할례 받지 않은 사람은 유월절 의식을 지킬 수 있는 자격이 없으므로 구원받지 못하고 죽음을 당할 수밖에 없다고 말씀합니다. 이처럼 할례는 생명과 직결된 매우 중요한 것입니다. 본과에서는 하나님의 백성이 된 언약 의식으로 행해진 할례에 대하여 살펴보고 그 영적인 의미에 대해서 공부해 보겠습니다.

» Learn of Bible

1. 할례는 하나님과 언약을 맺었다는 것을 나타냅니다.

할례란 하나님을 믿는 이스라엘 백성에게 남자 아이가 태어났을 때 난 지 팔 일이 되면 성기 끝의 표피, 즉 겉가죽을 칼로 잘라내는 의식을 말합니다(창 17:12; 레 12:3; 눅 1:59). 구약성경 시대에는 일반적으로 가장인 어른 남자가 할례를 행했습니다(창 21:4).

창세기 17:1-2절을 보면 하나님이 아브람이 99세 때에 나타나셔서 "나는 전능한 하나님이라 너는 내 앞에서 행하여 완전하라 내가 내 언약을 나와 너 사이에 두어 너를 크게 번성하게 하리라"고 말씀하셨습니다. 그리고 아브라함이라는 새로운 이름을 주시고 "내가 너를 여러 민족의 아버지가 되게 함이니라 내가 너로 심히 번성하게 하리니 내가 네게서 민족들이 나게 하며 왕들이 네게로부터 나오리라"고 약속하셨습니다(창 17:5-6).

아브라함이란 열국의 아비, 많은 무리의 아비라는 뜻입니다. 아브라함은 하나님의 언약을 믿고 순종하여 하나님 앞에 완전히 행하였기 때문에 약속하신 축복을 받아 믿음의 소상이 되었습니다. 또 열국의 아비가 되었고, 아브라함을 통하여 여러 왕이 나왔습니다.

그런데 창세기 17:7-10절을 보면 하나님이 아브라함의 후손들에게도 그들의 하나님이 되리라고 언약하시고 가나안 땅을 영원한 기업으로 주시며 "그런즉 너는 내 언약을 지키고 네 후손도 대대로 지키라 너희 중 남자는 다 할례를 받으라"고 명하셨습니다. 하나님이 언약하신 축복이 임하려면 할례를 받아야 하며, 만일 할례를 받지 아니한 사람이라면 축복을 받을 수 없다고 말씀합니다.

그래서 창세기 17:11-14절에 "너희는 표피를 베어라 이것이 나와 너희 사이의 언약의 표징이니라 너희의 대대로 모든 남자는 집에서 난 자나 또는 너희 자손이 아니라 이방 사람에게서 돈으로 산 자를 막론하고 난 지 팔 일 만에 할례를 받을 것이라… 내 언약이 너희 살에 있어 영원한 언약이 되려니와 할례를 받지 아니한 남자 곧 그 표피를 베지 아니한 자는 백성 중에서 끊어지리니 그가 내 언약을 배반하였음이니라"고 말씀하신 것입니다.

따라서 아브라함의 후손이라고 하면 영원히 지켜야 할 하나님의 규례에 순종하여 할례를 받아야 합니다.

그러면 하나님이 남자가 태어난 지 팔 일 만에 할례를 하도록 명하신 이유는 과연 무엇일까요?

일반적으로 태아가 모체 자궁 내의 양수 속에서 갇혀 지내다가 모체 밖으로 나와 바깥 공기를 접하게 되면 온도나 평안함 등 모든 환경이 전혀 다르므로 적응하기가 쉽지 않습니다. 그래서 세포들이 가장 여린 상태로 있다가 칠 일이 지나게 되면 환경에 익숙해지기는 하지만 아직 동작을 시작하지 않은 상태라고 합니다. 따라서 이때에 할례를 하게 되면 아픔이나 고통이 조금밖에 없고, 여린 살이므로 빨리 아물고 부작용이 없어서 여러 면에서 좋습니다. 그러나 어른이 되면 살이 굳어 단단해진 상태이기 때문에 그만큼 고통스럽고 좋지 않습니다(창 34:24-25).

이처럼 태어난 지 팔 일 만에 할례를 받도록 명하신 것은 만일 기한을 정하지 않으면 게을러질 것이고 자꾸 미루다 보면 결국 받지도 않고 죽을 수 있기 때문입니다. 자상하고 섬세하신 하나님의 사랑이 느껴지는 순간입니다. 하나님은 절대 주권을 가지고 일방적으로 명령하신 것이 아니라 우리 인생들을 위하여 명령하셨다는 사실입니다.

또한 할례를 남자의 성기 끝에 행하도록 명하신 이유는 가장 불필요한 부분이기 때문입니다. 할례를 행하여 양피를 제거하게 되면 질병이 예방되고 냄새도 나지 않으며 발육에도 여러 가지 유익이 있습니다. 우리 사람 편에서도 좋고 하나님 편에서도 하나님의 백성이라는 표징을 남길 수 있으니 좋은 것입니다.

이와 같이 구약시대에는 하나님의 말씀대로 육체의 할례를 받아야만 구원에 이를 수 있었고 만일 할례를 받지 못하면 구원받을 수 없었습니다.

"유다인과 예루살렘 주민들이 너희는 스스로 할례를 행하여 너희 마음 가죽을 베고 나 여호와께 속하라 그리하지 아니하면 너희 악행으로 말미암아 나의 분노가 불 같이 일어나 사르리니 그것을 끌 자가 없으리라"(렘 4:4).

2. 할례의 영적인 의미를 공부해 봅시다.

로마서 2:28-29절을 보면, "무릇 표면적 유대인이 유대인이 아니요 표면적 육신의 할례가 할례가 아니니라 오직 이면적 유대인이 유대인이며 할례는 마음에 할지니 영에 있고 율법 조문에 있지 아니한 것이라"고 말씀했습니다.

즉 육체의 할례는 하나의 그림자고, 신약시대에 와서는 실체로서 마음의 할례를 받아야 구원받을 수 있다는 말씀입니다.

그러므로 오늘날은 육체의 할례가 아닌 마음의 할례를 받아야 합니다. 예수 그리스도를 영접하여 마음 안에 성령을 받으면 진리대로 살아갈 수 있도록 성령께서 도와주시므로 마음의 할례를 받게 됩니다. 성령께서 죄에 대하여, 의에 대하여, 심판에 대하여 깨닫게 하시며 죄를 버리고 의를 행하도록 도와주시기 때문입니다.

이처럼 마음의 할례를 받아 죄를 버리고 의 가운데 온전히 거하는 사람이 되면 곧 성결을 이룬 것이고, 이런 사람은 죄를 지을 리도 없고 마음에서 악취가 날 리도 없으니 온전한 마음의 할례가 이루어진 것입니다. 따라서 진정 믿음이 있는 사람이라면 열심히 죄를 벗어버리고자 싸워 나가면서 계속 마음의 할례를 받아 나가야 합니다.

구약시대에 육체의 할례를 받은 사람들이 유월절 의식을 지켰던 것처럼 성령 받은 사람들은 성찬예식에 참여하여 주님의 살을 먹고 주님의 피를 마실 수 있습니다(요 6:53).

» Test of Bible

1. 태어난 지 며칠 만에 할례를 받았습니까?

"8일"

최근에 있었던 한 연구 결과는 태어난 지 팔 일된 아이에게 할례를 행하려면 피를 응고시키는 비타민 K가 충분히 생성이 되어야 하는데, 태어난 지 칠 일까지는 피를 응고시키는 물질이 충분하게 만들어지지 않지만, 팔 일이 되면 피를 잘 응고시키는 '프로드롬빈'이라는 성분이 아이의 체내에 충분히 생성된다고 합니다.

할례는 아브라함에게 주어진 약속대로 하나님의 언약 백성이 되는 첫 번째 과정입니다(창 17:12-13). 따라서 조심스럽고 거룩하게 행해졌습니다.

2. 일반적으로 할례를 행한 사람은 누구입니까?

"그 집안의 가장인 어른 남자"

후대에 이르러 할례는 숙련된 전문가나 특별히 위임 맡은 사람에 의하여 행해졌습니다. 할례를 전문적으로 시행하는 자를 '모헬'이라고 불렀습니다. 그러나 할례가 성소에서 행해지거나 제사장에 의하여 집행된 적은 없었습니다. 할례에 사용된 칼은 처음엔 돌칼과 같이 투박한 것이었는데, 신약시대에 이르러 금속제 칼로 대체되었습니다.

3. 예수님도 할례를 받았습니까?

"할례를 받으셨습니다."

물론 예수님도 할례를 받으셨습니다. 기독교에서는 12월 25일이 예수님의 생일(성탄절)이므로, 8일 후에 할례를 행하는 유대인의 관습에 의해 1월 1일이 예수님이 할례를 받은 날이라고 합니다. 그래서 이날을 '예수 할례 축일'이라고 합니다.

» Tip of Bible

대한민국에서의 포경수술 시행

해방 이전의 경우는 0%였으나 해방 직후 대한민국의 포경수술 시행율은 계속 증가하여 2000년에는 60%에 달하는 것으로 알려졌습니다. 이 수치는 40대 이하의 한국전쟁 이후 세대로 한정할 때는 더욱 높아질 것으로 생각됩니다. 왜냐하면 한국에서의 높은 포경수술 시행률은 주로 미국의 영향으로 생각되기 때문입니다.

한국전쟁 이후, 대한민국은 미국의 것이라면 무엇이든지 좋은 것으로 받아들이는 문화가 만연하였기 때문에 포경수술 또한 자연히 무조건 좋은 것으로 받아들였을 가능성이 높은 것으로 보입니다. 미국은 세계에서 포경수술 비율이 높은 나라 중에 하나입니다. 그 밖에 이스라엘과 아랍 세계, 북아프리카에서는 종교적인 이유로 포경수술 비율이 높은 원인이 됩니다.

반면, 유럽과 일본, 비이슬람교 아프리카 국가, 비이슬람교 아시아 국가, 라틴 아메리카 등에서는 매우 적습니다. 미국을 제외한 캐나다, 호주 등의 다른 국가들도 상대적으로 낮습니다. 참고로 일본도 포경수술을 한 인구는 0.9%에 불과합니다.

풍습과 전통편

제2과 자녀 교육

학습목표 : 이스라엘 백성들의 자녀 교육의 특징을 살펴보고, 그 교육의 궁극적인 목적이 무엇인지 이해한다.

중심진리 : 자녀 교육의 특징과 목적

본문말씀 : 누가복음 2:52

Memory Verse

"예수는 지혜와 키가 자라가며 하나님과 사람에게 더욱 사랑스러워 가시더라"(눅 2:52).

» View of Bible

이스라엘 사람들은 자녀 교육에 대해 특별한 관심을 가지고 힘을 써온 민족으로 잘 알려져 있습니다. 그런데 이들 교육의 특징은 성경의 가르침에 바탕을 두면서 그 실천을 강조하는 것이었습니다. 그들은 어려서부터 자녀들에게 전통적인 신앙을 철저히 교육시킬 뿐만 아니라 세상을 지혜롭고 성공적으로 살아갈 수 있는 실제적인 기술을 가르쳤습니다. 살아가는 데 필요한 지식뿐만 아니라 삶의 지혜를 가르쳤으며, 그러한 교육은 하나님과의 관계에 초점이 모아져 있었습니다. 본과에서는 이스라엘의 자녀 교육에 대해서 살펴보겠습니다.

» Learn of Bible

1. 신앙 교육

고대 이스라엘에서의 교육은 주로 가정을 통해 이루어졌습니다. 교육의 책임은 전적으로 부모에게 맡겨졌으며, 교육의 내용은 주로 자신이 조상으로부터 물려받은 신앙의 유산과 종교적 전통이었습니다. 그래서 이스라엘 아이들은 어려서부터 이스라엘의 역사를 배웠습니다.

신명기에서는 부모가 자녀를 교육시킬 뿐만 아니라 손자들의 교육도 책임져야 함을 강조하고 있습니다(신 4:9). 이것은 자녀가 나이 들어 결혼한 이후에도 부모의 교육적 책임이 끝나지 않음을 보여줍니다.

이스라엘에서 5살 이전의 자녀 교육은 전적으로 어머니에 맡겨졌습니다. 디모데는 어려서부터 성경을 알았는데 그것은 그의 외조모 로이스와 어머니 유니게로부터 배운 것입니다(딤후 1:5; 3:15).

아이들이 어느 정도 성장한 뒤에 교육의 중심은 아버지에게로 옮겨갑니다. 그러나 딸들에 대한 교육은 계속해서 어머니가 맡으면서 딸들에게 좋은 아내와 좋은 어머니가 되는 길을 가르쳤습니다.

잠언의 말씀은 아들을 가르치는 아버지의 교훈이 얼마나 중요했는가를 보여 줍니다. "네 아들아 네 아비의 훈계를 들으라"(잠 1:8), "네 아들아 네 아비의 명령을 지키며"(잠 6:20).

아버지의 가르침은 신앙과 관련된 내용이었으며(출 10:2; 12:26; 신 4:9; 6:7, 20-25; 32:7, 46), 채찍과 막대기가 동원되는 엄격한 교육이었습니다(잠 1:8; 3:12; 6:20; 13:24; 22:15; 신 8:5).

2. 직업 교육

부모는 자녀에게 신앙 교육을 시킬 뿐만 아니라 일생을 살아가면서 삶에 필요한 직업 교육을 시켰습니다. 아버지의 교육 가운데 빼놓을 수 없는 것이 직업 훈련이었습니다.

자녀에게 직업 교육을 시키는 장소는 아버지가 일하는 작업장이었고, 그래서 이스라엘에서는 일반적으로 아버지의 직업이 아들에게 그대로 전수되었습니다.

이스라엘에서 보편적으로 배우는 직업 교육은 농사와 목축에 관련된 것이었으며, 목수나 대장장이처럼 장인의 일이 될 수도 있었습니다.

딸들은 어머니 곁에서 요리하는 일, 베 짜는 일, 자수와 옷 만드는 일 등을 배웠습니다. 잠언 31:10-31절에서 보여주는 현숙한 여인상은 가정의 모든 일에 잘 훈련된 여인의 모습을 보여줍니다.

자녀의 직업 교육과 관련하여 어느 랍비는 다음과 같은 말을 남겼습니다. "자기의 아들에게 직업 기술을 가르치지 않는 자는 그로 하여금 도둑이 되도록 가르치는 자이다."

3. 학교 교육

가정의 부모 외에 자녀들의 교육을 맡아준 사람들로 제사장들과 예언자들, 그리고 지혜교사들이 있었습니다.

처음엔 가정에서 신앙 교육과 직업 훈련을 시켰지만, 점차 사회가 복잡해지며 그에 따라 교육의 내용도 다양해지게 되자 가정이 맡고 있던 많은 교육 내용이 제도적인 학교 교육으로 넘어가게 되었습니다. 이러한 변화는 에스라의 활동과 회당의 출현과 깊은 연관이 있습니다.

에스라는 포로로 있던 바벨론에서 돌아와 정치, 경제 모든 분야에서 어려움을 겪고 있던 이스라엘 사람들에게 말씀의 중요성을 강조하며 성경 교육을 체계화시켰습니다. 그와 더불어 각 지역에 세워진 회당은 예배와 함께 교육의 장소로 자리 잡게 되었습니다. 회당이 보편화되면서 각 지역 단위로 회당 학교가 세워졌고, 회당에서는 안식일마다 랍비의 주도 하에 성경을 읽고 율법을 강론했습니다.

» Test of Bible

1. 고대 이스라엘에서의 교육은 주로 어디에서 이루어졌습니까?

"가정"

2. 자녀들의 직업 교육은 주로 누가 시켰습니까?

"아버지"

3. 이스라엘의 학교 교육을 담당했던 사람들은 누구입니까?

"제사장, 예언자, 지혜교사"

제사장들은 하나님의 말씀인 '토라'의 보관자이며 해석자였습니다. 어린 사무엘은 교육을 위하여 제사장 엘리에게 맡겨졌고(삼상 2:21, 26), 요아스 왕도 제사장 여호야다의 보호 아래 교육을 받았습니다(왕하 11:3).

예언자들은 영감 있는 하나님의 말씀을 선포함으로 백성들을 가르쳤습니다.

지혜교사들은 백성들에게 올바르게 사는 방법을 가르쳤습니다.

4. 이스라엘 자녀 교육의 최종적인 목적은 무엇입니까?

"여호와를 경외하는 것"

이스라엘 부모들의 자녀들에 대한 주된 교육적 관심은 자녀들로 하여금 살아계신 하나님을 알게 하는 것이었습니다.

"여호와를 경외하는 것이 지혜의 근본이요 거룩하신 자를 아는 것이 명철이니라"(잠 9:10).

» Tip of Bible

성인식

오늘날 유대인 소년들은 13세가 되면 성인식을 거행합니다. 성인식은 히브리어로 '바르 미츠바' 라고 부르는데 그 의미는 '계명의 아들' 이라는 뜻입니다. 여자의 경우 12세에 성인식을 갖는데 성인식 명칭도 '계명의 딸' 이라는 의미의 '바트 미츠바' 라고 부릅니다. 결국 유대인이 성인이 된다는 기준은 신체적으로나 정신적으로 성숙했다는 것을 의미하기도 하지만 그것보다 더 중요시 여긴 것은 성인식 이후부터 하나님의 계명을 지켜야 할 의무와 책임이 주어진다는 것입니다. 그런 점에서 성인식이 있기 이전의 교육은 하나님의 언약 백성으로서 자질과 영성을 키우는 것이었음을 알 수 있습니다.

성인식 의식 중에서 가장 중요한 부분은 성인식을 맞이한 아이가 히브리어 성경을 혼자서 읽을 수 있는가를 확인하는 일입니다. 이것은 성인식을 마친 후 그 아이가 혼자서 성경을 읽고 해석할 수 있는가를 검증하는 절차입니다. 그러므로 성인식을 무사히 마치고 나면 그때부터 종교적으로도 어른 취급을 받게 됨으로 회당 예배에 참석할 수 있게 됩니다.

풍습과 전통편

제3과 식생활

학습목표 : 이스라엘 백성들이 주로 먹었던 음식들을 살펴보고 그들의 문화를 이해한다.

중심진리 : 하나님이 주신 음식

본문말씀 : 창세기 1:29

Memory Verse

"하나님이 이르시되 내가 온 지면의 씨 맺는 모든 채소와 씨 가진 열매 맺는 모든 나무를 너희에게 주노니 너희의 먹을 거리가 되리라"(창 1:29).

» View of Bible

성서시대의 이스라엘 사람들은 어떤 음식을 먹고 살았을까요? 성경은 잔치나 축제와 같은 특별한 경우를 자주 언급하고 있지만 정작 매일 가족들이 나누는 일상적인 식사에 관해서는 거의 언급이 없습니다. 그러나 여러 가지 정황을 종합적으로 살펴볼 때, 규칙적인 식사는 아침과 저녁 식사 두 끼였습니다.

아침식사는 간단하게 먹었는데, 올리브 열매나 치즈 혹은 견과류를 곁들인 한 조각의 빵 정도였습니다. 일하러 밖으로 나가는 어른이나 나이가 든 남자 아이들은 일터로 가면서 아침 식사를 들기도 했습니다. 반면에 저녁식사는 제대로 준비하여 온 가족이 함께 나누었습니다. 식사 내용은 야채나 콩 종류로 죽을 쑤어 식탁의 중앙에 놓고 각자가 빵 조각을 죽에 찍어 먹었습니다. 유월절과 같은 명절에는 죽과 함께 굽거나 삶은 고기가 반찬으로 곁들여지기도 했습니다. 저녁 식사는 신선한 과일이나 마른 과일을 먹는 것으로 마쳐집니다.

이번 과에서는 그들의 주식은 무엇이었으며 신선한 채소는 먹을 수 있었는지, 고기를 충분히 섭취할 수 있었는지 살펴보겠습니다. 당시의 이스라엘 사람들이 주로 먹었던 음식을 종류대로 나누어보면 다음과 같습니다.

» Learn of Bible

1. 곡물 음식

성서시대 이스라엘 사람들의 가장 기본적이고 중요한 음식은 보리나 밀로 만든 빵이었습니다. 그러나 곡식을 가공하기 전에 날곡식이나 볶은 곡식을 먹는 것도 일반화되어 있었습니다. 그래서 레위기는 첫 이삭 한 단을 바치는 절기를 제대로 지키는 조건으로, 하나님께 예물을 바치기 전에 먼저 빵이나 볶은 곡식이나 생 이삭을 먹지 말 것을 명령하고 있습니다.

"너희는 너희 하나님께 예물을 가져오는 그 날까지 떡이든지 볶은 곡식이든지 생 이삭이든지 먹지 말지니 이는 너희가 거주하는 각처에서 대대로 지킬 영원한 규례니라"(레 23:14).

여기에서 '생 이삭' 곧 날곡식은 '햇곡식'으로 번역되기도 하는데(표준새번역), 곡식을 날로 먹는 관습은 중동 지역에서 오늘날까지도 유지되고 있습니다. 생 이삭을 뽑아서 두 손으로 비벼 먹었는데, 이렇게 먹는 날곡식은 배고픈 가난한 사람들에게 곡식 밭에 들어가서 따 먹을 수 있도록 허락되었습니다.

볶은 곡식은 아직 완전히 익지 않은 낟알을 냄비나 철판에 볶아서 만든 것으로(레 2:14; 삼상 17:17, 25:18; 삼하 17:28; 룻 2:14), 빵에 곁들여 먹기도 했습니다. 첫 이삭의 소제를 여호와께 드릴 때 첫 이삭을 볶아 드릴 것을 규정하고 있고(레 2:14), 이새는 다윗을 시켜서 빵과 함께 볶을 곡식을 전쟁터에 나간 형들에게 보내기도 했습니다(삼상 17:17).

성경시대는 물론 오늘날도 이스라엘 사람들의 주식은 빵입니다. 우리말 성경에서는 빵을 떡으로 번역하고 있는데, 이것은 문화적 차이에서 온 결과라고 볼 수 있습니다. 일반인들을 위한 빵은 주로 밀가루보다 비교적 값이 싼 보리 가루로 만들어졌습니다.

이스라엘 사람들은 빵을 칼로 썰어서 먹지 않고 손으로 직접 떼어서 나누어 먹었습니다(애 4:4). 빵을 칼로 자르지 않은 이유는 빵을 생명처럼 귀하게 여겼기 때문입니다. 예수께서 제자들과 마지막 유월절 만찬을 나누는 자리에서도 떡을 떼어 나눠주시는 절차가 있었으며(마 26:26), 여기에 근거하여 초대교회에서는 안식 후 첫날 곧 주일에 함께 떡을 떼는 것이 공식적 예배의 중요한 순서가 되었습니다(행 20:7).

2. 채소

이스라엘 사람들이 즐겨 먹던 채소로는 "오이와 참외와 부추와 파와 마늘"이 있었습니다(민 11:5). 성경시대에는 두 종류의 오이가 재배되었는데 7월경에 수확하는 긴 오이와 9월경에 수확하는 작은 크기의 절임용 오이가 그것입니다. 오이가 수확되는 계절에 당시 사람들은 도적을 감시할 수 있도록 나무를 엮어 간이 움막을 만들었고 수확기가 지나면 간이 움막을 걷어서 철거했습니다.

참외는 더운 날씨에 갈증을 풀어주는 청량제 역할을 했지만 그렇게 널리 애용되지는 않은 것으로 보입니다. 부추는 녹색 채소를 통칭하는 것으로 가난한 사람들은 이것을 주식인 빵과 함께 먹었습니다. 파(양파)와 마늘은 껍질을 가지고 있는 식물로 이스라엘과 같은 더운 지방에서도 잘 자라는 대표적인 채소입니다.

3. 유제품

성경시대에 우유는 요리에 첨가되는 것 이외에도 모든 사람들이 즐겨 먹는 필수적인 음식이었습니다. 갓난아이가 엄마의 젖을 먹고 성장하는 것은 물론이고(사 28:9), 이스라엘 사람들은 소젖과 더불어 양젖(신 32:14), 염소 젖(잠 27:27), 그리고 낙타의 젖(창 32:15)까지 먹었습니다. 특히 낙타의 젖은 영양이 많고 농도도 짙었습니다.

당시 사람들은 우유를 오늘날의 우리처럼 마시기도 했지만 대부분 우유에 효소제를 넣어 발효시켜 엉긴 것을 먹었는데 성경은 '엉긴 젖', '버터' 등으로 번역하고 있습니다. 이것은 일종의 농도가 짙은 요구르트로 아브라함이 손님에게 대접한 음식 중 하나가 바로 이것이었으며(창 18:8), 목말라 하는 시스라에게 야엘이 우유 부대에서 꺼내주어 먹게 한 것도 곧 엉긴 젖이었습니다(삿 4:19).

4. 과일

이스라엘의 대표적인 과일은 주로 여름철에 생산되는 포도와 무화과와 석류입니다. 가나안을 40일 동안 정탐했던 이스라엘 각 지파의 대표들은 가나안 땅의 비옥함을 증명하기 위해 포도와 무화과와 석류 등 세 가지 과일을 가지고 돌아왔습니다(민 13:23).

이스라엘의 대표적인 여름 과일인 포도는 성수기인 9월과 10월에 수확하여 대부분 즙으로 저장하여 포도주를 만들어 먹었습니다. 또한 포도원 주변의 평평한 곳에 널어놓고 말려 건포도를 만들어 먹었습니다. 이렇게 말린 건포도는 겨울철 동안에 영양 많은 식량이 되었습니다. 다윗은 법궤를 예루살렘으로 옮겨오면서 이를 기념하기 위해 모든 백성들에게 건포도 덩이를 하나씩 나누어 주기도 했습니다(삼하 6:19).

무화과는 이스라엘에서 가장 쉽게 구할 수 있는 과일이었습니다. 농부에 의하여 재배되기도 했지만 들에서 야생으로 스스로 자라는 경우가 많았습니다. 무화과는 당도가 높기 때문에 이스라엘 가정에서는 식사를 마친 후 후식으로 즐겨 먹었습니다.

5. 고기와 생선

당시의 사람들은 특별한 경우를 제외하고 고기를 먹지 않았습니다. 집안에서 잔치를 열거나 특별한 손님이 방문했을 경우에 특별한 대접의 표시로 고기 요리를 준비했습니다. 송아지 고기는 이스라엘에서 가장 좋은 고기로 취급받은 반면에 새끼 염소 고기는 비교적 값이 싸서 일반 사람들이 즐겨 먹었습니다.

송아지와 염소 새끼 고기의 대조는 탕자의 비유에서 잘 드러나고 있습니다. 탕자가 집으로 돌아왔을 때 그의 아버지는 돌아온 탕자를 위하여 잔치를 열면서 살찐 송아지를 잡았습니다(눅 15:23). 이러한 아버지의 행동을 못마땅하게 생각한 큰 아들은 자기 아버지가 자신을 위해서 염소 새끼 한 마리도 잡은 적이 없다고 불평을 털어 놓습니다(눅 15:29). 일반적으로 고기 요리는 끓이거나 꼬챙이에 꿰어 굽는 방법을 사용했습니다.

고기를 자주 먹지 못했던 이스라엘 사람들은 대신에 생선을 많이 먹었습니다. 생선은 갈릴리 바다에서 주로 잡았는데, 잡힌 고기는 곧바로 소금에 절여서 다른 지역으로 수출하기도 했습니다. 오천 명을 먹이는 기적을 가져온 한 아이의 도시락은 보리 떡 다섯 개와 소금에 절여 구운 생선 두 마리였습니다. 그리고 예수님의 열두 제자들 가운데 적어도 일곱 명은 갈릴리 바다를 중심으로 어업에 종사했던 사람인 것으로 보아 생선이 이스라엘에서 중요한 음식이었음을 알 수 있습니다.

» Test of Bible

1. 이스라엘 사람들은 하루에 몇 번 식사를 했습니까?(눅 14:12-13)

"아침과 저녁 식사 두 끼"

"또 자기를 청한 자에게 이르시되 네가 점심이나 저녁이나 베풀거든 벗이나 형제나 친척이나 부한 이웃을 청하지 말라… 차라리 가난한 자들과 몸 불편한 자들과 저는 자들과 맹인들을 청하라"(눅 14:12-13).

예수께서 식사에 어떤 사람들을 초대해야 하는가를 말씀하실 때 두 끼 식사 곧 점심과 저녁을 언급하셨는데, 여기에서 점심은 정오 이전에 갖는 아침 식사를 의미합니다.

2. 이스라엘 사람들의 주식은 무엇입니까?

"빵"

3. 이스라엘 사람들이 즐겨 먹던 채소로는 어떤 것들이 있습니까?(민 11:5)

"오이와 참외와 부추와 파와 마늘"

4. 이스라엘 사람들이 주로 먹던 과일은 어떤 것들이 있습니까?

"포도, 무화과, 석류"

» Tip of Bible

소금

이스라엘 가정에서 소금은 무엇보다도 음식 맛을 내는 것과 음식을 부패하지 않게 보관하는 데에 유용하게 사용되었습니다. 빵을 구울 때 소금이 첨가되었고, 고기나 생선을 구울 때에도 소금을 뿌렸습니다. 당시의 소금은 주로 사해바다에서 생산되었습니다.

예수님도 소금에 관한 언급을 자주하셨습니다(마 5:13; 막 9:50; 눅 14:34, 35). 특히 소금은 짠 맛을 내게 하는 유일한 양념이었는데, 만일 소금이 맛을 잃어버리면 밖에 내어버린다고 말씀하셨습니다.

제4과 결혼식

학습목표 : 이스라엘 사람들의 결혼 예식에 대해 살펴보고 가정을 만드신 하나님의 뜻을 이해한다.

중심진리 : 하나님이 만드신 가정

본문말씀 : 창세기 2:24

Memory Verse

"그러므로 남자가 부모를 떠나 그의 아내와 합하여 둘이 한 몸을 이룰지로다"(창 2:24).

View of Bible

가정은 세상과 사람을 창조하신 하나님이 만드신 가장 작은 공동체요 기관입니다. 남자나 여자 모두 성인이 되면 결혼을 하게 됩니다. 그래서 둘이 협력하고 사랑하면 작은 천국이 됩니다. 본과에서는 이스라엘 사람들의 독특한 결혼 예식에 대하여 살펴보겠습니다.

» Learn of Bible

1. 약혼

성서시대에 결혼은 두 과정 곧 약혼과 약혼 후 일정한 기간이 지난 후에 있게 되는 결혼으로 이루어집니다. 오늘날에도 결혼 전에 약혼식을 갖는 경우가 있긴 하지만 당시의 약혼은 결혼 약속의 차원을 넘어서 실제 결혼에 상응하는 법적 효력을 가지고 있었습니다.

약혼을 한 두 남녀는 결혼에 해당되는 법적 구속력과 더불어 남편과 아내로서의 의무감을 가지게 됩니다. 그러나 잠자리를 같이 할 수는 없었습니다.

약혼 후 일정한 기간이 지나고 나서 여자를 데려와 결혼생활을 시작하는 것은 남자로 하여금 새로 맞이할 아내와 함께 지낼 거처를 마련하기 위한 시간적 배려라고 볼 수 있습니다.

결혼은 가능한 한 같은 동족 내에서 이루어졌습니다. 아브라함은 이삭의 배우자를 구하기 위하여 자신의 동족에게로 그의 가장 신임하는 종을 보냈습니다(창 24:3-4). 자신의 종족 안에서 배우자를 선택하는 주된 이유는 이방신들을 섬기는 다른 종족 출신 여자들이 종교적으로 이스라엘에게 영향을 주기 때문이었습니다(왕상 11:4). 그러나 그러한 이유 못지않게 중요한 것은, 종족 내에 분배된 하나님의 기업으로서의 토지가 다른 종족에게 넘어가지 말아야 한다는 실제적인 이유도 작용했습니다.

비록 성경이 같은 종족 간의 결혼을 강력하게 규정하고 있지만, 가족 내에서의 근친결혼은 엄격히 금지하고 있습니다(레 18:6-18; 20:10-21).

2. 결혼

결혼식의 과정을 살펴보겠습니다.

(1) 신랑과 신부는 미리 준비한 결혼 예복을 입어야 합니다. 신랑은 자기 어머니가 마련한 특별한 관을 썼으며(아 3:11), 아름다운 옷과 보석으로 장식을 꾸몄습니다(사 61:10). 신부는 화려하게 수놓은 온갖 보석으로 치장한 결혼 예복을 입었으며(시 45:13, 14; 사 61:10), 베일로 얼굴을 가렸습니다(창 24:65). 결혼식이 있는 날 만큼은 신랑과 신부 모두가 마치 왕과 왕비가 된 것처럼 행동했습니다.

(2) 신랑은 결혼하기로 정한 날 저녁에 친구들과 함께 혼인잔치를 벌리려고 신부의 집으로 행차를 하고(창 29:22), 그 후 신부의 집에서 새로 꾸민 새 집으로 데리고 오는데(마 25:1-13), 이미 날이 어두워져 골목길은 결혼 손님들이 들고 있는 등불들로 밝혀지게 됩니다.

(3) 새 집에 도착한 신랑과 신부는 결혼 잔치를 벌입니다(아 2:4). 결혼 잔치는 일반적으로 일주일간 지속되었고(삿 14:12), 잔치에 참가하는 손님들은 결혼 성립의 증인 역할을 하게 됩니다(창 29:22-23). 잔치가 진행되는 동안 신랑 부모와 친지들을 비롯한 손님들은 신랑과 신부에게 축복을 기원하고 그들의 행복을 빌어주었습니다(룻 4:11). 예수께서 가나 혼인잔치에 초청되었던 것도 그런 축복을 위해서였을 것입니다.

(4) 마지막으로, 신랑과 신부는 부모의 인도를 받아 특별하게 꾸며진 신방에 들어가고, 첫날밤을 보낸 신부는 자신의 순결을 증명하는 속옷을 공개하게 됩니다. 이렇게 함으로써 결혼식은 끝나게 되지만 흥겨운 결혼 잔치는 한 주 혹은 두 주간 더 계속 진행됩니다.

신부와 그녀의 가족은 신부가 결혼할 때 순결함을 증명해야 했습니다. 첫날밤을 치르고 나서 신부에게 순결을 상징하는 피가 발견되지 않을 경우에는 결혼 자체를 파기시킬 수도 있었습니다. 그러므로 딸을 가지고 있는 가정에서는 그런 수치를 당하지 않기 위하여 엄격하게 딸을 단속하며 주의를 기울였습니다.

» Test of Bible

1. 이스라엘 백성들이 결혼하기 전에 꼭 행했던 것은 무엇입니까?

"약혼"

2. 이스라엘 백성들이 이방인과 결혼하지 않은 이유는 무엇입니까?(왕상 11:4)

"종교적인 이유"

"솔로몬의 나이가 많을 때에 그의 여인들이 그의 마음을 돌려 다른 신들을 따르게 하였으므로 왕의 마음이 그의 아버지 다윗의 마음과 같지 아니하여 그의 하나님 여호와 앞에 온전하지 못하였으나"(왕상 11:4).

하나님을 믿지 않고 이방신을 믿는 사람들과 결혼했을 때 여호와 하나님을 떠나 그들의 신을 따라갈 것을 염려해서 취한 조치입니다.

3. 신부와 그 가족들이 결혼할 때 증명해야 했던 것은 무엇입니까?

"순결"

» Tip of Bible

일부일처제와 일부다처제

성경에서는 일부다처제가 허용되어 있었던 것으로 보입니다. 야곱은 레아와 라헬과 결혼했을 뿐 아니라 이들에게 속한 두 하녀를 아내로 맞이했습니다. 그러나 성경시대 이스라엘에서 일부다처제가 일반화되어 있었던 것은 아닙니다. 특별히 자식이 없는 경우 자식을 낳기 위해 여러 번 결혼을 했습니다. 당시에 자식을 낳는 것은 생존을 위한 필수적인 일이었습니다. 아브라함은 자식이 없었던 부인 사라의 권유에 따라 애굽 여자 하갈을 아내로 맞이했습니다(창 16:3).

그러나 성경이 강조하고 있는 정상적인 결혼은 일부일처제입니다. 하나님은 아담에게 한 아내만 창조해 주셨습니다. 하나님이 제정하신 결혼의 본래 의도는 한 남자와 한 여자가 한 몸을 이루는 것입니다(창 2:24). 예수님도 이점을 분명하게 밝히고 계십니다(마 19:6; 막 10:8). 신명기서는 왕이라고 하여도 자신을 위하여 아내를 많이 두어 미혹되는 일이 없도록 해야 한다고 강조합니다(신 17:17). 노아, 이삭, 요셉, 모세, 베드로 등과 같이 성경에서 중요한 역할을 했던 지도자들 역시 한 명의 부인만을 두었던 영적 인물들이었습니다.

틴틴파워 인 지저스 4권

지도자 가이드북

2010년 10월 31일 | 제1판 1쇄 발행

펴낸이 | 안병창
펴낸데 | 요단출판사

주 소 | 158-053 서울특별시 양천구 목3동 605-4
편 집 | (02) 2643-9156
영 업 | (02) 2643-7290~1 Fax (02) 2643-1877
등 록 | 1973. 8. 23. 제13-10호

저 자 | 요단 틴틴 파워 인 지저스 핵심공과 집필 위원회(김종호 홍진표)
기 획 | 김용성 이상훈 **편 집** | 하정희 이혜진
디자인 | 지킴이커뮤니케이션
제 작 | 박태훈 권아름 **영 업** | 김창윤 정준용 이영은 박종철

정 가 12,000원
ISBN 978-89-350-1304-3 03230

요단인터넷서점 www.jordanbook.com

이 교재는 개역개정판 성경을 사용하였음.